Jacky Girardet

Jacques Pécheur

campus

méthode de français

1

CLE
INTERNATIONAL

• Edition : Marie-Christine Couet Lannes

• Conception graphique et mise en page : Laurence Durandau
• Couverture : Laurence Durandau
• Illustratrice des dialogues : Martine Girard
• Illustrateur des encadrés grammaticaux : Claude-Henri Saunier
• Cartographie : Grafito
• Conseil artistique : Catherine Tasseau
© CLE INTERNATIONAL/VUEF. Paris 2002.
© CLE INTERNATIONAL/SEJER 2004.

foreign, alien, unfamiliar, stranger

beginner

■ **Une méthode pour l'enseignement du français langue étrangère aux débutants.**
La méthodologie et l'univers thématique de *CAMPUS* ont été choisis pour convenir à des étudiants débutants (grands adolescents ou adultes). Ceux-ci n'ont besoin d'aucune connaissance préalable en français pour aborder la méthode.

to approach, to tackle

■ **Un objectif par double page.**
● Chacun des niveaux 1 et 2 de *CAMPUS* comporte **12 unités** présentant chacune six objectifs.
● Chaque objectif est développé sur une double page et correspond à une séquence d'enseignement d'1 h 30 (2 h quand les langues parlées par l'apprenant sont très éloignées du français).
En réalisant ces objectifs, l'étudiant acquiert progressivement :

to face up to

– des savoir-faire communicatifs (faire face aux situations de communication les plus diverses) ;

communicative, talkative, injections

– des savoirs culturels ; *cultural knowledge*
– des « savoir-être » (vaincre la peur de parler, se positionner en tant que locuteur étranger) ;
– les compétences évaluées au *DELF* (unités A1 pour le niveau 1, A2 et A4 pour le niveau 2).

■ **Des parcours d'apprentissage adaptés aux objectifs.**
Le point de départ et le déroulement d'une séquence varient en fonction de l'objectif :
– travail de compréhension d'une scène dialoguée suivi de jeux de rôles et de rédaction de messages quand on apprend à inviter quelqu'un, à accepter ou refuser une invitation ;
– réponse à un questionnaire sur les habitudes alimentaires quand on découvre le vocabulaire de la nourriture ;
– projet de conception d'un logement idéal ;
– etc.

■ **Des fictions, versions audio ou vidéo.**
Dans *CAMPUS 1*, chaque unité propose **une fiction** (ou histoire) dont on présente quelques scènes. Ces fictions existent en deux versions :
– version audio : dans ce cas, on observera les dessins du livre en écoutant la cassette audio ;
– version vidéo : le travail de compréhension de la scène se fait alors à partir de la vidéo.

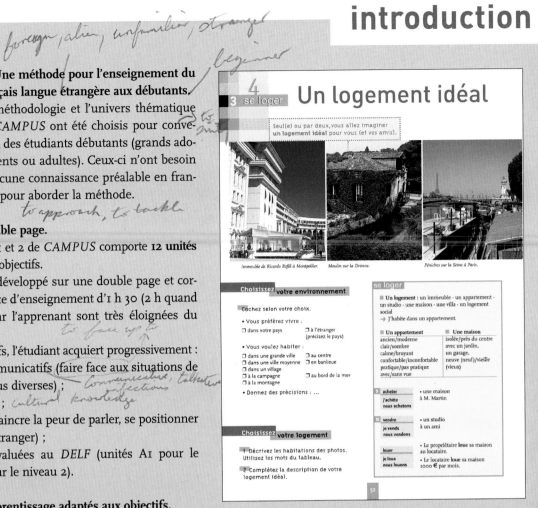

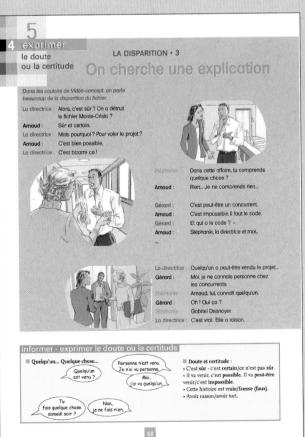

N.B. Le texte des deux versions est identique mais leur interprétation est différente. Dans la version vidéo, les mêmes acteurs interprètent plusieurs rôles alors que, dans le livre, chaque personnage est représenté sous des traits évidemment différents.

■ Des moyens d'apprentissage multiples.

Pour optimaliser l'apprentissage, *CAMPUS* met en œuvre tous les moyens possibles :
– motivation et relance constante de l'intérêt (variété des documents, image moderne de la France, ouverture sur le monde) ;
– incitation permanente à l'interactivité ;
– réflexion sur l'apprentissage ;
– automatisation de certaines productions langagières ;
– mémorisation du vocabulaire fondamental et des conjugaisons ;
– appel à l'observation et à l'auto-découverte de la langue et de la communication.

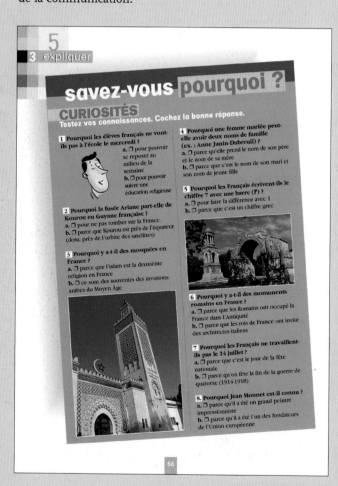

■ *CAMPUS 1* propose trois types d'activités à faire avec les cassettes :
● les activités de découverte des fictions (qui peuvent aussi se faire avec la vidéo) ;
● les exercices oraux de la rubrique « Prononciation et mécanismes » qui figurent à la fin de certaines leçons. Ces exercices sont numérotés. On trouvera leurs amorces p 178 et suivantes et leur transcription dans le livre du professeur ;
● les exercices d'écoute dont la transcription figure p 170 et suivantes.

les éléments de Campus

■ *Le livre de l'élève*
● 12 unités de 6 doubles pages. Un objectif par double page.
● Une page bilan à la fin de chaque unité.
● À la fin du livre :
– amorce des exercices oraux
« Prononciation et mécanismes » ;
– transcription des exercices d'écoute ;
– tableaux de conjugaison ;
– tableau des contenus.

■ *Le cahier d'exercices*
– exercices d'enrichissement lexical ;
– exercices de grammaire ;
– exercices d'expression écrite ;
– 1 page par unité d'exercices préparant au *DELF*.

■ *Le livre du professeur*
On trouvera à la fin du livre des fiches photocopiables d'exploitation de la vidéo pour les élèves.

■ *Une cassette vidéo*

■ *Des cassettes audio collectives contenant :*
– les dialogues de la vidéo ;
– les exercices d'écoute ;
– les exercices de prononciation et mécanismes.

■ *Des cassettes individuelles contenant les exercices structuraux.*

découvrir
la langue française

■ Demander le nom
d'une personne, d'une
chose, dire si on comprend.

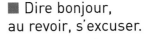

■ Dire bonjour,
au revoir, s'excuser.

■ Faire la connaissance
des étudiants de la classe.

■ Comprendre l'organisation
de la grammaire.

Chers amis,
Je suis à
Paris et je
visite la
ville ...

LES COMÉDIENS • 1

Présentations

Paris – La société Films Productions.

Le directeur artistique : Bonjour ! Vous vous appelez comment ?

Le comédien : Roberto Blanco.

Le directeur artistique : Vous êtes espagnol ?

Le comédien : Non, je suis français.

CINÉMA
Société de production
cherche
comédiens et comédiennes
Films Productions 01 45 00 12

– Bonjour, je m'appelle Inès Blanc.

– Et moi, Maria Martinez.

– Marchand, Hugo Marchand.

...

Les comédiens

Hugo : Salut Thomas ! Comment ça va ?

Thomas : Salut ! Ça va et toi ?

Hugo : Ça va... Voici Maria. Elle est espagnole.

Thomas : Thomas Dupré... Bonjour !

Hugo : ... et Inès.

Thomas : Tu es espagnole aussi ?

Inès : Non, je suis française.

Découvrez le document 📟

1 Complétez.

Casting Campus		
Nom	Prénom	Nationalité
Blanco	...	...
...	...	...

2 Présentez les comédiens.

Elle s'appelle ... Elle est ...

s'appeler

je m'appelle	Roberto
tu t'appelles	Maria Martinez
vous vous appelez	
il s'appelle	
elle s'appelle	

être

je suis	français/française
tu es	
vous êtes	italien/italienne
il est	
elle est	anglais/anglaise

Exercez-vous

1 Complétez avec « je », « tu », etc.

• Bonjour ! ... m'appelle Catherine. Voici Patricia,
... est italienne et John, ... est anglais.
– Et vous, ... êtes française ?
– Oui, ... suis française.

2 « Vous » ou « tu » ? Complétez les dialogues ci-dessous.

> Bonjour.
> Je suis Rémi Fontaine.
> ... Hélène Laporte ?

> Salut
> ... comment ?

> ... américaine ?

> Sarah.

> Comment
> ... ?

> Audrey.

Parlez

1 Présentez-vous à la classe.

2 Présentez votre voisin(e).

« Voici ... Il (Elle) est ... »

3 Présentez des comédiens français,
des comédiennes françaises.
(Attention à la prononciation !)

Juliette Binoche
Gérard Depardieu
...

Charlotte Gainsbourg, comédienne.

Prononciation et mécanismes

• Exercices 1, 2, 3, 4, page 178

Visite de Paris

MUSÉE DU LOUVRE

4ᵉ Arrᵗ
PLACE DE LA CONCORDE

Ici, c'est...

Restaurant L'Alsace

UNIVERSITÉ PARIS-SORBONNE

CATHÉDRALE NOTRE-DAME

1ᵉʳ Arrᵗ
RUE DE RIVOLI

HÔTEL RITZ

CENTRE GEORGES POMPIDOU

8ᵉ Arrᵗ
AVENUE DES CHAMPS ÉLYSÉES

Découvrez le document

Écoutez et notez.

Le chauffeur de taxi montre Paris.
1. Ici, c'est l'avenue des Champs-Élysées.
2. Ici, c'est ...
3. Ici, ...
...
...
9. ...

comprendre

je comprends	le français
tu comprends	l'anglais
vous comprenez	
il/elle comprend	

parler

je parle	français
tu parles	anglais
vous parlez	
il/elle parle	

la négation *(voir p. 191)*

• Je **ne** comprends **pas**.
Il **ne** parle **pas** français.

• **n'** devant **a, e, i, u, o, y**.
Elle **n'**est **pas** italienne.

Vérifiez votre compréhension

Complétez le dialogue.

Le touriste français : Le Centre Georges-Pompidou,
s'il vous plaît ?
Le touriste étranger : ...
Le touriste français : ...
La touriste étrangère : ...
Le touriste français : ...
La Française : ...

Exercez-vous

1 Lisez et complétez.

• **la cathédrale**
Notre-Dame de Paris
• **le château** de Versailles
• **la place** de la Concorde
• **l'océan** Atlantique
• **l'île** de la Martinique

• **l'océan** Pacifique

• ... Saint-Marc à Venise
• ... d'Hawaï
• ... Westminster à Londres
• ... de Dracula

2 La négation. Complétez le dialogue.

• Vous comprenez ?
– Non, je ... .
• Vous parlez anglais ?
– Non, ...
• Et madame, elle parle anglais ?
– Non, ...
• Vous êtes italien ?
– Non, ... italien. Je suis portugais.
• Et vous comprenez l'espagnol ?
– Oui, ...

Prononciation et mécanismes

• Exercices 5, 6, 7, page 178

3 présenter
une
personne

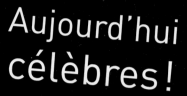

L'international

Aujourd'hui célèbres !

Découvrez le document

1 Présentez les photos du magazine « L'International ».

Il s'appelle ... Il est ... C'est un ...

2 Présentez des femmes et des hommes célèbres.
*Ex. : Vous connaissez Emma Thompson ?
– C'est une comédienne. Elle est anglaise.*

les nationalités

Pays	Il est...	Elle est...
Angleterre	anglais	anglaise
Chine	chinois	chinoise
Espagne	espagnol	espagnole
États-Unis	américain	américaine
France	français	française
Grèce	grec	grecque
Italie	italien	italienne
Mexique	mexicain	mexicaine
Pologne	polonais	polonaise
Portugal	portugais	portugaise
Russie	russe	russe

qui est-ce ? c'est...

Qui est-ce ?

C'est un étudiant ?

Non, ce n'est pas un étudiant.

C'est Luc Petit. Il est professeur de français.

connaître

je connais
tu connais
vous connaissez
il/elle connaît

Thomas Dupré
un restaurant japonais

« un », « une », « des » *(voir p. 183)*

• Vous connaissez...
un chanteur espagnol ?
une chanteuse italienne ?
des chanteurs anglais ?
des chanteuses françaises ?

• Il/elle est... C'est un/une...
étudiant/étudiante - comédien/comédienne
musicien/musicienne - artiste/artiste - sportif/sportive
• Il/elle est... C'est un...
écrivain - professeur - médecin
C'est un homme politique/une femme politique.

Exercez-vous

1 Complétez avec « un », « une », « des ».

• Qui est-ce ? C'est ... professeur ?
– Non, c'est ... étudiant espagnol.
• Tu connais ... étrangers à l'université ?
– Oui, je connais ... Italienne, ... Espagnole et ... Anglaise.
• Et tu connais aussi ... garçons ?

2 Accordez.
Ex. : a. Yoko est japonaise. Elle est artiste.
(C'est une artiste.)

a. Yoko ... (japonais – artiste)
b. Kurt ... (allemand – médecin)
c. Ann ... (anglais – étudiant)
d. Katia ... (russe – musicien)

Vérifiez votre compréhension

Voici des personnes connues en France.
Écoutez. Qui est-ce ?
Ex. : Martine Aubry → une femme politique française.

Rowan Atkinson ...
Andie Mac Dowel ...
Amélie Nothomb ...
Placido Domingo ...
Ronaldo ...
Cécilia Bartoli ...

Parlez en petits groupes

1 Trouvez un nom pour votre classe.
Ex. : Classe « Jacques Prévert ».

2 Trouvez l'homme de l'année, la femme de l'année.

L'homme de l'année 2000 en France : David Douillet, champion de judo.

Prononciation et mécanismes

• Exercices 8, 9, 10, 11, page 178

LES COMÉDIENS • 2

Qu'est-ce que c'est ?

Dans une salle de la société Films Productions.

Thomas : Regarde ! C'est une voiture célèbre.
Tu connais ?

Inès : Facile ! C'est la voiture de James Bond.

Thomas Très bien. Et ça ? Qu'est-ce que c'est ?

Inès : C'est le robot du film *La Guerre des
étoiles.*

Thomas : Bravo... Et ça, Maria, qu'est-ce que c'est ?

Maria : Ben... Ce sont des oiseaux.

Thomas : Oui, mais les oiseaux du film de... ?

Maria : Hitchcock ?

Découvrez le document

1 Relevez, classez et complétez.

une voiture   la voiture de James Bond
un robot   ...

2 Classez les noms de choses. Complétez
avec des noms connus.

noms masculins   *noms féminins*
un robot   une salle
un film   une société

nommer

C'est **un** film → Un film de Hitchcock. → **Le** film « Les Oiseaux ».
C'est **une** rue → Une rue de Paris. → **La** rue de Rivoli.
Ce sont **des** amis → Des amis de Maria. → **Les** amis espagnols de Maria.

les articles *(voir p. 183)*

	articles indéfinis	articles définis	
masculin	**un**	**le**	**l'** (devant
féminin	**une**	**la**	a, e, i, o, u, h)
pluriel (mas. et fém.)	**des**	**les**	

pour préciser *(voir p. 184)*

Le livre...

de Pierre
du professeur (du = de + le)
de la comédienne
de l'étudiant
des étudiants

Exercez-vous

1 Complétez avec « le », « la », « l' »,
« les ».

• Thomas comprend ... anglais ?
– Oui, il parle bien anglais. Il connaît bien Londres : ...
cathédrale Westminster, ... palais de Buckingham, ...
cinémas du West-End.
• Il connaît aussi ... pubs ?

2 Complétez avec un article défini
ou indéfini.

Inès Blanc connaît ... producteur. Il s'appelle Paul
Lestour. C'est ... directeur de ... société « Films
Productions ».
Paul Lestour cherche ... comédiens pour ... film
Campus.
Au casting du film, Inès rencontre Thomas, ... ami
de Hugo.

3 Complétez avec « de », « du », « de la »,
« de l' », « des ».

• Tu connais le restaurant ... rue Balzac ?
– La rue ... musée ?
• Oui, c'est un restaurant espagnol. C'est le restaurant
... amis ... Maria.
– Les étudiants espagnols ... université ?
• Oui, mais aussi les comédiens ... théâtre Guitry.

*Un parfum célèbre :
Guerlain*

Cherchez... Parlez...

Cherchez des noms de produits français, des
monuments de France, des lieux célèbres.

la tour Eiffel,
Chanel n° 5,
le camembert,
la Peugeot 305,
la Camargue,
Maxim's,
Lourdes...
...

un café,
un fromage,
un lieu,
un monument,
un parfum,
une région,
une voiture...
...

Un lieu célèbre : les grottes de Lascaux.

Prononciation et mécanismes

• Exercices 12, 13, 14, 15, page 178

Rencontres

A

– Salut !
– Salut !
– Ça va ?
– Oui ça va... Salut ! À bientôt !
– Au revoir !

B

– Bonjour mademoiselle.
– Bonjour monsieur.
– Le professeur Martin, s'il vous plaît ?
– Bureau 8.
– Merci mademoiselle.

C

– Oh, pardon ! Excusez-moi.
– Ce n'est rien.

D

– Bonsoir, madame.
– Bonsoir, monsieur.
– Après vous.
– Merci.
– Ça va, madame Bouvet ?
– Oui, ça va.
– Et monsieur Bouvet ?
– Ça va aussi.
– Bonne nuit, madame Bouvet.
– Bonne nuit.

E

– Excusez-moi, l'avenue Victor-Hugo ?
– Par là.
– Merci.

F

– Monsieur Dupré ?
– Oui.
– Bonjour monsieur.

1 Écoutez. Reliez les dialogues et les photos.

2 Remettez les scènes dans l'ordre. Racontez l'histoire.
« Pierre est dans la rue ... »

3 Complétez le tableau ci-contre.

Bonjour

Jouez les scènes

1 Regardez le dessin ci-dessous. Identifiez les scènes à jouer.

2 Faites le casting des scènes.

3 Préparez et jouez les scènes.
« Bravo ! Belle exposition ! Merci ... »

l'art
- la peinture - un peintre - une peinture -
- la sculpture - un sculpteur - une sculpture -
- une œuvre d'art - une exposition - regarder
- Il est beau ! Elle est belle !
- C'est moderne !

l'exposition

Prononciation et mécanismes

📻 • Exercices 16, 17, 18, 19, page 178

La grammaire, c'est facile !

DÉCOUVERTES
Le magazine du voyage

▸▸**Vous connaissez Bali ?** ▸▸**Guide des restaurants de Barcelone** ▸▸**Châteaux célèbres de Syrie** ▸▸**Visite de Tokyo**

▸▸**Apprendre à regarder la peinture hollandaise**

Découvrez les mots de la grammaire

1 Trouvez dans le document ci-contre :
a. un nom
b. un verbe
c. un adjectif
d. un article
e. une préposition
f. un verbe à l'infinitif
g. un verbe conjugué
h. un pronom
i. des marques du féminin
j. des marques du pluriel
Ex. : a. une découverte, un magazine...

2 Imaginez d'autres titres d'articles pour le magazine « Découvertes ».
Ex. : Les musées de Venise.
Guide des hôtels de...

Apprenez les conjugaisons

Par deux ou trois, imaginez de petits dialogues.

- *Connaître* la France, l'œuvre de Shakespeare, etc.
- *Écouter* des chanteurs français.
- *Parler* espagnol, russe, etc.
- *Comprendre* ...
- *Apprendre* ...
- *Regarder* ...

conjugaison

• Conjugaison des verbes en **-er** : comme **regarder** et **écouter**.

regarder	écouter
je regarde	j'écoute
tu regardes	tu écoutes
vous regardez	vous écoutez
il/elle regarde	il/elle écoute

nous... *(voir page 31)*

• Conjugaison des verbes en **-ir, -dre, -tre**, etc. : voir page 185-186.

apprendre	
j'apprends	le français
tu apprends	...
vous apprenez	à parler
il/elle apprend	

Marquez le masculin et le féminin

1 Construisez comme dans l'exemple.
Ex. : un chanteur italien → une chanteuse italienne.

un ami étranger → une ...
un artiste grec → une ...
un comédien célèbre → ...
un musicien allemand → ...
un médecin russe → ...

2 Écoutez.
Notez la prononciation du féminin.

une chanteuse allemande

Marquez le singulier et le pluriel

1 Mettez au pluriel.
Ex. : un touriste étranger → des touristes étrangers.

un château célèbre → des ...
une île française → ...
un chanteur italien → ...

2 Écoutez.
Notez la prononciation du pluriel.

Des touristes étrangers.

Apprenez les mots de la classe

Associez.

a. complétez !
b. découvrez ! trouvez !
c. dialoguez ! jouez !
d. écoutez !
e. lisez !
f. parlez !
g. posez des questions !
h. regardez !
i. reliez !
j. répétez !

masculin ou féminin ? *(voir p. 183)*

au masculin	au féminin
le soleil et les nuages	la lune et les étoiles
les arbres *un pommier*	les fleurs *une rose*
les jours les mois les saisons *(voir p. 34)*	les îles *La Corse*
les langues *le français le russe*	les sciences *la médecine*

le pluriel

un monument → des monuments
un Anglais → des Anglais
un cadeau → des cadeaux
un lieu → des lieux

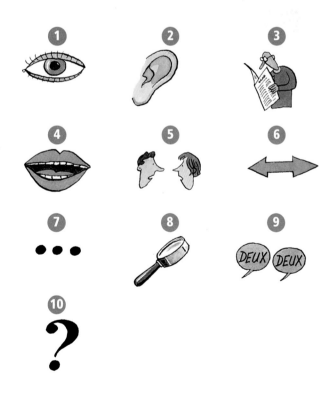

1 se présenter

Complétez.

a. Elle se présente.
« Je ... ».
b. Présentez-la.
« C'est ... ».

Nom : RICHARD
Prénom : Anne
Profession : médecin
Nationalité : française

2 dire si on comprend

Un Français vous pose des questions. Répondez.

a. Vous êtes français ?
b. Vous êtes étranger (étrangère) ?
c. Vous comprenez le français ?
d. Anne Richard est médecin ?
e. C'est une Anglaise ?

3 nommer

Écoutez et notez.
Ex. : La Tour d'argent : un restaurant de Paris.

a. La Tour d'argent
b. Le Châtelet
c. La Lancia Delta
d. Le Prado
e. Léon

f. Hôtel du Nord
g. Hokkaïdo
h. Roissy-Charles-de-Gaulle
i. Le Parthénon
j. Neuschwanstein

4 poser une question

Complétez le dialogue.

• ... ?
– C'est une étudiante.
• ... ?
– Elle s'appelle Kate Ladimer.
• ... ?
– Non, elle est américaine.

5 nommer, préciser

Complétez.

• Vous connaissez le nom ... professeur ... français ?
– Oui, il s'appelle Olivier Brun. Il parle de Victor Hugo, ... écrivain français, ... auteur ... *Notre-Dame de Paris*.
• Notre-Dame de Paris, c'est aussi ... cathédrale ?
– Oui, c'est ... cathédrale de Paris. C'est ... monument célèbre.
• Vous connaissez ... musées de Paris ?
– Je connais ... musée du Louvre.

6 savoir vivre

Complétez.

faire

connaissance

■ Demander, donner
des informations
générales sur une personne.

■ Dire ses goûts,
ses préférences.

■ Parler de sa profession,
de ses loisirs, de son pays
et de sa ville.

Renseignements

COMPAGNIE D'ASSURANCES
cherche
ingénieur informaticien
(homme ou femme),
30 à 40 ans.

Lyon, le secrétariat de la Compagnie européenne d'assurances.

FICHE DE RENSEIGNEMENTS

Nom : **Marie**

Prénom : **Dominique**

Adresse : **14, rue Sainte-Catherine - 69000 LYON**

Téléphone :

Télécopie :

Adresse électronique (mél) :

Âge : **31 ans**

Situation de famille : **célibataire**

Enfant(s) : **0**

Langues parlées : **anglais - italien**

La secrétaire : Vous vous appelez comment ?

Dominique : Dominique Marie.

La secrétaire : Marie, est-ce que c'est votre nom
ou votre prénom ?

Dominique : C'est mon nom.

La secrétaire : Et quelle est votre adresse ?

Dominique : [...]

compagnie
européenne
d'assurances

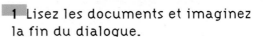

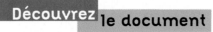

Découvrez le document 📻

1 Lisez les documents et imaginez
la fin du dialogue.

« – ...
– J'habite ... »

2 Écoutez le dialogue et comparez.

Exercez- vous

1 Complétez avec « quel », « quelle », « quels », « quelles ».

• ... est votre nationalité ?
• Vous parlez ... langues ?
• Vous êtes étudiant dans ... université ?
• Vous connaissez .... restaurant ?
• Vous écoutez ... chanteurs ?

2 Trouvez les questions.

– ... ? LEGAL.
– ... ? Kevin.
– ... ? Oui, je parle français.
– ... ? Française.
– ... ? 25, rue de la République.

– ... ? Bordeaux.
– ... ? Le 05 56 23 ...
– ... ? 35 ans.
– ... ? Médecin.
– ... ? Je suis marié.
– ... ? Une fille.
– ... ? Trois ans.

Apprenez les nombres

Écoutez. La secrétaire remplit la fiche des nouveaux employés. Complétez le tableau.

Nom et prénom	PETIT Claire	FOUBERT François	NUCCI Pierre
Adresse	...	...	...
Âge	...	...	...
N° de téléphone	...	...	...

Jouez la scène

Ils participent au jeu télévisé « Le Millionnaire ».

poser une question

• Vous connaissez Dominique Marie ?
Est-ce que vous connaissez Dominique Marie ?
• **Quel** âge vous avez ?
Vous avez **quel** âge ?
Quel est votre âge ?
Quelle rue vous habitez ?
Quels professeurs...
Quelles étudiantes...

avoir *(voir p. 186)*

avoir	
j'ai	30 ans
tu as	...
vous avez	deux enfants
il/elle a	

• J'ai un fils, une fille → c'est **mon** fils, **ma** fille
tu as ... → c'est **ton** fils, **ta** fille
vous avez ... → c'est **votre** fils, **votre** fille

les nombres

0 : zéro
1 : un
2 : deux
3 : trois
4 : quatre
5 : cinq
6 : six
7 : sept
8 : huit
9 : neuf
10 : dix

11 : onze
12 : douze
13 : treize
14 : quatorze
15 : quinze
16 : seize
17 : dix-sept
18 : dix-huit
19 : dix-neuf
20 : vingt

21 : vingt et un
22 : vingt-deux
23 : vingt-trois

30 : trente
31 : trente et un
32 : trente-deux
40 : quarante
50 : cinquante
60 : soixante

Prononciation et mécanismes

• Exercices 20, 21, 22, page 178

LA NOUVELLE COLLÈGUE • 2
Premiers contacts

Lyon. À la Compagnie européenne d'assurances.

Le directeur : Monsieur Leroy, voici votre nouvelle collègue, Dominique Marie.

Mathieu : Ah bonjour...

Mathieu : Tu habites où ?

Dominique : Dans le quartier de la Croix-Rousse.

Mathieu : C'est un bon quartier. Il y a de jolies maisons avec des jardins...

Dominique : J'ai une maison mais elle n'a pas de jardin...

Mathieu : Une maison, c'est bien pour les enfants...

Dominique : Je n'ai pas d'enfants.

Mathieu : Et... ?

Dominique : Et je n'ai pas de mari. Voilà tu sais tout.

Mathieu : Et voici ton bureau.

Dominique : Mais... il n'y a pas de fenêtre !

Mathieu : Il y a la climatisation...

Dominique : Ah non, je voudrais un bureau avec une fenêtre, moi !

Découvrez le document 📼

1 Notez ce que vous apprenez sur Dominique.

« Dominique habite ... »

2 Imaginez d'autres questions.

« Est-ce que tu as ... »

3 Dominique parle au directeur de la Compagnie européenne d'assurances. Imaginez le dialogue.

Dominique : Monsieur le directeur, dans mon bureau, il n'y a pas ...

Exercez-vous

1 Parlez pour l'étudiante.

« Est-ce que vous avez ... »

Pour le cours de français.

· un dictionnaire français
· une grammaire
· un cahier
· un stylo
· des cassettes.

2 Qu'est-ce qu'il voudrait ? Faites-le parler.

3 Un collègue interroge Mathieu. Posez les questions avec « est-ce que » et répondez.
Ex. : – Est-ce que Dominique est mariée ?
– Non, ...

• Dominique est mariée ?
• Elle a des enfants ?
• Elle habite dans un appartement ?
• Elle a une maison ?
• Il y a un jardin ?
• Le bureau de Dominique a une fenêtre ?

4 Complétez le dialogue.

Une Française parle à un touriste américain.
• Vous avez des amis à Paris ?
– Non, ...
• Vous rencontrez des Américains ?
– Non, ...
• Vous avez une voiture ?
– Non, ...
• Vous avez un appartement ?
– Non, ...
• Vous êtes à l'hôtel ?
– Oui, ...

demander

• Je voudrais ... ⎫
  Je cherche ... ⎬ un guide de Paris.
• Est-ce que vous avez des guides touristiques ?
• Je voudrais visiter le musée d'art moderne.

la négation

5 Mathieu parle de Dominique. Complétez avec un article.

« J'ai ... nouvelle collègue. C'est ... informaticienne. Elle s'appelle Dominique. Elle est dans ... bureau sans fenêtre. Ce n'est pas ... joli bureau.
Elle habite ... quartier de la Croix-Rousse, dans ... maison.
Elle est célibataire. Est-ce qu'elle a ... petit ami ?
Je ne sais pas. »

Parlez

Posez des questions à votre voisin(e).

« – Tu habites (vous habitez) dans une maison, ... ?
– Tu as une voiture ? ... »

Prononciation et mécanismes

• Exercices 23, 24, page 178

J'aime... un peu... beaucoup... à la folie !

aimer/préférer

aimer

j'aime	le cinéma
tu aimes	les sports
vous aimez	...
il/elle aime	regarder la télévision

préférer	le théâtre
	...
je préfère	lire
tu préfères	
vous préférez	
il/elle préfère	

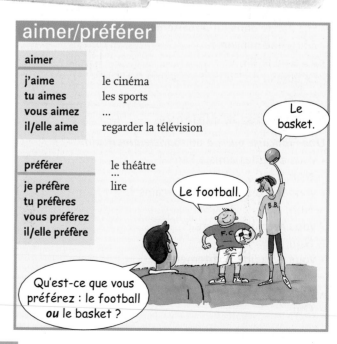

Découvrez les documents 📼

1 Classez les phrases du dessin ci-dessus.

♥ ♥ ♥   j'adore

♥ ♥   ...

...   ...

2 Lisez le questionnaire p. 25, complété par Dominique Marie. Présentez ses préférences.

« Dominique adore ... »

3 Écoutez.
Mathieu Leroy parle de ses préférences.
Complétez le questionnaire pour lui.

Interrogez votre voisin(e)

1 Complétez le questionnaire pour lui (pour elle).

2 Présentez à la classe les préférences de votre voisin(e).

Parlez en petits groupes

Vous aimez...

– les nouveaux sports
– les nouvelles modes
– les nouveaux films

Regarder un film sur votre portable.

Visiter Paris en trotinette.

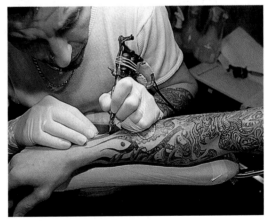

La mode des tatouages et du piercing...

COMITÉ D'ENTREPRISE
COMPAGNIE EUROPÉENNE D'ASSURANCES
QUESTIONNAIRE

NOM : **Marie** PRÉNOM : **Dominique**
Bureau : **423**

Vous aimez :	un peu	beaucoup	pas du tout
les spectacles		☒	☐
• le cinéma	☐	☐	☐
• le théâtre	☒		☐
• la musique (précisez : classique, rock, (jazz), etc.)	☐	☒	☐
• la danse	☐	☒	
les sorties		☒	☐
• les restaurants	☐	☐	☒
• les musées	☐	☐	☒
• les promenades	☐		
les voyages	☐	☒	☐
les sports (précisez : football, tennis, (ski), etc.)	☒		☐
Vous aimez aussi :	☐	☒	☐
• lire	☐		
• regarder la télévision	☐	☐	☒

Prononciation et mécanismes

• Exercices 25, 26, 27, page 178

Forum des professions

LE TOURISME
LA SANTÉ
LA BANQUE
LES PROFESSIONS ARTISTIQUES

LES MÉTIERS DE DEMAIN

demain, le télétravail

Qu'est-ce que tu fais ?

Je travaille.

Médecin ? Policier ?

Financier !

LES MÉTIERS DE TOUJOURS

architecte
commercial
cuisinier
infirmier
ingénieur
journaliste
médecin
professeur

Découvrez le document

1 Découvrez les professions des personnes sur l'affiche.

2 Faites la liste des noms de profession (voir aussi pages 11 et 20).

3 Complétez le tableau.

Profession métier	facile/ difficile ?	intéressant/ ennuyeux ?	utile/ inutile ?
médecin	...	...	...

- Qu'est-ce que vous faites ?
Vous travaillez ?
Quelle est votre profession ?
Quel est votre métier ?

- Je suis secrétaire.
Je travaille dans une banque.

- un travail...
facile/difficile
intéressant(e)/ennuyeux (ennuyeuse)
utile/inutile

faire	
je fais	un exercice
tu fais	des études
vous faites	
il/elle fait	

savoir	parler, lire
je sais	comment il s'appelle
tu sais	où il habite
vous savez	
il/elle sait	

Exercez-vous

1 Complétez avec le féminin ou le masculin.

une directrice – un ...
un acteur – une ...
une présentatrice – un ...
un comédien – une ...
une musicienne – un ...
un cuisinier – une ...
une secrétaire – un ...
un architecte – une ...

2 Accordez.

des professeurs (intéressant)
la (nouveau) journaliste
des comédiennes (ennuyeux)
une (bon) secrétaire
une (joli) présentatrice
des musiciens (célèbre)

3 Complétez avec les verbes « connaître »
ou « savoir ».
Ex. : Est-ce que vous connaissez M. Blanc ?

- Est-ce que vous ... M. Blanc ?
- Est-ce que vous ... la profession de M. Blanc ?
- Est-ce que vous ... où il travaille ?
- Est-ce que vous ... quel âge il a ?
- Est-ce que M. Blanc ... l'Italie ?
- Est-ce qu'il ... parler italien ?

Parlez en petits groupes

1 Présentez votre activité.

« Je suis ... C'est une profession ... »
« Je suis étudiant ... Je voudrais être ... »

Peter Brook, metteur en scène anglais célèbre, travaille en France.

2 Cherchez des professionnels célèbres.

Gustave Eiffel : ingénieur célèbre.
Colombo : policier célèbre.

3 Parlez de votre cours de français.
Qu'est-ce que vous aimez ? Qu'est-ce qui
est facile/difficile ? utile/inutile ? etc.

– apprendre la grammaire
– apprendre les mots
– écouter les cassettes
– regarder la vidéo
– faire des exercices
– jouer une scène
– lire
– écrire

Prononciation et mécanismes

- Exercices 28, 29, page 178.

Week-end à la montagne

comité d'entreprise

week-end à Serre-Chevalier
Hautes-Alpes

activités

VTT (le lac Vert)

deltaplane

tennis

promenade
(la grande cascade)

canoë

cheval

Dominique est en week-end à la montagne avec ses collègues.

Mathieu :	Qu'est-ce que vous faites ? Vous allez au lac Vert ?
Dominique et un collègue :	On ne sait pas.
Mathieu :	Moi, je voudrais bien faire du VTT.
Dominique :	Ah non, le vélo, je déteste ça !
Mathieu :	Alors, on fait une promenade. On va à la grande cascade.
Dominique :	Je suis un peu fatiguée.
Mathieu :	Bon ben... je vais faire du VTT.

Dominique et son collègue restent seuls.

Le collègue :	On va faire du deltaplane ?
Dominique :	D'accord, j'adore ça !

Découvrez le document

Complétez le tableau. Imaginez d'autres propositions de Mathieu et d'autres réponses de Dominique.

Propositions de Mathieu	Réponses de Dominique
faire du VTT	...
...	...

Exercez-vous

1 Faites-les parler.

« – Tu vas ... ? – Non, je vais faire ... »

• Et vous, qu'est-ce que vous faites... le week-end ? en vacances ?

2 Reliez le verbe et l'activité.

danser •   • la lecture
écrire •   • la marche
lire •   • la natation
marcher •   • l'écriture
nager •   • le travail
travailler •   • la danse

3 Complétez avec un article ou une préposition.

– Tu fais ... tennis ?
– Non, je n'aime pas ... tennis. Je préfère faire ... marche. J'adore ... promenades dans la montagne.
– Moi, j'aime beaucoup ... sport : c'est ... judo. J'adore faire ... judo.

les activités

• Faire du sport – faire du football, du vélo, du tennis, du jogging.
Faire de la natation, de la gymnastique.
• Faire de la musique, de la peinture.
• Aller voir un film, une exposition.

On est bien ici.

> Ici
> on parle français

aller
je vais
tu vas
vous allez
il/elle/on va

(voir p. 183)
à Marseille
...
au cinéma
à la banque
aux toilettes
...
en France
au Mexique

Jouez la scène

Que faire pour le week-end ?

Écrivez

Vous êtes en vacances. Dans une courte carte postale vous racontez ce que vous faites.

« Je suis en vacances à ... Je vais à ... Je fais du ... »

Prononciation et mécanismes

• Exercices 30, 31, 32, page 178.

2
6 parler
de son pays,
de sa ville

reportage

Villes francophones

Lac Léman

Lausanne

Marseille

Marseille

Dans l'émission de radio "Villes francophones", une journaliste interroge un habitant de *Lausanne* et une Marseillaise.

La journaliste : Aujourd'hui, nous sommes en Suisse, à Lausanne... Alors monsieur Girard, vous habitez Lausanne... C'est une grande ville ?

L'habitant de Lausanne : C'est une ville moyenne de 130 000 habitants et c'est une ville très agréable.

La journaliste : Qu'est-ce qu'il y a d'intéressant ici pour les touristes ?

L'habitant de Lausanne : De belles maisons... de vieux quartiers, la cathédrale Notre-Dame... le musée... le château...

La journaliste : Et puis il y a le lac...

L'habitant de Lausanne : Nous avons le lac, les montagnes. Les Suisses adorent faire de la marche, du ski...

La journaliste : Nous sommes maintenant à Marseille...

Découvrez le reportage

1 Lisez le début du reportage. Complétez le tableau suivant.

Pays/région	la Suisse
Ville ou village	Lausanne : une ville moyenne
Lieux intéressants	...
Activités intéressantes	...
Remarques sur la langue	...

2 Écoutez la suite du reportage. Complétez le tableau.

3 Présentez votre ville ou votre village.

la conjugaison des verbes

parler
je parle
tu parles
il/elle/on parle
nous parlons
vous parlez
ils/elles parlent

→ tous les verbes en -er comme « parler » (sauf « aller »)

→ **on** = nous = ils/elles

→ **vous** : pluriel ou singulier (« vous » de politesse)

• Formes « **nous** » et « **ils/elles** » des verbes connus :
être → nous sommes - ils/elles sont
avoir → nous avons - ils/elles ont
aller → nous allons - ils/elles vont
faire → nous faisons - ils/elles font
comprendre → nous comprenons - ils/elles comprennent
connaître → nous connaissons - ils/elles connaissent
savoir → nous savons - ils/elles savent

• Voir toutes les conjugaisons page 197.

les nombres

70 : soixante-dix - 71 : soixante et onze
72 : soixante-douze...
80 : quatre-vingts - 81 : quatre-vingt-un
82 : quatre-vingt-deux...
90 : quatre-vingt-dix - 91 : quatre-vingt-onze
92 : quatre-vingt-douze
100 : cent - 101 : cent un
1 000 : mille - 1 001 : mille un
1 000 000 : un million

comment on dit ?

Comment vous traduisez « bonjour » ?

Comment on dit « good morning » en français ?

Comment on prononce « monsieur » ?

Comment on écrit « cahier » ?

Exercez-vous

1 Mettez les verbes à la forme qui convient.

Projets de week-end.
• Qu'est-ce que vous *(faire)* pour le week-end ?
– Nous *(être)* avec les Smith.
• Et qu'est-ce qu'ils *(faire)* les Smith ?
– Ils *(aller)* à la montagne. Ils *(avoir)* une petite maison à Serre-Chevalier.
• Mais vous ne *(comprendre)* pas l'anglais et les Smith ne *(comprendre)* pas le français. Comment vous *(faire)* pour parler ?
– Nous ne *(parler)* pas. Nous *(faire)* du sport. Nous *(écouter)* la radio. Nous *(regarder)* les montagnes. C'est tout.

2 Écoutez et regardez la carte p. 177.
Notez le nombre d'habitants de 10 grandes villes de France.

Paris ...
Marseille ...
...

Prononciation et mécanismes

• Exercices 33, 34, 35 page 178.

Imaginez - Écrivez - Parlez

1 Imaginez que vous êtes une autre personne.

Je voudrais être ...
Je voudrais m'appeler ...

2 Écrivez votre présentation. Parlez de votre pays, de votre ville, de vos préférences, de votre profession, de vos activités, etc.

*Je m'appelle Wolfgang.
J'ai 20 ans. Je suis étudiant.
J'habite sur une île du Pacifique, dans un petit village.
J'étudie l'environnement.*

3 Lisez la présentation de votre voisin(e). Posez des questions.

4 Présentez votre voisin(e) à la classe.

Ma voisine s'appelle Maria. C'est une femme préhistorique. Elle habite Lascaux. C'est une grande artiste.

1 demander des informations sur une personne

Clara connaît la nouvelle secrétaire des Assurances européennes. Pierre pose des questions. Trouvez ces questions.

– *Pierre* : ... ?   *Clara* : Juliette.
– *Pierre* : ... ?   *Clara* : Elle a 25 ans.
– *Pierre* : ... ?   *Clara* : Dans le quartier de l'Opéra.
– *Pierre* : ... ?   *Clara* : Oui, elle est mariée.
– *Pierre* : ... ?   *Clara* : Il travaille dans une banque.

2 la négation

Mathieu est en vacances à la montagne. Une amie téléphone.

• Alors, il y a du soleil à Saint-André ?
– Non, ...
• Tu fais des promenades en montagne ?
– Non, ...
• Tu fais des rencontres ?
– Non, ...
• Tu aimes Saint-André ?
– Non, ...

3 connaître le pluriel des verbes

Mettez les verbes à la forme qui convient.

Hugo est en Espagne. Il écrit une carte postale.
Nous *(être)* à Alicante, en Espagne.
Nous *(apprendre)* l'espagnol. C'est difficile mais les professeurs *(être)* bons et nous *(faire)* des progrès. Et vous, qu'est-ce que vous *(faire)* à Paris ? Vous *(aller)* à la piscine ?

4 nommer les professions

Quelle est leur profession ? (Il y a plusieurs possibilités.)

1. Il est ... **2.** Il est ... **3.** Il est ... **4.** Elle est ... **5.** Elle est ...
6. Il est ... **7.** Elle est ... **8.** Elle est ...

5 parler du lieu où on habite

Où habite Marie ? Écoutez et cochez.

Marie habite...
❑ en France   ❑ à l'étranger
❑ une ville   ❑ un village
❑ à la mer   ❑ à la montagne
❑ une maison moderne   ❑ une vieille maison

❑ On parle français   ❑ On ne parle pas français

Il y a : ❑ un château   ❑ un restaurant
         ❑ une université ❑ un hôtel
         ❑ un musée   ❑ une cathédrale

6 parler de soi

Écrivez dix lignes pour vous présenter :

– à une nouvelle connaissance sur Internet
ou
– à un nouveau correspondant.

Présentez : votre situation de famille, votre pays, votre ville, votre profession, vos activités et vos goûts.

organiser

son temps

■ Prendre un rendez-vous,
inviter quelqu'un, accepter
ou refuser une invitation.

■ Dire la date et l'heure.

Corine et Frédéric

ont la joie de vous faire part de leur mariage.

*Les cérémonies civile et religieuse seront célébrées
le samedi 2 juin 2001
à 16 h 30 à la mairie et à 17 h au temple de Moussac.*

*Nous serions heureux de vous retrouver après les cérémonies
au Foyer pour l'apéritif.*

M. et Mme Charles Guiliani

Melle Corine Gui...

*Corine, Frédéric
et leurs familles*

*auront le plaisir de vous recevoir
pour le dîner et la soirée
au Foyer de Moussac.*

Réponse souhaitée avant le 1er mai 2001

■ Donner des informations
sur un emploi du temps,
sur un horaire, etc.

■ Choisir un spectacle,
faire un programme d'activités.

1 dire la date

Le temps passe

JANVIER	FÉVRIER	MARS	AVRIL	MAI	JUIN
1 L JOUR DE L'AN	1 J Se Ella	1 J S. Aubin	1 D S. Hugues	1 M FÊTE DU TRAVAIL	1 V S. Justin
2 M S. Basile	2 V Présentation	2 V S. Charles le B.	2 L Se Sandrine	2 M S. Boris	2 S S. Blandine
3 M S. Geneviève	3 S S. Blaise	3 S S. Guénolé	3 M S. Richard	3 J S. Phil., Jacq.	3 D PENTECÔTE
4 J S. Odilon	4 D Se Véronique	4 D Carême	4 M S. Isidore	4 V S. Sylvain	4 L Se Clotilde
5 V S. Edouard	5 L Se Agathe	5 L S. Olivia	5 J Se Irène	5 S Se Judith	5 M S. Igor
6 S S. Melaine	6 M S. Gaston	6 M Se Colette	6 V S. Marcellin	6 D Se Prudence	6 M S. Norbert
7 D Epiphanie	7 M Se Eugénie	7 M Se Félicité	7 S S. J.B. de Salle	7 L Se Gisèle	7 J S. Gilbert
8 L S. Lucien	8 J Se Jacqueline	8 J S. Jean de Dieu	8 D RAMEAUX	8 M ARMISTICE 1945	8 V S. Médard
9 M S. Alix	9 V Se Apolline	9 V Se Françoise	9 V Se Gautier	9 M Pacôme	9 S Se Diane
10 M S. Guillaume	10 S S. Arnaud	10 S S. Vivien	10 M S. Fulbert	10 J Se Solange	10 D TRINITÉ
11 J S. Paulin	11 D N.D. Lourdes	11 D Se Rosine	11 M S. Stanislas	11 V Se Estelle	11 L Barnabé
12 V Se Tatiana	12 L S. Félix	12 L Se Justine	12 L S. Jules	12 S S. Achille	12 M S. Guy
13 S S. Yvette	13 M Se Béatrice	13 M S. Rodrigue	13 V Se Ida	13 D Fête Jeanne d'Arc	13 M S. Antoine de P
14 D Se Nina	14 M S. Valentin	14 M Se Mathilde	14 S S. Maxime	14 L S. Matthias	14 J S. Elisée
15 L S. Rémi	15 J S. Claude	15 J S. Louise	15 D PÂQUES	15 M Se Denise	15 V Se Germaine
16 M S. Marcel	16 V Se Julienne	16 V Se Bénédicte	16 L S. Benoît-Joseph	16 M S. Honoré	16 S S. J.-F. Régis
17 M Se Roseline	17 S S. Alexis	17 S S. Patrice	17 M S. Anicet	17 J S. Pascal	17 D Fête des Pères
18 J Se Prisca	18 D Se Bernadette	18 D S. Cyrille	18 M S. Parfait	18 V S. Eric	18 L S. Léonce
19 V S. Marius	19 L S. Gabin	19 L S. Joseph	19 J Se Emma	19 S S. Yves	19 M S. Romuald
20 S S. Sébastien	20 M Se Aimée	20 M PRINTEMPS	20 V Se Odette	20 D S. Bernardin	20 M S. Silvère
21 D Se Agnès	21 M S. Pierre-Damien	21 M Se Clémence	21 S S. Anselme	21 L S. Constantin	21 J ÉTÉ
22 L S. Vincent	22 J Se Isabelle	22 J Se Léa	22 D S. Alexandre	22 M S. Emile	22 V S. Alban
23 M S. Barnard	23 V S. Lazare	23 V S. Victorien	23 L S. Georges	23 M S. Didier	23 S Se Audrey
24 M S. Fr. de Sales	24 S S. Modeste	24 S Se Catherine	24 M Se Fidèle	24 J Ascension	24 D S. Jean-Baptiste
25 J Conv. S. Paul	25 D S. Roméo	25 D S. Humbert	25 M S. Marc	25 V Se Sophie	25 L S. Prosper
26 V Se Paule	26 L S. Nestor	26 L Se Larissa	26 J Se Alida	26 S S. Bérenger	26 M S. Anthelme
27 S Se Angèle	27 M MARDI-GRAS	27 M Annonciation	27 V Se Zita	27 D Fête des Mères	27 M S. Fernand
28 D S. Th. d'Aquin	28 M Cendres	28 M S. Gontran	28 S Se Valérie	28 L S. Germain	28 J Se Irénée
29 L S. Gildas		29 J Se Gwladys	29 D Jour du Souvenir	29 M S. Aymard	29 V S. Pierre, Paul
30 M Se Martine		30 V S. Amédée	30 L S. Robert	30 M S. Ferdinand	30 S S. Martial
31 M Se Marcelle		31 S S. Benjamin		31 J Visitation	

Année scolaire 2000-2001

Vacances d'été :
. du vendredi 29 juin après la classe
. au mardi 4 septembre

JUILLET	AOÛT	SEPTEMBRE	OCTOBRE	NOVEMBRE	DÉCEMBRE
1 D S. Thierry	1 M S. Alphonse	1 S S. Gilles	1 L Se Thérèse	1 J TOUSSAINT	1 S Se Florence
2 L S. Martinien	2 J S. Julien, Eymard	2 D Se Ingrid	2 M S. Léger	2 V Défunts	2 D Avent
3 M S. Thomas	3 V Se Lydie	3 L S. Grégoire	3 M S. Gérard	3 S S. Hubert	3 L S. Xavier
4 M S. Florent	4 S S. J.M. Vianney	4 M Se Rosalie	4 J S. Fr. d'Assise	4 D S. Charles	4 M Se Barbara
5 J S. Antoine	5 D S. Abel	5 M Se Raïssa	5 V Se Fleur	5 L Se Sylvie	5 M S. Gérald
6 V Se Mariette	6 L Transfiguration	6 J S. Bertrand	6 S S. Bruno	6 M Se Bertille	6 J S. Nicolas
7 S S. Raoul	7 M S. Gaétan	7 V Se Reine	7 D S. Serge	7 M Se Carine	7 V S. Ambroise
8 D S. Thibaut	8 M S. Dominique	8 S Nativité	8 L Se Pélagie	8 J S. Geoffroy	8 S Imm. Concept.
9 L Se Amandine	9 J S. Amour	9 D S. Alain	9 M S. Denis	9 V S. Théodore	9 D S. P. Fourier
10 M S. Ulrich	10 V S. Laurent	10 L Se Inès	10 M S. Ghislain	10 S S. Léon	10 L S. Romaric
11 M S. Benoît	11 S Se Claire	11 M S. Adelphe	11 J S. Firmin	11 D ARMISTICE 1918	11 M S. Daniel
12 J S. Olivier	12 D Se Clarisse	12 M S. Apollinaire	12 V S. Wilfried	12 L S. Christian	12 M Se J-F. Chantal
13 V S. Henri, Joël	13 L S. Hippolyte	13 J S. Aimé	13 S S. Géraud	13 M S. Brice	13 J Se Lucie
14 S FÊTE NATIONALE	14 M S. Evrard	14 V La Se Croix	14 D S. Juste	14 M S. Sidoine	14 V Se Odile
15 D S. Donald	15 M ASSOMPTION	15 S S. Roland	15 L Se Th. d'Avila	15 J S. Albert	15 S Se Ninon
16 L N.D. Mt-Carmel	16 J S. Armel	16 D Se Edith	16 M Se Edwige	16 V Se Marguerite	16 D Se Alice
17 M Se Charlotte	17 V S. Hyacinthe	17 L S. Renaud	17 M S. Baudouin	17 S Se Elisabeth	17 L S. Gaël
18 M S. Frédéric	18 S Se Hélène	18 M Se Nadège	18 J S. Luc	18 D Se Aude	18 M S. Gatien
19 J S. Arsène	19 D S. Jean-Eudes	19 M Se Emilie	19 V S. René	19 L S. Tanguy	19 M S. Urbain
20 V Se Marina	20 L S. Bernard	20 J S. Davy	20 S Se Adeline	20 M S. Edmond	20 J S. Théophile
21 S S. Victor	21 M S. Christophe	21 V S. Matthieu	21 D Se Céline	21 M Prés. Marie	21 V HIVER
22 D Se Marie-Mad.	22 M S. Fabrice	22 S AUTOMNE	22 L Se Elodie	22 J Se Cécile	22 S S. François-X
23 L Se Brigitte	23 J Se Rose de L.	23 D S. Constant	23 M S. Jean de C.	23 V S. Clément	23 D S. Armand
24 M Se Christine	24 V S. Barthélemy	24 L Se Thècle	24 M S. Florentin	24 S Se Flora	24 L Se Adèle
25 M S. Jacques	25 S S. Louis	25 M S. Hermann	25 J S. Crépin	25 D Se Catherine L.	25 M NOËL
26 J Se Anne	26 D Se Natacha	26 M S. Côme, Dam.	26 V S. Dimitri	26 L Delphine	26 M S. Etienne
27 V Se Nathalie	27 L Se Monique	27 J S. Vincent de P.	27 S Se Emeline	27 M S. Séverin	27 J S. Jean
28 S S. Samson	28 M S. Augustin	28 V S. Venceslas	28 D S. Simon, Jude	28 M S. Jacques de la M	28 V SS. Innocents
29 D Se Marthe	29 M Se Sabine	29 S S. Michel	29 L Se Narcisse	29 J S. Saturnin	29 S S. David
30 L Se Juliette	30 J S. Fiacre	30 D S. Jérôme	30 M Se Bienvenue	30 V S. André	30 D S. Roger
31 M S. Ignace de L.	31 V S. Aristide		31 M S. Quentin		31 L S. Sylvestre

Château de Courson
Samedi 19 et Dimanche 20 mai
Journées des plantes

Découvrez les documents

1 Trouvez :

– les douze mois de l'année
– les sept jours de la semaine
– les quatre saisons
– des fêtes civiles
– des fêtes religieuses
– des noms de saints connus dans votre pays
Jean → John (anglais), Johanes (allemand), Juan (espagnol), etc.

2 Comparez avec le calendrier et les rythmes de l'année dans votre pays.

Exercez-vous

1 Écoutez et notez les dates de naissance et de mort des personnages suivants :

Jeanne d'Arc (....-....), Louis XIV (....-....)
Napoléon Ier (....-....), Charles de Gaulle (....-....)

2 Complétez avec un article ou une préposition.

– Vous avez des vacances ... été ?
– Oui, j'ai des vacances ... mois de juillet. Je suis à La Baule ... 1er ... 28 juillet. Mais ... 29 juillet, je travaille.
– Et ... hiver ?
– Je n'aime pas les sports d'hiver. J'adore voyager. Et pour voyager, je préfère ... printemps.

BANQUE POPULAIRE

La banque est ouverte
• du lundi au vendredi
de 9 heures à 17 heures
• le samedi de 9 heures à 12 heures

L'HISTOIRE

24 octobre 1929

le jeudi noir de wall street

demander/donner une date *(voir p. 188)*

• Il va à Paris ⎫
Elle est née ⎬ **quand ?**
Il est mort ⎭ **en quelle année ?**
quel mois ? quel jour ?

• Quelle est la date de ... ?
Quelle est votre date de naissance ?

• Il est né **en** 1980
en juin **(au mois de** juin)
le (lundi) 24 juin
en été **(en** automne, **en** hiver, **au** printemps)
au XXe siècle

• **lundi 24**   **mardi 25**   **mercredi 26**
hier   aujourd'hui   demain

> Vous allez faire du ski **avant** ou **après** Noël ?

> Nous sommes dans les Alpes **du** 20 **au** 28 décembre.

• Dater de... (du... de la... des)
Le château de Versailles date **du** XVIIe siècle.

Organisez un jeu
de connaissances historiques

1 Préparez des questions (par groupes de 3).

2 Organisez une compétition entre les groupes.

Ex. : • De quand date :
– la tour Eiffel ?
– le champagne ?
– le jean ?
– l'utilisation de la fourchette (en France) ?

• La construction de Versailles ... Le théâtre de Molière ... c'est quelle époque ?

Les fêtes du nouvel an chinois à Paris.

Prononciation et mécanismes

• Exercices 36, 37, 38 page 178

LE RETOUR DE JULIE • 1
Quelle heure est-il ?

Paris, un samedi à 23 h 40 dans un café-théâtre du Marais.

Le directeur : Ah ! enfin ! Vous êtes là !

Patrick : Je suis en retard ?

Le directeur : Votre spectacle commence à onze heure et demie !

Patrick : Et quelle heure est-il ?

Le directeur : Minuit moins vingt. Le public attend !

Patrick : On attend toujours les stars !

Le directeur : Oh, vous ! Allez ! En scène !

Déjeuner avec
Nicolas

Enregistrements
(Studio 21)
14H → 18H.

Théâtre de Poche
21H30 ▷ Cabaret Montmartre
23H30 ▷ Café-théâtre
du Marais

CAFÉ-THÉÂTRE DU MARAIS

23 h 30

Aujourd'hui
PATRICK MARIN
dans

L'HEURE EST GRAVE

demander/dire l'heure *(voir p. 188)*

• Quelle heure est-il ? — Il est huit heures.
Il est (c'est) quelle heure ?

> Pardon, vous avez l'heure ?

le matin	08.00	huit heures (du matin)
	08.15	huit heures et quart
	08.30	huit heures et demie
	12.00	midi
l'après-midi	12.45	une heure moins le quart
	13.00	une heure (de l'après-midi)
le soir	18.00	six heures (du soir)
	18.10	six heures dix
	18.50	sept heures moins dix
la nuit	00.00	minuit

• un jour - une heure - une minute - une seconde
• arriver - être... à l'heure - en avance/en retard

conjugaison

commencer	le travail
	...
je commence	à travailler
nous commençons	

finir	le travail
	...
je finis	de travailler
nous finissons	

ouvrir	le magasin
j'ouvre	la porte
nous ouvrons	

fermer	la boutique
je ferme	la bibliothèque
nous fermons	

Apprenez à dire l'heure

1 Lisez le tableau ci-dessus.

2 Quelle heure est-il ?

 11:45   17:15

22 h 05 - 15 h 58 - 12 h 24 - 16 h 00

3 Écoutez.
L'horloge parlante donne l'heure officielle.
a. 12.00 : douze heures.
b. ...

4 Trouvez la situation et notez l'heure.

Dans un aéroport ...
Devant une bibliothèque ...
À la radio ...
Dans un avion ...
Dans une classe ...
Dans un bureau ...

Découvrez le document

Racontez la journée de Patrick Marin.
« Patrick Marin est ... Il travaille ... Aujourd'hui ... »

Jouez les scènes

Ils sont en avance. Que faire ?

Désolée. On ferme.

Le mariage est à midi.

Prononciation et mécanismes

 • Exercices 39, 40, 41, 42, page 178-179.

3 donner
des informations
sur un emploi du temps

LE RETOUR DE JULIE • 2
Un message

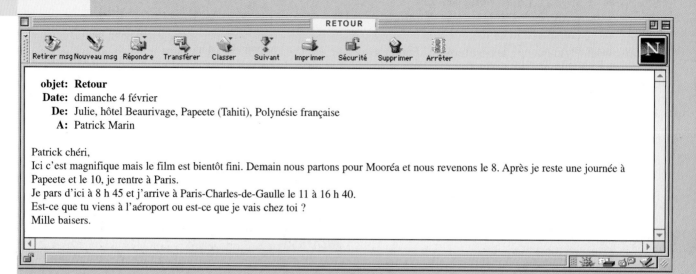

```
                                    RETOUR
Retirer msg  Nouveau msg  Répondre  Transférer  Classer  Suivant  Imprimer  Sécurité  Supprimer  Arrêter
```

objet: Retour
Date: dimanche 4 février
De: Julie, hôtel Beaurivage, Papeete (Tahiti), Polynésie française
A: Patrick Marin

Patrick chéri,
Ici c'est magnifique mais le film est bientôt fini. Demain nous partons pour Mooréa et nous revenons le 8. Après je reste une journée à Papeete et le 10, je rentre à Paris.
Je pars d'ici à 8 h 45 et j'arrive à Paris-Charles-de-Gaulle le 11 à 16 h 40.
Est-ce que tu viens à l'aéroport ou est-ce que je vais chez toi ?
Mille baisers.

Dimanche 4 février. Dans l'appartement de Patrick.

Patrick : Attends une seconde. J'ai un message...
...Ah ! Super ! Julie revient bientôt.

Nicolas : Julie ?

Patrick : Tiens, regarde ! C'est elle avec moi à La Baule.

Nicolas : Dis donc ! Elle n'est pas mal, Julie !

Patrick : Et là c'est nous dans *Le Bourgeois Gentilhomme.*

Nicolas : Et elle fait quoi maintenant, Julie ?

Patrick : Elle est à Tahiti.

Nicolas : Sans toi ?

Patrick : Elle fait un film publicitaire avec Fauvel et Tarkis.

Nicolas : Fauvel et Tarkis ! Fais attention à eux !

Découvrez les documents

1 Lisez le message de Julie.
Complétez ci-contre l'agenda de Julie.

Utilisez : (le) départ - (l')arrivée - (le) séjour - (le) retour.

2 Écoutez le dialogue. Présentez Julie.

« C'est l'amie de ... Elle ... »

3 Trouvez les pronoms.

Ex. : C'est elle → C'est Julie.

Dim 4	
Lun 5	....
Mar 6	....
Mer 7	....
Jeu 8	....
Ven 9	....
Sam 10	....
Dim 11	....

Je pars **pour** Rome.(à Rome)
Je pars **de** Paris.

J'arrive **à** Rome.
Je viens **de** France.
J'arrive **de** Paris.

Je rentre **à** Paris.
Tu viens **avec** moi ?

Nous revenons **de** Rome.

venir	partir
je viens	je pars
il vient	il part
nous venons	nous partons
ils viennent	ils partent

• Pour présenter, pour insister :
Pierre Legrand, c'est **lui** ?
Il est français, **lui** ?
• Après une préposition :
Elle vient avec **moi**
Il travaille sans **toi**
pour **lui/elle**
chez **nous**
vous
eux/elles

Exercez-vous

1 Complétez avec les verbes « aller » et « venir ».

Trois amies font des projets de soirée.

Léa : Je ... au cinéma. Il y a un bon film de Besson. Vous ... ?

Claire : Moi, je pars avec Antoine. Il ... à la piscine.

Inès : Moi, je ... avec toi. J'adore les films de Besson. Après, nous ... à la pizzeria ?

Léa : Oui. Claire et Antoine ... avec nous.

2 Complétez avec « moi », « toi », etc.

– À Noël nous allons à Serre-Chevalier. Tu viens avec ... ?
– J'aime bien faire du ski avec ... mais à Noël des amis espagnols viennent chez ... Ils restent une semaine et après je vais chez ... à Madrid.
– Alors on va à Serre-Chevalier sans ... .

Prononciation et mécanismes

• Exercices 43, 44, page 179.

Écrivez

Vous êtes à Sydney (Australie) et vous rentrez chez vous à Lyon. Écrivez un message à votre ami(e) pour annoncer votre retour.

AIR FRANCE
Renseignements/Réservations
www.airfrance.fr

Vol Japan Airlines 722 - 20/10/00

| Sydney | 10.35 | Film. Repas |
| Tokyo | 18.10 | Collation |

Vol Air France 777 - 20/10/00

| Tokyo | 21.55 | Film - Repas |
| Paris CDG | 04.25 (+1) | |

3615 - SNCF		HORAIRE SNCF	
De Paris 75 à Lyon 69			
Le samedi 21 octobre 2000			
N°	Départ	Arrivée	
1	07 h 00	09 h 04	TGV
2	07 h 30	09 h 40	TGV
3	09 h 00	11 h 04	TGV

3

4 proposer,
accepter, refuser

LE RETOUR DE JULIE • 3

Invitation

À la terrasse d'un café.

Le garçon : Le café, c'est pour qui ?

Patrick : Pour lui. Le Coca pour elle, le Perrier pour mademoiselle et la glace pour moi.

Le garçon : Évidemment !

...

Patrick : Ah, j'ai une nouvelle. Julie arrive dimanche.

Charlotte : On fête ça alors ?

Patrick : Lundi soir, chez moi. Vous pouvez venir ?

Pauline : Tu fais des pizzas ?

Patrick : Non, je ne fais pas de pizzas.

Pauline : Alors d'accord. Je peux venir.

Charlotte : Moi, ce n'est pas possible. Lundi soir, je dois jouer à Bordeaux.

Patrick : Et toi Nicolas, tu peux venir ?

Nicolas : Je voudrais bien, mais je ne peux pas.

...

Au café-théâtre du Marais Patrick invite des amis.

Patrick :   ...

...

Découvrez le document

1 Lisez le dialogue ci-dessus et complétez le tableau.

Personne invitée	Il/elle accepte (A) ou refuse (R)	Explications
Pauline	A. D'accord. Je peux venir	Patrick ne fait pas de pizzas.
...		
	...	...

2 Écoutez les autres dialogues et complétez le tableau.

vouloir - pouvoir - devoir

vouloir	pouvoir	devoir
je veux	je peux	je dois
tu veux	tu peux	tu dois
il veut	il peut	il doit
nous voulons	nous pouvons	nous devons
vous voulez	vous pouvez	vous devez
ils veulent	ils peuvent	ils doivent

• Vous voulez un café ?
Vous voulez venir chez moi ?
• Oui je peux venir. C'est possible.
• Désolé, je ne peux pas venir. C'est impossible.

Excusez-moi, je suis malade. Je dois aller chez le médecin.

Désolée, je suis très occupée. Je dois travailler.

Écrivez

Regroupez-vous par trois.
Écrivez une courte lettre d'invitation pour les deux autres (10 à 20 mots).
Recevez les invitations des deux autres.
Acceptez une invitation.
Refusez l'autre.

Cher ... (Chère ...)

Samedi soir, je vais ...
Est-ce que tu veux ...
Après on peut aller ...
Il y a ...

Exercez-vous

1 Imaginez de courtes scènes à trois personnages (A, B, C).
A propose - B accepte - C refuse et explique.
Variez les formes.

Ex :
A : Je connais un bon restaurant japonais. Est-ce qu'on va déjeuner dans ce restaurant ?
B : D'accord. J'adore...
C : C'est impossible...

Propositions :
– partir en France
– aller faire du cheval, du deltaplane, etc.
– rencontrer Richard Gere ou Sharon Stone
– voir une exposition d'art moderne
– déjeuner dans un grand restaurant
– habiter Paris
– partir à Tahiti.

2 Posez des questions à votre voisin(e).

• *Est-ce que vous pouvez ... Est-ce que tu peux ... ?*
– *Oui, je peux ... C'est possible ...*

travailler 10 heures par jour
arriver à l'heure à un rendez-vous
jouer au tennis avec Andre Agassi
parler devant mille personnes
rester un mois au pôle Nord

jean-michel jarre concert

Prononciation et mécanismes

• Exercices 45, 46, page 179.

LE RETOUR DE JULIE • 4
Propositions

Au café-théâtre du Marais.

Le directeur : Patrick, mon cher Patrick, connaissez-vous monsieur Jourdan, l'agent de Films Productions ?

Patrick : Non... Bonjour monsieur.

M. Jourdan : Bravo pour votre spectacle. Vous êtes magnifique.

...

M. Jourdan : Dites-moi, n'avez-vous pas envie de faire du cinéma ?

Patrick : Si.

M. Jourdan : Nous tournons un film au Maroc et un des acteurs est malade...

...

Le portable de Patrick sonne

Julie : Allô, Patrick ? C'est moi. C'est Julie. Écoute. J'ai un petit problème.

Patrick : Moi aussi.

Julie : Je ne peux pas être à l'aéroport dimanche.

Patrick : Moi non plus.

...

Découvrez le document

1 Racontez l'histoire de Patrick Marin. Imaginez la fin de cette histoire.

2 Imaginez la suite du dialogue entre Julie et Patrick.

3 Observez :
– la forme des questions
– la façon de répondre « oui » ou « non »

Exercez-vous

1 Trouvez les deux autres formes de question.

• M. Jourdan (à Patrick) :
– Vous aimez le Maroc ? → *Aimez-vous le Maroc ?* ...

– Est-ce que vous êtes libre du 10 au 25 février ?
– Voulez-vous jouer le rôle d'un policier ?
• M. Jourdan (au directeur) :
– Patrick Marin est un bon comédien ?
– Il a quel âge ?
– Il est marié ?

2 Complétez avec « oui », « si », « non », « moi » (toi, lui, …) « aussi » (non plus).

• Tu veux faire une partie de tennis ?
– …, je n'aime pas le tennis.
• Et Patrick ?
– …, il ne joue pas au tennis.
• Tu ne fais pas de sport ?
– …, je fais du vélo.
• Et Julie ?
– …, elle adore ça.
• Et Patrick et Nicolas ?
– … Ils font du vélo avec moi, le samedi, et toi, tu n'aimes pas le vélo ?
• …, je fais du VTT.

3 Un journaliste interroge Julie. Trouvez ses questions.

a. … ? – Non, je ne pars pas en France.
b. … ? – Je pars pour le Québec.
c. … ? – Le 15 février.
d. … ? – Je vais jouer dans un film.
e. … ? – Avec Paul Tarkis.
f. … ? – Le rôle d'une femme médecin.

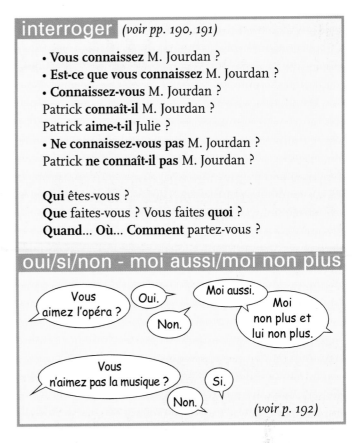

interroger *(voir pp. 190, 191)*

• **Vous connaissez** M. Jourdan ?
• **Est-ce que vous connaissez** M. Jourdan ?
• **Connaissez-vous** M. Jourdan ?
Patrick **connaît-il** M. Jourdan ?
Patrick **aime-t-il** Julie ?
• **Ne connaissez-vous pas** M. Jourdan ?
Patrick **ne connaît-il pas** M. Jourdan ?

Qui êtes-vous ?
Que faites-vous ? Vous faites **quoi** ?
Quand… **Où**… **Comment** partez-vous ?

oui/si/non - moi aussi/moi non plus

Vous aimez l'opéra ? Oui. Non.
Moi aussi. Moi non plus et lui non plus.
Vous n'aimez pas la musique ? Si. Non.

(voir p. 192)

Exercez votre compréhension

Écoutez la conversation entre Charlotte et Pauline.
Complétez l'agenda de Pauline.

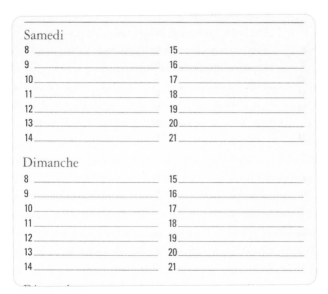

Samedi	
8 _____	15 _____
9 _____	16 _____
10 _____	17 _____
11 _____	18 _____
12 _____	19 _____
13 _____	20 _____
14 _____	21 _____

Dimanche	
8 _____	15 _____
9 _____	16 _____
10 _____	17 _____
11 _____	18 _____
12 _____	19 _____
13 _____	20 _____
14 _____	21 _____

Prononciation et mécanismes

• Exercices 47, 48, 49, 50, page 179.

Jouez la scène

Pauline et Nicolas veulent se voir demain. Ils se téléphonent. Imaginez leur dialogue d'après leur emploi du temps.

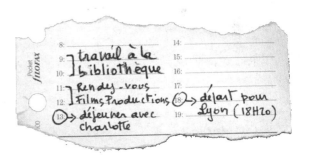

Emploi du temps de Pauline

Emploi du temps de Nicolas

Week-end en français

Par petits groupes de 3 ou 4 étudiant(e)s vous allez faire **le programme d'un week-end en français** dans votre école ou dans un lieu de votre choix : en France, dans votre pays, dans un autre pays.

> WEEK-END EN FRANÇAIS À STRASBOURG
>
> 8 et 9 octobre
>
> PROGRAMME
>
> • Samedi 8 octobre :
> 8 h :   Café, conversation :
>   " Nouvelles de France ".
> 10 h :   Jeux de rôles.
> 11 h 30 :   Match de volley-ball.

Organisez votre week-end

1 Cherchez des idées pour :

• des séances de travail (conversation, jeux de rôles, pratique de la grammaire et du vocabulaire, etc.)
• des activités sportives de détente
• des séances vidéo (films, reportages, etc.)
• une soirée spectacle
Pour choisir votre spectacle, découvrez le document « sortir » page 45.

2 Organisez le programme du week-end.

3 Faites la liste des personnes invitées.

4 Présentez votre programme à la classe.

le futur proche

• **aller** + infinitif
Demain, je **vais partir** en vacances.
En 2010, nous **allons habiter** à Tahiti.
Le 3 juillet, il **va avoir** 20 ans.

Découvrez des documents

1 Observez le magazine *Sortir*. Écoutez, à la radio, les informations sur les spectacles. Complétez le tableau.

Titre du spectacle	
Type de spectacle	
Lieu	
Information sur le spectacle	
Commentaires (bon, excellent, passionnant, etc.)	

2 Choisissez les spectacles de votre « week-end en français ».

Exercez-vous

Mettez les verbes entre parenthèse au présent ou au futur proche.

Un samedi matin. Marie téléphone à son amie Pauline.
Marie : Qu'est-ce que tu (*faire*) aujoud'hui ?
Pauline : Je (*travailler*) toute la journée. Je (*devoir*) finir un projet.
Marie : Et demain tu (*travailler*) aussi ?
Pauline : Non, je (*passer*) la journée avec une amie allemande. Elle (*venir*) chez moi le matin. Nous (*déjeuner*) au restaurant du Centre Pompidou, et l'après-midi nous (*visiter*) le Louvre.

sortir les spectacles de la semaine

THÉÂTRE

Comédie-Française,
Le Bourgeois gentilhomme,
pièce de Molière, mise en
scène de Jean-Louis Benoît. Un
riche marchand, M. Jourdain,
veut être considéré comme
un aristocrate.

musical d'après l'œuvre
de Shakespeare.

Théâtre équestre Zingaro
(Aubervilliers),
Triptyk, les chevaux et les
danseurs de Bartabas sur
des musiques de Stravinski
et de Boulez.

DANSE

Palais Garnier, **Raymonda**,
musique d'Alexandre Glazounov,
chorégraphie de Rudolf Noureev
avec le Ballet de l'opéra
de Paris.

CINÉMA

Palais des Congrès,
Roméo et Juliette, un spectacle

SPORT

Stade de France, **football**, finale de la coupe de France :
Amiens-Strasbourg

Jeanne d'Arc, de Luc Besson,
avec Milla Jovovitch, Faye
Duneway, John Malkovitch.

Alexandre Glazounov

1 donner des indications de temps

Rédigez les informations ci-dessous.

« Pablo Picasso est né à Málaga en 1881... »

Picasso (Pablo). Málaga 1881-Mougins 1973.

Vacances d'hiver :
22/02 (soir) → 04/03 (matin)

HORAIRES - TGV
Paris : 9.40
Angers : 11.45 changer au Mans (30 mn)

---

21 juin. ÉTÉ : FÊTE DE LA MUSIQUE

---

2 présenter un emploi du temps

Mathieu va au Congrès des Assurances européennes à Rome. Il présente son voyage. Continuez :

« Je pars à Paris le ... à ... »

Mardi 10
9 h : Départ pour Paris en TGV.
11 h : Arrivée à Paris.
13 h : Déjeuner avec François Duport.
17 h : Départ pour Rome avec F. Duport.
19 h : Arrivée à Rome.
Hôtel Méridien.

Mercredi 11 et jeudi 12
Congrès des Assurances européennes.

Vendredi 12, Journée libre.
18 h : Départ pour Paris.

3 utiliser les pronoms

Complétez.

Luc : Samedi matin, je vais à la piscine avec José. Tu viens avec ... ?
Marion : Non, je ne peux pas venir avec ... Je dois rester chez ...
Luc : On peut passer chez ... après la piscine ?
Marion : Pierre et Lisa vont venir. Je vais travailler avec ...

4 répondre

Complétez.

Pierre : Vous voulez voir le match de foot à la télé ?
Lisa : Non.
Pierre : Et toi Marion ?
Marion : ...
Pierre : Tu n'aimes pas le foot ?
Marion : ..., mais je préfère voir le film sur la 6. On joue *Jeanne d'Arc.*
Lisa : ..., je veux voir le film.

5 fixer un rendez-vous

Pierre téléphone chez le médecin pour avoir un rendez-vous. Notez l'emploi du temps de Pierre et l'heure du rendez-vous.

Lundi 4 matin	Mardi 5 matin	Mercredi 6 matin
...	...	...
après-midi	après-midi	après-midi
...	...	...

6 inviter - accepter - refuser

Des amis écrivent à Julie et à Patrick. Patrick accepte l'invitation. Julie refuse. Rédigez les lettres de Patrick et de Julie.

Chère Julie, Cher Patrick

Nous partons pour une semaine à Gerardmer du 4 au 12 mars.
Au programme : ski bien sûr mais aussi le Festival du film fantastique.
Nous avons une chambre pour vous.
Nous attendons votre réponse.
À bientôt.

Jacqueline et Michel

.....➤ découvrir
son environnement

4

■ Situer un lieu.
S'informer
sur un itinéraire.

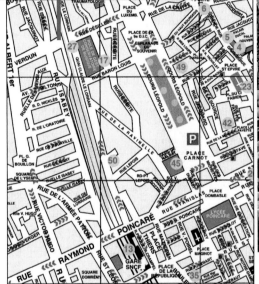

■ Connaître
les rythmes
de vie.

■ Chercher,
décrire un logement.

Espace non ouvert aux véhicules à moteur

Restez sur les sentiers
et soyez maître
de vos animaux

Ne jetez pas
vos détritus

Ne faites pas
de camping sauvage

Ne cueillez pas
les végétaux

N'allumez pas
de feu

Ne fumez pas

N'escaladez pas les murs
et les capitelles

Chasse interdite

■ Fixer des règles.
Exprimer la possession.

UNE COHABITATION DIFFICILE • 1
Où est la rue Lepois ?

À Nancy, sur le boulevard Joffre.

Pierre : Pardon madame, je cherche la rue Lepois.

La jeune femme : La rue Lepois… C'est par là.

Pierre : C'est loin ?

La jeune femme : Non.

Pierre : C'est à combien ?

La jeune femme : A cinq minutes. Vous voyez ce grand bâtiment et ces arbres là-bas .

Pierre : Oui.

La jeune femme : C'est la Place Thiers. Alors vous allez jusqu'à cette place et là, vous demandez…

…

Pierre : Excusez-moi, monsieur, vous connaissez la rue Lepois ?

L'homme : Oui, bien sûr, c'est tout près d'ici. Vous traversez la rue Poincaré et vous prenez le quai Claude-le-Lorrain, en face… un peu à gauche.

Pierre : D'accord.

L'homme : Et après, vous tournez à droite dans la première rue. C'est la rue Lepois.

Pierre : Merci beaucoup, monsieur.

Découvrez le document

1 Écoutez la scène. Suivez l'itinéraire sur le plan.

2 Notez les mots utilisés pour :

– montrer (*ces* arbres)
– indiquer une direction (à *droite*)
– préciser l'itinéraire (*continuez*)

Exercez-vous

1 Complétez avec « ce », « cet », « cette », « ces ».

Le touriste curieux.
Comment s'appelle ... rue ?
De quand datent ... maisons ?
Qu'est-ce qu'il y a dans ... musée ?
Où va ... rue ?
Quel est le nom de ... hôtel ?

2 Complétez avec un adjectif démonstratif (« ce », « cette », ...) ou un article (« un », « le », ...).

Dans le train.
Lui : J'habite à Nancy.
Elle : Oh, c'est amusant ! J'ai ... très bon ami dans ... ville.
Lui : Où habite ... ami ?
Elle : Dans ... quartier de la gare.
Lui : Ah, c'est amusant ! Je travaille dans ... quartier. Je suis ... directeur de ... hôtel Chrystal.
Elle : Ah, c'est amusant ! Mon ami travaille dans ... hôtel.

3 Continuez comme dans l'exemple.

Ex. : Mardi est le deuxième jour de la semaine.
a. Mardi ... (semaine).
b. Avril ... (année).
c. Dimanche ... (semaine).
d. Ève ... (femme).
e. D'Artagnan ... (mousquetaire).

premier... dernier

1er : premier (première)
2e : deuxième - second (seconde)
3e : troisième
4e : quatrième ...

dernier (– e)

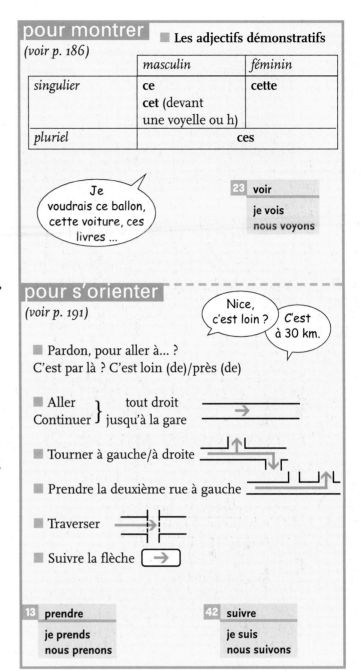

pour montrer — Les adjectifs démonstratifs

(voir p. 186)

	masculin	*féminin*
singulier	**ce** **cet** (devant une voyelle ou h)	**cette**
pluriel	**ces**	

Je voudrais ce ballon, cette voiture, ces livres ...

23 voir
je vois
nous voyons

pour s'orienter

(voir p. 191)

Nice, c'est loin ? — C'est à 30 km.

■ Pardon, pour aller à... ?
C'est par là ? C'est loin (de)/près (de)

■ Aller } tout droit
Continuer } jusqu'à la gare

■ Tourner à gauche/à droite

■ Prendre la deuxième rue à gauche

■ Traverser

■ Suivre la flèche

13 prendre
je prends
nous prenons

42 suivre
je suis
nous suivons

Décrivez l'itinéraire

Vous êtes à la gare de Nancy. Répondez à ces personnes.

L'université, c'est par là ?

Pardon, la place Stanislas ?

Je voudrais aller à la cathédrale...

Vous connaissez la rue Saint-Jean ?

Tour de France

L'ITINÉRAIRE DE CETTE ANNÉE

Première étape : Londres-Ashford. Cette année, le Tour de France part de Grande-Bretagne. La deuxième étape commence en train : Ashford-Calais par le tunnel **sous** la Manche. Puis, les coureurs prennent la direction de l'**Est**. Cinq étapes sur les routes du **Nord**, de Champagne et de Lorraine et ils arrivent à Strasbourg. **En face**, c'est l'Allemagne. Après la traversée des Vosges et du Jura, voici les coureurs à Pontarlier. **Derrière** les montagnes, c'est la Suisse. À partir de Lyon, les coureurs descendent vers le **Sud, entre** les Alpes et le Massif central. À Avignon, ils tournent vers l'**Ouest**, passent au bord de la Méditerranée et arrivent **devant** les Pyrénées à Perpignan. L'Espagne est **à côté**.

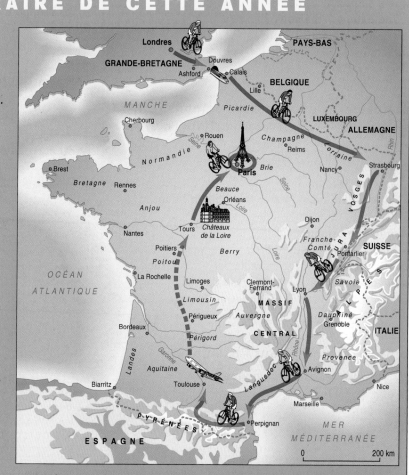

Après trois étapes difficiles dans les Pyrénées, les coureurs prennent l'avion à Toulouse, passent **au-dessus** de Périgueux et de Poitiers, et arrivent à Tours. Une étape **au milieu des** châteaux de la Loire, une étape **autour de** Paris et c'est enfin l'arrivée sur les Champs-Élysées.

Découvrez le document

1 Lisez l'article de la page 50 et observez la carte. Suivez l'itinéraire du Tour de France.

2 Trouvez le sens des mots en gras. Notez ces mots ci-dessous.

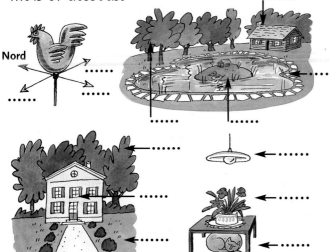

Nord

Vérifiez votre compréhension

Écoutez. Marie explique comment aller chez elle. Faites le dessin de l'itinéraire.

Voici les étapes principales :
1. Le café Flo.
2. La rue de la République.
3. Le boulevard périphérique.
4. La route de Marseille.
5. Le supermarché Casino.
6. L'hôtel Campanile.
7. La rue des Fontaines.

Présentez un lieu

1 Vous êtes guide de la ville de Paris. Présentez la place de la Concorde.

« Devant vous ... »

2 Dialoguez avec votre voisin(e). Présentez la vue qu'on a de votre logement.

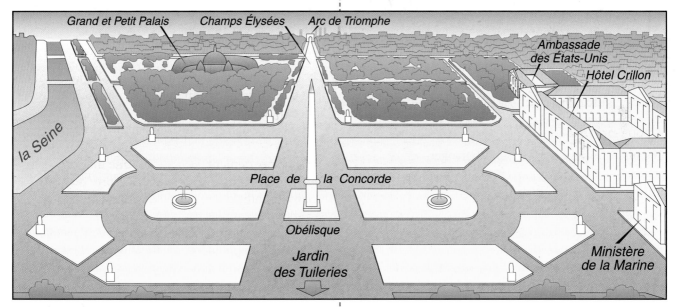

Grand et Petit Palais   Champs Élysées   Arc de Triomphe

Ambassade des États-Unis

Hôtel Crillon

la Seine

Place de la Concorde

Obélisque

Jardin des Tuileries

Ministère de la Marine

GRAND ET PETIT PALAIS

Écrivez

Vous écrivez à un(e) ami(e) pour expliquer comment aller de la sortie de l'autoroute jusque chez vous.

Prononciation et mécanismes

• Exercices 51, 52 page 179.

4

Un logement idéal

Seul(e) ou par deux, vous allez imaginer **un logement idéal** pour vous (et vos amis).

Immeuble de Ricardo Bofill à Montpellier.

Moulin sur la Dronne.

Péniches sur la Seine à Paris.

Choisissez votre environnement

Cochez selon votre choix.

• Vous préférez vivre :

☐ dans votre pays   ☐ à l'étranger
                                (précisez le pays)

• Vous voulez habiter :

☐ dans une grande ville   ☐ au centre
☐ dans une ville moyenne   ☐ en banlieue
☐ dans un village
☐ à la campagne   ☐ au bord de la mer
☐ à la montagne

• Donnez des précisions : ...

Choisissez votre logement

1 Décrivez les habitations des photos.
Utilisez les mots du tableau.

2 Complétez la description de votre
logement idéal.

se loger

■ **Un logement** : un immeuble - un appartement - un studio - une maison - une villa - un logement social *(Condo)*
→ J'habite dans un appartement.

■ **Un appartement**	■ **Une maison**
ancien/moderne	isolée/près du centre
clair/sombre	avec un jardin,
calme/bruyant	un garage,
confortable/inconfortable	neuve (neuf)/vieille
pratique/pas pratique	(vieux)
avec/sans vue	

5	**acheter**	• une maison
	j'achète	à M. Martin
	nous achetons	*le loyer rent*

18	**vendre**	• un studio
	je vends	à un ami
	nous vendons	

	louer	• Le propriétaire **loue** sa maison
		au locataire. *rentel*
	je loue	• Le locataire **loue** sa maison
	nous louons	1000 € par mois.

monthly - mensualités

Villa andalouse.

Maisonnette à St. Barthélémy dans les Antilles françaises.

Faites  le plan de votre logement

1 Découvrez le nom des pièces de la maison. Lisez la lettre d'Agnès. Indiquez le nom des pièces sur le plan.

> J'habite maintenant à 10 km de Nancy, dans une grande maison avec un rez-de-chaussée et un étage.
> Devant la maison, il y a un petit jardin et derrière un garage.
> Au rez-de-chaussée, on entre dans un couloir.
> À gauche, il y a une petite cuisine et un grand salon-salle à manger. À droite, il y a un grand bureau, très clair avec quatre fenêtres. Ce bureau est aussi utilisé comme chambre d'amis. Au fond du couloir, à droite, il y a les toilettes et une douche.
> Les trois chambres sont au premier étage. Quand on arrive en haut de l'escalier, on trouve à gauche les toilettes et à droite une salle de bains.

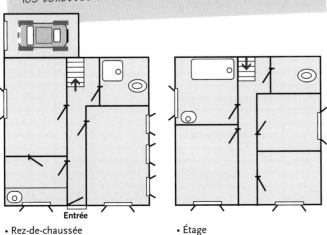

Entrée

• Rez-de-chaussée   • Étage

2 Faites le plan et la description de votre logement idéal.

Présentez votre logement

1 Rédigez une petite annonce pour votre logement idéal.

> • **VENDS** maison 100 m² - jard. - cuis., gd salon 40 m², 3 ch - garage - à 15 km de Nancy.
>
> • **À LOUER.** Nancy, plein centre. Studio, tt conf. - 40 m² - coin cuis. - parking - imm. neuf 1er étage.

2 Présentez ce logement à la classe.

Prononciation et mécanismes

 • Exercices 53, 54, 55, 56, page 179.

UNE COHABITATION DIFFICILE • 2
Quel désordre !

Pierre partage un appartement à Nancy avec trois autres personnes : Barbara, Victoria et Tristan. Nous sommes un lundi. Il est 8 heures. Tristan rentre de week-end.

Tristan : Salut tout le monde ! Oh là là, mais... C'est quoi ce désordre ?

Barbara : Les souvenirs de la soirée d'hier.

Tristan : Et d'abord, ce cendrier, il est à qui ?

Barbara : À Pierre.

Tristan : Il fume maintenant ?

Barbara : Non, mais ses copains oui.

Tristan : Ça, ce n'est pas dans notre contrat.
Bon, allez, on range !
Il est à toi le portable ?

Barbara : Non, à la copine de Pierre.

Tristan : Ah, et le manteau aussi ?

Pierre *(sort de sa chambre) :*

Oui, le manteau aussi. Et ici, Tristan, ce n'est pas « ton » salon.
C'est « notre » salon. D'accord ?
C'est à tout le monde.

...

l'expression de la possession *(voir p. 186)*

- ■ Par la préposition « de » : C'est **le** livre **de** Pierre.
- ■ Par l'adjectif possessif : C'est **son** livre.
- ■ Par la forme **être à** + nom de personne ou **moi, toi, lui, elle,** etc. : Ce livre **est à lui.**

	l'objet possédé est...	masculin singulier	féminin singulier	pluriel
un possesseur	à moi	mon	ma **mon** (devant voyelle)	mes
	à toi	ton	ta **ton** (devant voyelle)	tes
	à lui/à elle	son	sa **son** (devant voyelle)	ses
plusieurs possesseurs	à nous	notre	notre	nos
	à vous (1)	**votre** (1)	**votre** (1)	**vos** (1)
	à eux/à elles	**leur**	**leur**	**leurs**

1. Peut aussi s'utiliser avec un seul possesseur (forme « vous » singulier). « Pierre, c'est votre prénom ? »

1 Lisez les trois premières lignes
et observez les dessins. Imaginez la scène.

2 Écoutez. Relevez les mots de possession.

Ex : *Le cendrier : à qui ? – à Pierre.*

Le contrat : …

Exercez-vous

1 Complétez les publicités ci-dessous.

VISITEZ **NANCY**

Sa place Stanislas
… arc de triomphe
… églises
et … musées
… palais des ducs
de Lorraine

Rock Magazine spécial années 70

… souvenirs
ce sont
… souvenirs

BANQUE DU SUD

Chez nous
… argent
C'est
… affaire

2 Complétez. Utilisez les formes du tableau
de la page 54.

Tristan : C'est la radio de Pierre ?
Barbara : Oui c'est *sa* radio. Elle *est à lui*.
Tristan : Ce dictionnaire est à toi, Barbara ?
Barbara : Oui, c'est … Il est …
Tristan : Hé, les filles ! Ces magazines sont à vous ?
Barbara et Victoria : Oui, …
Tristan : Ces CD sont aux copains de Pierre ?
Barbara : Oui, …
Tristan : Ce parfum est à Victoria ?
Barbara : Non, ce n'est pas …
Tristan : Cette guitare est aux copains de Pierre ?
Barbara : Non, …
Tristan : Ce portable est à toi, Barbara ?
Barbara : Non, …

Jouez les scènes

Départ en voyage

Il ne trouve pas son passeport.

Tous les deux ont la place 45.

Qui est devant mon garage ?

Prononciation et mécanismes

• Exercices 57, 58, 59,
page 179

24 heures en France

Moi, j'aime bien commencer ma journée ici, devant un petit café... Je dois être au travail à 7 heures. Alors, je me lève à 6 heures, je me prépare et je viens ici. On parle des nouvelles. C'est sympathique... L'après-midi, je finis à 4 heures. Je vais à la salle de sport ou je me promène. À 6 heures, je suis chez moi. Le soir, je reste en famille. Je regarde un peu la télé et je me couche à 10 heures.

Découvrez la conjugaison pronominale

1 Lisez les tableaux de la page 57 et, ci-dessus, ce que dit l'homme du café.

2 Notez dans le tableau ci-contre l'emploi du temps de l'homme du café.

Écoutez le reportage

1 Écrivez une légende pour chaque photo.

2 Complétez le tableau ci-contre.

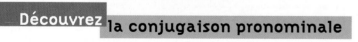

Heures	L'homme du café	La collégienne	La femme du restaurant	La vie à Paris
7 h	...	...	...	...
8 h	...	...	...	...
9 h	...	...	...	...
10 h	...	...	...	...

3 Comparez avec les rythmes de votre pays.

la conjugaison pronominale

se lever	s'appeler
je me lève	je m'appelle
tu te lèves	tu t'appelles
il/elle se lève	il/elle s'appelle
nous nous levons	nous nous appelons
vous vous levez	vous vous appelez
ils/elles se lèvent	ils/elles s'appellent

■ **La négation :**
Je ne me lève pas tôt.

■ **L'interrogation :**
Tu te lèves tard ?
Est-ce que tu te lèves tard ?
À quelle heure te lèves-tu ?

■ **Constructions avec l'infinitif :**
Je voudrais me reposer.
Elle n'aime pas se lever tard.

→ (Voir aussi sens réfléchi et réciproque, page 109).

les activités quotidiennes

Le matin (tous les matins), je me lève à 7 heures.
D'habitude, je me couche tôt.

	se réveiller		se lever
	se laver, faire sa toilette prendre une douche, un bain		s'habiller
	prendre son petit déjeuner		se préparer
	partir au travail		déjeuner
	travailler		se promener faire des courses
	dîner		se reposer
	se coucher		avoir sommeil dormir

Prononciation et mécanismes

• Exercices 60, 61, 62 page 179.

UNE COHABITATION DIFFICILE • 3

Ça ne va pas !

Un samedi matin dans l'appartement des quatre locataires.

Barbara : Bonjour Pierre. Assieds-toi ! Tu prends un café avec nous ?

Pierre : Ah oui, je veux bien.

Barbara : Écoute, Pierre ! Ça ne va pas !

Pierre : Qu'est-ce qui ne va pas ?

Barbara : Quand tu téléphones à tes amis, il ne faut pas utiliser mon portable !

Tristan : Et il faut mettre tes affaires dans ta chambre, pas dans le salon !

Victoria : Et il ne faut pas écouter ta techno jusqu'à 2 heures du matin ! On ne peut pas dormir.

Pierre : Ne vous couchez pas comme les poules !

Tristan : On se lève tôt, nous !

Pierre : Alors, levez-vous en silence et ne mettez pas la radio à 6 heures du matin !

...

Découvrez le document 📻

1 Quels reproches peut-on faire :

• À Pierre ?
Il utilise le portable de Barbara.
...

• Aux autres locataires ?
...

2 Notez les ordres.

Assieds-toi !
...

3 Imaginez d'autres fautes et d'autres ordres.

Exercez-vous

1 Il donne des conseils aux sportifs. Utilisez l'impératif.

Ex. : « Ne vous couchez pas tard ce soir ! »

Ne pas se coucher tard.
Bien dormir.
Ne pas se lever tôt.
Prendre un bon petit déjeuner.
Faire un jogging.
Se reposer.

2 Qu'est-ce qu'il faut faire ? Donnez l'ordre.

Ex. : Il ne faut pas prendre de photos.
→ *Ne prenez pas de photos !*

3 Écrivez les ordres ou les conseils. Utilisez les verbes indiqués.

a. Il donne des conseils au pilote. (Utilisez l'impératif.)

tourner ...
prendre ...
continuer ...
suivre ...
dormir ...

b. Il cherche un nouveau logement.
(Utilisez « il faut ... ».)

trouver ...
acheter ...
louer ...
vendre ...

c. La photographie du mariage.

se lever ...
s'asseoir ...
regarder ...
se mettre ...

d. Elle donne des conseils avant le départ en vacances.
se lever ...
chercher ...
faire ...
partir ...
arriver ...

Ex. : a. Attention ! Tourne à gauche ! Continue tout droit...

donner un ordre

I • L'impératif

prends ce livre !	ne parle pas !
prenons ce livre !	ne parlons pas !
prenez ce livre !	ne parlez pas !

assieds-toi !	ne mets pas ce disque !
asseyons-nous !	ne mettons pas ce disque !
asseyez-vous !	ne mettez pas ce disque !

28 s'asseoir   **32** mettre

2. Il faut
• **Il faut + nom**
Pour comprendre ce texte, il faut un bon dictionnaire.
• **Il faut + verbe**
Demain, notre train part à 7 heures.
Il faut être à l'heure.
Il faut se lever tôt.

Parlez en petits groupes | Écrivez

Faites une liste de huit conseils pour une des situations suivantes.

CONSEILS POUR ÊTRE EN FORME

CONSEILS POUR APPRENDRE LE FRANÇAIS

Prononciation et mécanismes

• Exercices 63, 64, 65, pages 179.

1 s'orienter

Un touriste veut aller de la gare au musée. Il demande son chemin. Rédigez le dialogue.

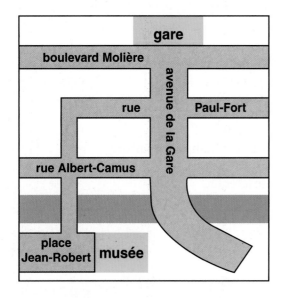

gare

boulevard Molière

avenue de la Gare

rue   Paul-Fort

rue Albert-Camus

place Jean-Robert   musée

2 situer décrire un lieu 📻

Écoutez. Elle décrit la vue de sa fenêtre. Trouvez cinq erreurs et corrigez.

Ex. : C'est un immeuble d'un étage.

3 décrire un logement 📻

Écoutez. Il décrit son logement. Faites le plan de ce logement. Indiquez le nom des parties du logement et ses qualités.

4 exprimer la possession

a. Transformez en utilisant un adjectif possessif.

- Ce stylo est à Tristan. → C'est son stylo.
- Ces jeux vidéos sont à Pierre. → ...
- Ce portable est à nous. → ...
- C'est le manteau de Barbara. → ...
- Ces cartes postales sont à vous. → ...
- Ces livres sont aux enfants. → ...

b. Complétez.

Tristan : Il y a un dictionnaire de russe dans le salon. ... ce dictionnaire ? Il est ... Barbara ?
Barbara : Non, il ... Je n'ai pas de dictionnaire de russe. Mais Victoria apprend le russe. Ce doit être ... .

5 parler des activités quotidiennes

Michel travaille de 9 heures à 17 heures. Remettez dans l'ordre les moments de sa journée.

a. il déjeune	**f.** il dort
b. il s'habille	**g.** il rentre du travail
c. il se couche	**h.** il dîne
d. il se lave	**i.** il se lève
e. il se réveille	**j.** il part au travail

Ajoutez quatre autres activités à cette liste.

6 fixer des règles

Demain, ils vont faire une promenade en montagne. Le guide donne des conseils. Faites-le parler.

« Il faut ... »

■ Demander,
donner des informations
sur un emploi du temps
passé.

■ Donner
une explication.
Exprimer le doute
et la certitude.

Étude

**Pourquoi
les filles
battent
les garçons**

■ Utiliser des moyens
d'information.

amour - amoureux
_ amoureuse
aimer
(aime) ➔ ami - amie
amitié
amical

■ Découvrir des relations
entre les mots.

LA DISPARITION • 1

De retour du salon

Salon des vidéo jeux

Samedi 20 février
▼

✔ 10 h 00 Présentation des produits Technimage

✔ 11 h 00 Conférence : « Le jeu aujourd'hui » par A. Lefort, journaliste

✔ 12 h 30 Buffet

À Toulouse, lundi 22 février, dans l'entreprise Vidéo-Concept.
Il est 9 heures.

La directrice : Alors ? Racontez ! Qu'est-ce que vous avez fait à ce salon ?

Arnaud : Le matin, j'ai regardé la présentation de Technimage.

La directrice : Intéressante ?

Arnaud : Très. Ils ont fait trois nouveaux logiciels.

La directrice : Vous avez écouté la conférence de Lefort ?

Arnaud : Oui. Excellente !... Au fait, j'ai rencontré Desnoyer.

La directrice : Ah, vous connaissez le nouveau commercial de Technimage ?

Arnaud : Oui, nous avons fait nos études ensemble.

La directrice : Et il n'a pas parlé des projets de son entreprise ?

Arnaud : Eh non… !

Découvrez le document

1 Écoutez le dialogue et observez les documents.

2 Relevez tous les verbes et observez comment on forme le temps passé.

3 Dites ce qu'Arnaud a fait au salon.

« Il a regardé … »

le passé composé (formé avec « avoir »)

Avec tous les verbes (sauf les verbes présentés page 65) :

***avoir* + participe passé**

hier
avant-hier
le 1er février
l'été dernier

j'ai regardé
tu as regardé
il/elle a regardé
nous avons regardé
vous avez regardé
ils/elles ont regardé

■ **La négation :**   Je n'ai pas compris.

■ **La formation du participe passé :**
• **verbes en -er** → é : parler → parlé
• **autres verbes** (voir les conjugaisons page 183).

prendre → **pris** comprendre → **compris** apprendre → **appris**
voir → **vu** savoir → **su** avoir → **eu**
faire → **fait** être → **été** finir → **fini**
lire → **lu**

■ **L'interrogation :**   Tu as compris ?
                          Est-ce que tu as compris ?
                          As-tu compris ?

Exercez-vous

1 Ils parlent de ce qu'ils ont fait. Mettez les verbes entre parenthèses au passé composé.

Maria cherche un appartement.
Claire : Alors, tu *(trouver)* un appartement ?
Maria : J'*(visiter)* un deux-pièces rue Berlioz et j'*(voir)* un grand studio près du parc.
Claire : Tu *(prendre)* le deux-pièces ?
Maria : Non, j'*(préférer)* le studio.
Deux employés de Vidéo-concept ont travaillé sur un projet.
La directrice : Alors, vous *(travailler)* hier ?
Marine : Nous *(commencer)* à 7 heures et nous *(continuer)* jusqu'à 10 heures du soir.
La directrice : Vous *(finir)* ?
Marine : Oui, nous *(faire)* tout.

2 Du bureau, une mère téléphone à ses enfants restés à la maison. Trouvez ses questions.

• ... ? – Oui, j'ai rangé ma chambre.
• ... ? – Oui, Paul a téléphoné à M. Brun.
• ... ? – Oui, nous avons fait nos devoirs.
• ... ? – Oui, Paul et Lucie ont acheté le journal.
• ... ? – Oui, j'ai mis la lettre à la poste.

3 Répondez à ces questions sur l'histoire « Une cohabitation difficile » (Unité 4).

a. Est-ce que Pierre a acheté un appartement à Nancy ?
b. Est-ce que Pierre a été un bon locataire ?
c. Est-ce qu'il a rangé l'appartement ?
d. Est-ce que ses amis ont été silencieux ?

Dialoguez avec votre voisin(e)

Parlez : lectures, films, spectacles, sport, etc.

Qu'est-ce que tu as lu ?

Est-ce que vous avez vu le dernier film avec...

Vous avez aimé ?

Prononciation et mécanismes

• Exercices 66, 67, page 179

5
2 s'informer
sur un emploi
du temps passé

LA DISPARITION • 2
La surprise du lundi matin

Extrait du journal de Stéphanie.

Finalement Gabriel n'est pas venu. Il
a téléphoné et s'est excusé. Je suis
allée seule au cinéma. J'ai vu « Taxi 2 ».
Bon film.

Dimanche 21 février
Journée très, très tranquille.
Je me suis réveillée à 9 heures. J'ai
appelé Céline et nous sommes allées
faire un jogging au parc de la
Ramée. L'après-midi nous nous
sommes promenées sur les bords de la
Garonne. Je suis rentrée à 7 heures
pour voir « 7 à 8 » à la télé.

Lundi 22 février, 9 h 30, dans le bureau d'Arnaud et de sa collègue Stéphanie.

Arnaud :   Salut Stéphanie ! Alors, ce week-end
                s'est bien passé ?

(Arnaud commence à travailler sur son ordinateur.)

Stéphanie :   Super ! Je suis sortie avec des
                copains. Samedi soir, on est allés voir
                Taxi 2. Puis on est allés danser
                au « Caracas ». Puis...

Arnaud :   Stéphanie, j'ai perdu le fichier
                Monte-Cristo !

Stéphanie :   Tu as fait le bon code ?

Arnaud :   Évidemment...

1 Lisez le journal de Stéphanie.
Notez son emploi du temps.

Samedi 20. Fin d'après-midi : Stéphanie attend Gabriel.
Gabriel téléphone ...

2 Observez comment on forme le passé
des verbes. Notez les trois cas.

a. Cas général (page 63)
b. ...
c. ...

3 Écoutez la scène. Dites ce qui est bizarre ?
Racontez le week-end d'Arnaud
et de Stéphanie.

a. Le samedi, Arnaud est allé au salon des jeux vidéo...
b. Stéphanie ...

Exercez-vous

Mettez les verbes entre parenthèses
au passé composé. Attention : « avoir »
ou « être » + participe passé.

> Chers amis,
> Enfin nous sommes en Turquie. Quel beau pays !
> Nous ... (arriver) à Istanbul le 25. Nous ...
> (visiter) la ville. Puis nous ... (louer) une voiture
> et nous ... (partir) vers le Sud. Nous ... (aller)
> jusqu'à Éphèse. C'est magnifique ! Hier nous ...
> (se promener) dans la ville antique et nous ...
> (voir) le célèbre temple. Ce matin Alain ... (se
> lever) à 7 heures pour voir les monuments au
> lever du soleil.
> Moi, je ... (rester) à l'hôtel. Je ... (se reposer)
> et j'... (écrire) des cartes postales.

Vérifiez votre compréhension

Stéphanie demande à Arnaud ce qu'il a fait
dimanche. Complétez l'agenda d'Arnaud.

> Dimanche 21 février
> 7 h ...
> 8 h ...
> 9 h ...
> 10 h ...

le passé composé (formé avec « être »)

partir	se lever
je suis parti(e)	je me suis levé(e)
tu es parti(e)	tu t'es levé(e)
il/elle est parti(e)	il/elle s'est levé(e)
nous sommes parti(e)s	nous nous sommes levé(e)s
vous êtes parti(e)s	vous vous êtes levé(e)s
ils/elles sont parti(e)s	ils/elles se sont levé(e)s

N.B. : Le participe passé s'accorde avec le sujet.
Pierre est parti, Marie est partie.
Pierre et Marie sont partis.
Catherine et Juliette sont restées.

■ **Formation « *être* + participe passé » avec les
verbes ci-dessous.**
(Le participe passé des verbes irréguliers est entre
parenthèses.)
a. aller - venir *(venu)* - **partir** *(parti)* - **arriver** -
entrer - sortir *(sorti)* - **rester - monter - descendre**
(descendu) - **naître** *(né)* - **mourir** *(mort)*
b. tous les verbes à la forme pronominale :
s'appeler - se lever - etc.

Dialoguez

Posez des questions à votre voisin(e).

Qu'est-ce que vous avez fait ? (Qu'est-ce que tu as fait ?)
– le week-end dernier ?
– aux dernières vacances ?
– etc.

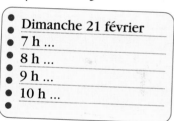

Qu'est-ce que tu as fait le week-end dernier ?

Prononciation et mécanismes

 • Exercices 68. 69. 70, page 179

savez-vous pourquoi ?

CURIOSITÉS
Testez vos connaissances. Cochez la bonne réponse.

1 Pourquoi les élèves français ne vont-ils pas à l'école le mercredi ?

a. ☐ pour pouvoir se reposer au milieu de la semaine
b. ☐ pour pouvoir suivre une éducation religieuse

2 Pourquoi la fusée Ariane part-elle de Kourou en Guyane française ?
a. ☐ pour ne pas tomber sur la France.
b. ☐ parce que Kourou est près de l'équateur (donc près de l'orbite des satellites)

3 Pourquoi y a-t-il des mosquées en France ?
a. ☐ parce que l'islam est la deuxième religion en France
b. ☐ ce sont des souvenirs des invasions arabes du Moyen Âge

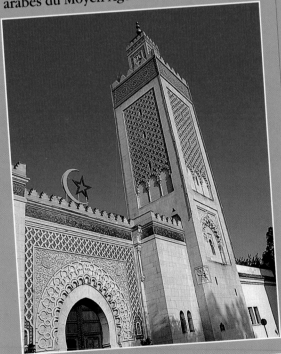

4 Pourquoi une femme mariée peut-elle avoir deux noms de famille (ex. : Anne Janin-Dubreuil) ?
a. ☐ parce qu'elle prend le nom de son père et le nom de sa mère
b. ☐ parce que c'est le nom de son mari et son nom de jeune fille

5 Pourquoi les Français écrivent-ils le chiffre 7 avec une barre (7) ?
a. ☐ pour faire la différence avec 1
b. ☐ parce que c'est un chiffre grec

6 Pourquoi y a-t-il des monuments romains en France ?
a. ☐ parce que les Romains ont occupé la France dans l'Antiquité
b. ☐ parce que les rois de France ont invité des architectes italiens

7 Pourquoi les Français ne travaillent-ils pas le 14 juillet ?
a. ☐ parce que c'est le jour de la fête nationale
b. ☐ parce qu'on fête la fin de la guerre de quatorze (1914-1918)

8. Pourquoi Jean Monnet est-il connu ?
a. ☐ parce qu'il a été un grand peintre impressionniste
b. ☐ parce qu'il a été l'un des fondateurs de l'Union européenne

(Voir les réponses page 182)

1 Faites le test. Lisez les solutions p. 182.

2 Relevez les mots utilisés pour expliquer. Aidez-vous du tableau ci-contre.

Organisez **des recherches d'idées**

1 Par groupes de cinq ou six, trouvez beaucoup de réponses à ces questions.

Exemple :

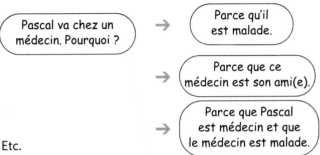

Etc.

a. Trouvez la cause (... « parce que » ...).

- Stéphanie connaît bien le Centre Georges Pompidou ...
- Daniel comprend le chinois ...
- On invite souvent Marie ...
- Brigitte refuse l'invitation de Patrick ...

b. Trouvez le but (... « pour » ...).

- Céline fait beaucoup de sport ...
- Arnaud part aux États-Unis ...
- François apprend à chanter ...
- Bruno travaille beaucoup ...

2 Imaginez plusieurs suites possibles comme dans l'exemple ci-dessous. Commencez les phrases par « mais », « donc », « alors ».

- Lise a invité Pierre à son anniversaire.
- Denis a loué un appartement à Nancy.
- Patrick doit faire un film avec Julie.

Ex. : Lise a invité Pierre à son anniversaire.
Mais
- ❏ Pierre est malade.
- ❏ Pierre n'aime pas Lise.
- ❏ Pierre est invité chez Manon.
   Donc
   - ❏ Il ne va pas chez Lise.
   - ❏ Il prend une aspirine et va chez Lise.
   - ❏ ...

pour expliquer *(voir p. 192)*

■ **Pourquoi ? – Parce que...**
• **Pourquoi** partez-vous en Italie ?
– Je vais en Italie **parce que** j'aime ce pays.

■ **Pourquoi (pour quoi faire ?) – Pour...**
• **Pourquoi** allez-vous à Paris ?
Vous allez à Paris. **Pour quoi** faire ?
– Je vais à Paris **pour** rencontrer mon directeur.

■ **Mais**
Je dois travailler **mais** je suis malade.

■ **Donc**
Je suis malade. **Donc**, je ne vais pas travailler.
(Je ne vais **donc** pas travailler.)

■ **Alors**
– Je ne peux pas venir chez vous. **Alors**, venez chez moi.

Écrivez

a. Un(e) ami(e) veut passer des vacances dans votre pays. Conseillez-le.

> Cher (chère) ...
> Tu veux donc venir en vacances
> en France.
> Il faut venir à ...
> parce que c'est une ville agréable,
> parce que la région ...
> Tu dois venir ici pour ...

b. Complétez cette publicité.

> **Apprenez le français**
> parce que ...
> parce que ...
> ...
> **Apprenez le français**
> pour ...
> pour ...

4 exprimer
le doute
ou la certitude

On cherche une explication

Dans les couloirs de Vidéo-concept, on parle beaucoup de la disparition du fichier.

La directrice : Alors, c'est sûr ? On a détruit le fichier Monte-Cristo ?

Arnaud : Sûr et certain.

La directrice : Mais pourquoi ? Pour voler le projet ?

Arnaud : C'est bien possible.

La directrice : C'est bizarre ça !

Stéphanie : Dans cette affaire, tu comprends quelque chose ?

Arnaud : Rien... Je ne comprends rien...

Gérard : C'est peut-être un concurrent.

Arnaud : C'est impossible. Il faut le code.

Gérard : Et qui a le code ?

Arnaud : Stéphanie, la directrice et moi...

...

La directrice : Quelqu'un a peut-être vendu le projet...

Gérard : Moi, je ne connais personne chez les concurrents.

Stéphanie : Arnaud, lui, connaît quelqu'un.

Gérard : Oh ! Qui ça ?

Stéphanie : Gabriel Desnoyer.

La directrice : C'est vrai. Elle a raison.

informer - exprimer le doute ou la certitude

■ **Quelqu'un... Quelque chose...**

> Quelqu'un est venu ?

> Personne n'est venu. Je n'ai vu personne.

> Moi, j'ai vu quelqu'un.

> Tu fais quelque chose samedi soir ?

> Non, je ne fais rien.

■ **Doute et certitude :**
- C'est **sûr** - c'est **certain**/ce n'est pas **sûr**.
- Il va venir, c'est **possible**. Il va **peut-être** venir/c'est **impossible**.
- Cette histoire est **vraie/fausse (faux)**.
- Avoir raison/avoir tort.

Découvrez le document

1 Résumez l'histoire. Faites la liste des explications possibles de la disparition du fichier.

Ex. : Un voleur a pris le fichier...

2 Écoutez le document. Complétez votre liste. Commentez les explications.

Ex. : Un voleur a pris le fichier → c'est impossible,...

3 Relevez les mots qui sont utilisés pour donner un avis.

Ex. : C'est sûr ...

Exercez-vous

Complétez les réponses ou les questions. Utilisez « quelqu'un / personne », « quelque chose / rien ».

Dans une soirée.
• Tu connais quelqu'un ici ?
– Non, ...
• Tu... ?
– Non, je n'attends personne.
• Tu veux prendre quelque chose au bar ?
– Non, ...
• Tu ... ?
– Non, je ne veux parler à personne.
• Tu cherches quelque chose ?
– Non, ...
• Alors, qu'est-ce que tu fais ici ?
– ...

Le TGV, train à grande vitesse.
Le TGV Atlantique peut rouler à 500 km/heure.

Lisez ces informations - commentez

C'est vrai ? C'est possible ? C'est impossible ?

> Un homme a traversé les États-Unis à reculons. Il a mis 107 jours pour aller de Los Angeles à New-York.

> Un orchestre de 300 musiciens a joué la 9ᵉ *Symphonie* de Beethoven au sommet du Kilimandjaro à 5 895 m.

> Un couple de Français est parti de Lyon en 1980 et a fait le tour du monde à vélo. Ils ont traversé 66 pays, ont eu une petite fille en 1987 et sont arrivés à Paris en 1994.

> Un journal brésilien mesure 3,5 cm sur 2,5 cm.

> Pour la Fête de la tomate, près de Valencia en Espagne, des centaines de personnes ont pris un bain dans du jus de tomate.

(Voir les réponses page 182)

Jouez les scènes

Un inspecteur de police interroge le personnel de Vidéo-concept.

– la directrice   – Stéphanie
– le gardien de nuit   – Arnaud
– Gérard   – Etc.

Vous avez entendu quelque chose dans la nuit de samedi ?

Prononciation et mécanismes

• Exercices 71, 72, page 179-180

Faire des mots avec des mots

SÉMINAIRE AU CHÂTEAU DE LABORDE

Jeudi

8 h : Départ en autocar.

10 h : Arrivée.
Présentation du château de Laborde par le propriétaire.

11 h : Séance de travail.

13 h : Déjeuner.

14 h 30 : Visite de l'entreprise « Films-Animations ».

17 h : Activités détente (tennis, volley-ball, etc.).

19 h : Séance de travail.

20 h : Dîner.

21 h : Film.

Vendredi

9 h : Jeux de rôles.

12 h : Promenade et pique-nique.

les verbes et les noms *(voir p. 183)*

Un verbe peut correspondre à un nom.

rencontrer → **une rencontre**

entrer → **une entrée**

• Pour former un nom d'après un verbe, on peut utiliser un suffixe mais il n'y a pas de règle fixe.

commencer → **un commencement** ⎫
ranger → **un rangement** ⎭ -ement

continuer → **une continuation** ⎫
utiliser → **une utilisation** ⎭ -ation

• Le nom peut aussi être formé d'après l'infinitif ou le participe passé du verbe.

déjeuner → **un déjeuner**

voir (vu) → **une vue**

Quand vous apprenez un nouveau verbe, cherchez le nom correspondant !

Les noms correspondant aux verbes

1 La société Vidéo-concept organise un séminaire (journées de réflexion à l'extérieur de l'entreprise). La directrice présente le programme. Parlez pour elle.

« Nous partons en autocar à 8 heures... »

2 Lisez les phrases :

a. Bonne connaissance du français.
b. Fermeture annuelle du 1er au 21 août.
c. Présentation de la nouvelle Peugeot.
d. Belle vue.
e. Apprentissage du grec moderne.
f. Suite de la visite.
g. Salle de repos.
h. Aller-Retour.
i. Salle d'attente.

a. Trouvez dans les phrases ci-dessus les noms correspondants aux verbes suivants.

aller, apprendre, attendre, connaître, fermer, présenter, se reposer, retourner, suivre, voir.

b. À quelle phrase correspond chacune des situations suivantes :

Ex. : dans un aéroport (g. salle de repos)
- dans un aéroport
- dans une annonce immobilière
- sur un billet de train
- dans un curriculum vitae
- chez un dentiste
- dans une école de langues
- dans un magasin
- dans un musée
- au Salon de l'auto.

3 Écoutez.

Stéphanie raconte une journée passée à Séville. Pour compléter son journal, transformez les verbes en noms.

Ex. : Le matin, j'ai pris le petit déjeuner dans un café près de l'Alcázar. →

> Mardi 4 avril. Séville
>
> Matin : Petit déjeuner dans un café près de l'Alcázar.

ESPAGNE

SÉVILLE
l'Andalouse

À voir :

L'Alcázar : le célèbre palais maure et ses magnifiques jardins.
La cathédrale et sa tour, la Giralda.
Le musée des Beaux-Arts, dans la maison où est né Tirso de Molina, le créateur du personnage de Don Juan.
Le quartier de Santa Cruz, ses petites rues étroites et ses maisons blanches.

L'infinitif et le participe passé

1 Trouvez l'infinitif d'après le participe passé. L'assistant a bien suivi les instructions de sa directrice. Retrouvez ces instructions. Complétez la liste.

À faire :
- Préparer le dossier Dubreuil
- ...
- ...

> J'ai tout fait. J'ai préparé le dossier Dubreuil. J'ai traduit la lettre de la société Herbert. Avec Mme Renaud, nous avons choisi une date pour la réunion des directeurs de production. Nous avons fait le programme de la réunion. Mme Renaud a vu Nicolas Duchamp. J'ai lu le dossier C.I.S. et nous avons vendu les actions C.I.S.

2 Le soir du 31 décembre, il a pris de grandes décisions pour la nouvelle année.

a. Imaginez la liste de ces décisions.

– Arrêter de fumer.
– Dormir huit heures par nuit.
– Lire un livre par mois.
– ...

b. Six mois après, il fait le bilan.

« J'ai arrêté de fumer, mais je n'ai pas ... »

Prononciation et mécanismes

• Exercices 73, 74, 75, page 180

point info

Découvrez les documents

1 Observez les photos ci-dessus. Pour chaque photo :

a. Indiquez le lieu et ce que font les personnes.
b. Trouvez des informations qu'on peut demander dans ce lieu.
Ex. : A la gare, on peut demander un horaire de train, un prix, etc.

2 Ecoutez les scènes. Trouvez la photo qui correspond à chaque scène et complétez le tableau.

Lieu	La réception d'un hôtel
Qui demande ?	. . .
Quelle est l'information demandée ?	. . .
Quelle est la réponse ?	. . .

3 Jouez avec votre voisin(e). Choisissez un lieu où on peut demander une information.

a. Trouvez une information à demander.
b. Jouez la scène (utiliser les formes du tableau de la p. 73.)

pour s'informer

■ Question directe :
Je voudrais un renseignement... une information...
Est-ce que ce train va à Lyon ?
Est-ce que la rue Voltaire est par là ?
Où est le boulevard de la République ?

■ Question indirecte :
Je voudrais savoir...
... si ce train va à Lyon ?
... si la rue Voltaire est par là ?
... où est le boulevard de la République ?
... quand... comment... pourquoi... ?

Utilisez le réseau Internet

1 Observez la page accueil du site Internet
du musée du Louvre.
Sur quel mot allez-vous cliquer pour :

a. Savoir à quelle heure il y a une visite guidée demain.
b. Savoir si le tableau *La Joconde* de Léonard de Vinci
est au Louvre.
c. Voir des tableaux exposés au Louvre.
d. Trouver un cadeau pour votre ami(e).
e. Savoir quand on a construit le Louvre.
f. Écrire au directeur du musée.
g. Avoir des renseignements sur le peintre Delacroix.
h. Savoir s'il y a des activités intéressantes pour vos
enfants.

2 Dialoguez. Mettez vos connaissances
en commun. Avant de répondre, vérifiez
votre compréhension des mots soulignés.

• Utilisez-vous beaucoup le réseau Internet ?
• Est-ce que vous consultez des sites Internet :
– pour votre profession ?
– pour votre information personnelle ?
– pour vos enfants ?
• Quels types d'informations cherchez-vous :
– pratiques (horaires, réservations, etc.) ?
– documentation ?
• Est-ce que vous participez à des forums ?
• Avez-vous une adresse électronique ?
• Est-ce que vous téléchargez :
– des pages d'informations ?
– de la musique ?

Imaginez

Par deux ou trois, imaginez la page
accueil d'un site internet de votre choix :

• le site de votre classe.
• un site pour votre quartier, votre ville.
• votre site personnel.

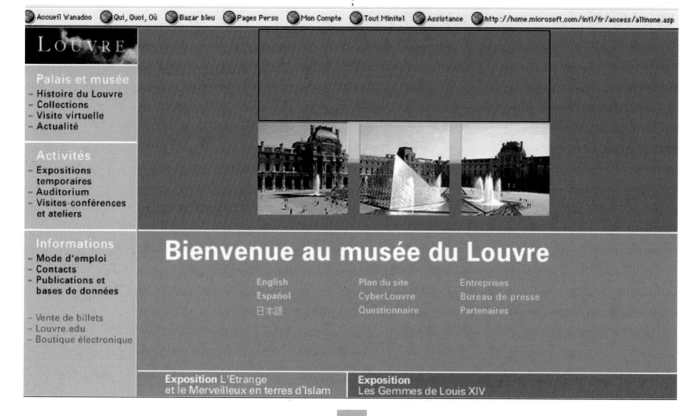

Accueil Wanadoo   Qui, Quoi, Où   Bazar bleu   Pages Perso   Mon Compte   Tout Minitel   Assistance   http://home.microsoft.com/intl/fr/access/allinone.asp

LOUVRE

Palais et musée
– Histoire du Louvre
– Collections
– Visite virtuelle
– Actualité

Activités
– Expositions
  temporaires
– Auditorium
– Visites-conférences
  et ateliers

Informations
– Mode d'emploi
– Contacts
– Publications et
  bases de données

– Vente de billets
– Louvre.edu
– Boutique électronique

Bienvenue au musée du Louvre

English	Plan du site	Entreprises
Español	CyberLouvre	Bureau de presse
日本語	Questionnaire	Partenaires

Exposition L'Étrange
et le Merveilleux en terres d'Islam

Exposition
Les Gemmes de Louis XIV

1 dire ce qu'on a fait

Un journaliste interroge le romancier Paul Delagarde :

« Pouvez-vous raconter votre journée d'hier ? »

D'après les informations suivantes, rédigez la réponse.

> Le romancier Paul Delagarde a un emploi
> du temps bien réglé. Il se lève tous les jours à
> 6 heures. Puis il prend un bon petit déjeuner et
> fait une petite promenade. De 8 heures à midi, il
> écrit. À 13 heures, Paul Delagarde et son amie
> Lise Grand déjeunent dans une brasserie de
> Montparnasse. Après, ils vont voir une exposition
> ou un film. Puis ils rentrent chez Paul.

2 dire ce qui s'est passé

Lisez les titres de presse ci-dessous. Dites ce qui s'est passé.

Ex. : 1. Les Assurances européennes ont vendu leur immeuble des Champs-Élysées.

Vente par les Assurances européennes de leur immeuble des Champs-Élysées.

LE PRÉSIDENT DE LA RÉPUBLIQUE AUX USA

Les ouvriers occupent l'usine Badoux

J.P. Gaultier présente sa nouvelle collection

*RETOUR EN FRANCE DE
LA DANSEUSE SYLVIE GUILLEM*

3 expliquer

Complétez avec « parce que », « pour », « donc », « mais ».

Ex. : 1. ... parce qu'il est malade.

1. Paul n'est pas allé travailler ... il est malade.
2. Il a utilisé un dictionnaire ... traduire une lettre en français.
3. Marie est fatiguée ... elle a fait une promenade de 10 km.
4. Pierre est malade ... il est allé travailler.
5. Sylvie prend l'avion à 8 heures du matin ... elle s'est levée tôt.

4 utiliser les pronoms indéfinis

Complétez avec « quelque chose », « ne ... rien », « quelqu'un », « ne ... personne ».

Dans la maison.
M. Barrot : Écoute ! Tu n'entends rien ?
Mme Barrot : Si, j'entends ... Ça vient du jardin. Il y a ... dans le jardin.
M. Barrot : Je vais voir.
Dans le jardin.
M. Barrot : Pardon monsieur, vous cherchez ... ?
L'inconnu : Non, ...
M. Barrot : Vous connaissez ... ici ?
L'inconnu : Non, ...
M. Barrot : Alors qu'est-ce que vous faites dans mon jardin ?

5 exprimer le doute ou la certitude

Imaginez leur dialogue. Utilisez les expressions du tableau de la page 68.

La voiture a disparu !

6 se renseigner

Écoutez les trois scènes et complétez ce tableau.

	1.
Lieu	office du tourisme
Information demandée	...
Réponse	...

se faire plaisir

■ Exprimer ses choix,
décrire un objet, un vêtement.
Maîtriser les deux façons
d'exprimer la quantité.

■ Parler des différentes
occasions de faire la fête.

■ Parler de la nourriture
et des boissons.
Commander un repas
au restaurant.

■ Acheter, payer.

6

1 acheter

LA FÊTE • 1
Un cadeau pour Julien

Dans une rue de Montpellier.

Caroline :	Tu as une idée ?
Samia :	Pour le cadeau de Julien ? Non.
Caroline :	Il faut absolument trouver un cadeau. Allons voir dans cette boutique.

Dans la boutique.

Caroline :	J'aime bien ce réveil. Il est original.
Samia :	Julien déteste les réveils. Surtout le matin !
Caroline :	Et cette montre ? Pas mal... S'il vous plaît, elle coûte combien cette montre ?
La vendeuse :	90 € et le réveil fait 70.
Caroline :	Oh, c'est trop cher pour nous, ça !
Samia :	Il y a ce stylo...
Caroline :	Très joli, mais pas assez masculin.
La vendeuse :	Pourquoi pas un tee-shirt ? Regardez ! Il est amusant ce tee-shirt.
Samia :	Le copain de Julien a le même... même dessin, même couleur.
Caroline :	Vous avez d'autres tee-shirts avec des dessins différents ?
	...
La vendeuse :	Voilà, ça fait 10 €.
Caroline :	Je peux payer avec ma carte bancaire ?
La vendeuse :	Par carte, par chèque, c'est comme vous voulez !

Découvrez le document

1 Écoutez le document. Complétez.

Samia raconte.

« Cet après-midi, je suis sortie avec ... Nous avons cherché ... Nous sommes entrées ... Nous avons regardé ... Finalement ... »

2 Complétez le tableau.

Cadeaux possibles	Commentaires
1. un réveil	original – ...

Exercez-vous

1 Complétez les phrases. Utilisez « trop » ou « pas assez ».

Deux amis se rencontrent.

• Alors, quelles sont les nouvelles ? Tu as acheté l'appartement de la rue Molière ?

– Non, il ... bruyant et il ... clair. J'aime le soleil, moi.

• Et tu continues tes cours de japonais ?

– Non, j'ai arrêté.

• Pourquoi ? Les cours sont .... chers ?

– Non, mais le japonais est une langue ... difficile. Je ... travailleur. Et puis, le soir, je ... fatigué.

choisir

Je voudrais **un autre** tee-shirt.

Le même ou différent ?

Il est **trop** riche et il n'est **pas assez** amusant.

Je voudrais **la même** maison, **le même** jardin, **les mêmes** arbres, mais dans un quartier **différent**.

| 10 | choisir
je choisis
nous choisissons |

Attention !
• Cette montre est très chère.
• Elle est trop chère pour moi.
• Elle n'est pas trop chère pour Pierre.

demander/donner un prix

• Combien coûte ce livre ? Combien ça fait ?
• Quel est le prix de ce livre ?

• Il coûte (ça fait) 12,50 € (12 euros cinquante centimes)
• C'est cher / Ce n'est pas cher / C'est gratuit.

payer

| 7 | payer
je paie
nous payons |

• l'argent
• un billet de 10 €, une pièce d'1 €
• Payer en espèces – avoir la monnaie, faire la monnaie de 100 €

• Payer par chèque – signer un chèque
• Payer par carte bancaire (carte de crédit) – taper son code.
• Changer de l'argent.

---

2 Comparez ces deux personnes.

Ex. : Elles ont le même prénom...

Laure LANGLOIS
Née le 26 juin 1970
Commerçante
Aime le sport, la danse, la cuisine.

Laure ESPANA
Née le 27 juin 1970
Médecin
Aime la musique, la lecture, le cinéma.

Le marché aux puces de Saint-Ouen.

Vérifiez votre compréhension

Écoutez.
Ils font des achats. Complétez le tableau.

• Où sont-ils ?	
• Qu'est-ce qu'ils achètent ?	
• Combien ça coûte ?	
• Comment payent-ils ?	

Les bouquinistes des bords de la Seine à Paris.

Prononciation et mécanismes

• Exercices 76. 77, page 180

Plaisir des couleurs et des formes

2 **décrire** les choses **6**

Apprenez le nom des couleurs

1 Découvrez le nom des couleurs. Identifiez les drapeaux.

1

2

3

4

5

6

a. France : bleu - blanc - rouge
b. Italie : vert - blanc - rouge
c. Espagne : rouge - jaune - rouge
d. Allemagne : noir - rouge - jaune
e. Union européenne : bleu - jaune
f. Japon : blanc - rouge

2 Complétez les couleurs de la vie.

Ils voient la vie en ...   Elle voit ...   Il a des idées ...

3 Comprenez-vous ces titres ?

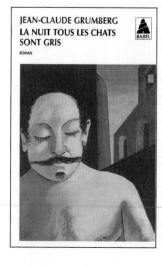 

JEAN-CLAUDE GRUMBERG
LA NUIT TOUS LES CHATS SONT GRIS
ROMAN

Stendhal
Le Rouge et le Noir
Préface de Jean Prévost
Édition d'Anne-Marie Meininger
folio classique

Décrivez les objets

1 Caractérisez ces objets d'aujourd'hui.

« Les nouveaux ordinateurs sont ...
Les vieux ordinateurs sont ... »

• *Les produits de la technologie (ordinateurs, organiseurs, portables).*

 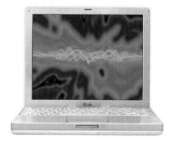

• *Les constructions d'aujourd'hui (ici, le musée Guggenheim à Bilbao).*

• *Les nouveaux livres, les nouvelles voitures, les nouveaux vêtements, la peinture et la sculpture modernes...*

• *Avec les vêtements en biotextile, la couleur change avec la température.*

---

les couleurs

9 peindre
je peins
nous peignons

- bleu(e) - vert(e) - jaune - orange - rouge - gris(e) - noir(e) - blanc (blanche) - violet (violette) - marron.
- De quelle couleur est votre chambre ?
Elle est bleue - J'ai peint ma chambre en bleu.
J'aime le bleu.

formes/dimensions/poids

- un objet **rond** - **carré** - **rectangulaire**
un objet de forme **ronde (arrondie)**.
- un **grand** meuble / un **petit** meuble
un **gros** / **petit** paquet
un tapis **long** / **court** - **épais**/**mince**
une bibliothèque **large** / **étroite** - **longue**

un meuble **haut** / **bas** - une table **haute** / **basse**
Ce meuble **mesure** 1,50 mètre sur 90 centimètres.
Il fait 1,60 m de hauteur (un mètre soixante).
- Un paquet **lourd** / **léger**
Je **pèse** le paquet.
Le paquet pèse 3 kilos (40 grammes).

NB. Féminin de ces adjectifs : voir "Prononciation et mécanismes", exercice 78.

la matière *(voir p. 184)*

- une table en bois - une table de bois
une porte en fer - une porte de fer
- le bois - le métal (le fer, ...) - la pierre - le béton - le verre - le papier
- les matières plastiques, synthétiques, recyclées, les biomatériaux
- l'or - l'argent

les meubles

une table - une chaise -
un fauteuil - un lit - une armoire -
un buffet - une bibliothèque

2 Décorez votre logement. Meublez les pièces. Décrivez les meubles.

Ex. : Dans le salon, je voudrais mettre une table en bois très longue...

Simplicité d'une maison japonaise.

Jouez la scène

Scène à trois personnages.

Vous voulez faire un cadeau à un(e) ami(e), votre professeur, une personne célèbre, etc.
Vous n'avez pas d'idée. Avec un(e) ami(e), vous entrez dans une boutique (un grand magasin, etc.).

Regardez les objets. Montrez, commentez. Demandez les prix. Choisissez. Payez. Demandez un paquet cadeau.

Prononciation et mécanismes

- Exercice 78, page 180

tendances
de la mode

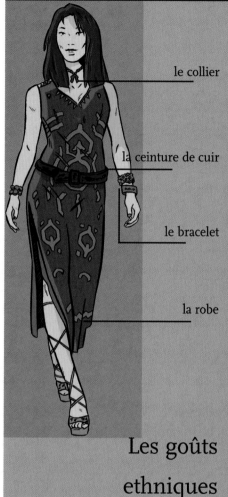

le collier

la ceinture de cuir

le bracelet

la robe

Les goûts

ethniques

La tenue décontractée

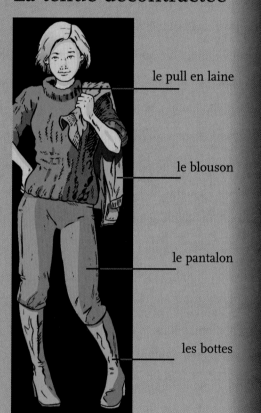

le pull en laine

le blouson

le pantalon

les bottes

Commentez le document

1 Présentez les tendances de la mode (vêtements, formes, matières, couleurs).

« Aujourd'hui, on aime les mélanges. On met ... On porte ... »

2 Dialoguez.

Comment vous habillez-vous... ?
– pour faire une promenade en forêt en hiver
– pour aller travailler
– pour visiter une ville en été
– pour faire des courses
– pour aller à une soirée costumée.

les vêtements

7 essayer

j'essaie
nous essayons

■ **S'habiller :**

Mettre un vêtement - porter un vêtement.
• Comment vous vous habillez pour la soirée de Paul ?
– Je mets...

■ **Essayer un vêtement :**
• Ce vêtement va bien / Il ne va pas bien.
Il est trop... Il n'est pas assez...
Il est à la mode / démodé - Il est tendance - Il est excentrique.
• Quelle est votre taille ? – Je fais du 3, du M.
• Quelle est votre pointure [pour les chaussures] ?
– Je fais du 37.
• La soie - le velours - la laine - le coton - le cuir.

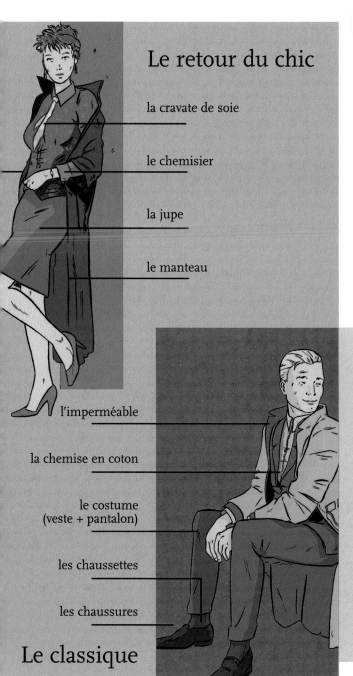

Le retour du chic

la cravate de soie

le chemisier

la jupe

le manteau

l'imperméable

la chemise en coton

le costume
(veste + pantalon)

les chaussettes

les chaussures

Le classique

■ **Place de l'adjectif** *(voir p. 184)*

• **Adjectifs toujours placés après le nom :**
les adjectifs de couleur : une robe blanche.
les adjectifs de nationalité : une robe africaine.

• **Adjectifs souvent placés après le nom :**
les adjectifs longs : une histoire intéressante.

• **Adjectifs souvent placés avant le nom :**
- beau - bon - grand - petit - jeune - vieux - nouveau - joli.
N.B. : Le sens de l'adjectif peut être différent selon sa place et le nom caractérisé.
un petit homme : un homme de petite taille.
un petit garçon : un jeune garçon.
un garçon petit : un garçon de petite taille.

---

1 Accordez les adjectifs.

Elle met de l'ordre.

« Je jette ces *(vieux)* chaussures *(noir)*, cette jupe *(court)*, ces *(grand)* chemises *(gris)*, cette robe *(blanc)* trop *(étroit)*.
Je garde cette ceinture *(neuf)*, ces *(beau)* cravates, cette *(nouveau)* robe *(bleu)*, cette chemise *(léger)*. »

2 Complétez avec « très » ou « trop ».

Dans une boutique de vêtements.
• Ce pantalon est ... joli.
– Oui, mais il n'est pas à ma taille. Il est ... étroit.
• Essayez ce velours noir ! Le velours est ... à la mode.
– Il ne va pas ... bien avec ma chemise. Et le velours est ... épais pour l'été.

LA FÊTE • 2

COMMENT ON S'HABILLE ?

Chez Caroline.

Caroline : Comment tu t'habilles
pour l'anniversaire
de Julien ?

Samia : Décontractée !

Caroline : Audrey met...

...

1 Observez la scène ci-dessus et écoutez le document. 📼

2 Une heure après cette scène, une amie téléphone à Caroline. Répondez pour elle.

• Qu'est-ce que tu mets pour l'anniversaire de Julien ?
– ...
• Pourquoi tu ne mets pas ton chemisier gris ?
– ...
• Et Samia, elle vient en robe ?
– ...
• Et Fanny, comment elle s'habille ?
– ...
• Je suis sûre qu'Audrey va mettre sa robe de soirée. C'est ça ?
– ...

LA FÊTE • 3

Un cocktail

PIÑA COLADA

sans alcool
- du lait de coco (6/10)
- du jus d'ananas (3/10)
- un peu de sirop d'orgeat (1/10)
- beaucoup de glaçons
- quelques morceaux d'ananas pour décorer

Samia : Tu as quelque chose à boire ? J'ai soif.

Caroline : J'ai fait de la piña colada pour la fête. Tu as envie d'une piña colada ?

Samia : C'est quoi la piña colada ?

Caroline : Tu ne connais pas la piña colada ? C'est un cocktail avec du jus d'ananas.

Samia : Un cocktail à 4 heures de l'après-midi, non merci !

Caroline : Mais il n'y a pas d'alcool. Il y a juste du lait de coco, du jus d'ananas et un peu de sirop d'orgeat.

Samia : Bon, allez, je goûte… Hum, c'est pas mauvais !

l'expression de la quantité *(voir pp. 184, 188)*

On pense à une quantité indéfinie de la chose.	On pense à une chose ou des choses séparées.
 Je vais acheter du café et de la bière.	 Tu veux un café ?
• **Articles partitifs** **du** (masculin) : du café **de la** (féminin) : de la bière **de l'** (devant voyelle) : de l'eau	• **Articles indéfinis ou nombres** **un** café (une tasse de café) **une** bière (un verre de bière)
• **un peu de** café	• **deux**… trois cafés
• **un peu de** café	• **quelques** cafés (quelques tasses de café)
• **beaucoup de** café	• **beaucoup de** cafés (beaucoup de tasses de café)

Découvrez les documents

1 Lisez la recette et écoutez le dialogue.

2 Écrivez le dialogue autrement en complétant les phrases.

Caroline : ... ?
Samia : Oui, j'ai très soif.
Caroline : ... ?
Samia : Qu'est-ce qu'il y a dans la Piña colada ?
Caroline : ...
Samia : D'accord. Je veux bien. Merci.

Caroline : ... ?
Samia : C'est très bon.
Caroline : ... ?
Samia : Non merci, je ne bois pas d'alcool.

3 Observez et classez les articles.

L'article présente une chose ou des choses séparées	L'article présente une quantité indéfinie de la chose	L'article présente la chose en général

---

■ **À la forme négative :**
Je ne bois pas **de** café. Il ne veut pas **d'**eau.
■ **Quand on présente la chose en général :**
J'aime le café. Je connais la piña colada.
Il sait faire le thé.

- avoir faim - manger
- avoir soif - boire

30	**boire**
	je bois
	nous buvons

■ **Utilisez les articles partitifs**
- Pour parler de nourriture et de boisson (p. 82) :
Je prends du gâteau et de la tarte.
- Pour parler des activités (p. 29) :
Il fait du tennis et de la musique.
- Pour parler des couleurs et des matières (p. 78) :
Avec du noir, on peut mettre du rouge ou du jaune.
- Pour parler du temps (p. 141) :
Il y a du soleil.

Exercez-vous

1 Complétez avec « un » (une), « le » (la, l'), « du » (de la, de l').

Propositions.
- Qu'est-ce que tu veux boire ? J'ai ... bière et ... Coca.
- Je n'aime pas ... bière. Je vais prendre ... Coca.
- Et toi ?
- Est-ce que tu as ... lait ? J'adore ... lait fraise.
- Désolée, je n'ai pas ... lait mais j'ai ... glace à la fraise.
- C'est parfait. Je prends ... glace.

2 Complétez avec « un peu de », « quelques », « beaucoup de ».

- En été, il faut boire ... eau.
- Je n'aime pas l'alcool mais quand je dîne chez des amis, je bois ... vin.
- J'adore les livres. Quand j'ai ... argent, j'achète ... livres. Mais je n'ai pas ... temps pour lire.

Parlez

Qu'est-ce qu'on mange... Qu'est-ce qu'on boit... dans votre pays ? dans les pays que vous connaissez ?
Ex. : En Argentine, on mange beaucoup de viande.

Allemagne - Angleterre - Argentine - Chine - Espagne - France - Italie - Maroc - Mexique - Portugal...

– le thé, le café, le vin, la bière
– le pain, les pâtes, le maïs
– la viande, le poisson

Prononciation et mécanismes

- Exercices 79, 80, 81, 82, page 180

Découvrez le document

1 Faites le test. Êtes-vous d'accord avec votre tendance ?

2 Classez les aliments.

Lait et fromage	
Viandes et poissons	
Légumes	
Pain et céréales	
Fruits	
Boissons	

3 Composez un menu.
– Pour un repas de fête.
– Pour un dîner à deux.

MENU
Assiette de crudités
Jambon de pays
Salade verte
___
Omelette aux champignons
Côtelettes de porc et frites
Choucroute
Thon à la tomate
___
Fromages
Glaces (vanille, chocolat)
Tarte aux pommes
___
Vin (rouge, rosé, blanc).
Eau minérale
Bière

Comment

Entourez a, b, ou c, selon votre préférence.

1. Au petit déjeuner, vous prenez :
a. un café
b. du café au lait, du pain, du beurre, de la confiture, un œuf, des croissants
c. un thé sans sucre, du pain grillé, du jus d'orange

2. À table, vous restez :
a. trente minutes
b. dix minutes
c. une heure

3. Au déjeuner, vous commandez :
a. un plat et un fromage
b. un plat et un dessert
c. deux plats, un fromage et un dessert

4. Au déjeuner, votre plat principal, c'est :
a. du rôti de bœuf avec des pommes de terre
b. une salade composée (salade verte, tomates, carottes)
c. un sandwich

5. Au dessert, vous choisissez :
a. une banane
b. du raisin ou une poire
c. un gâteau au chocolat avec de la crème chantilly

6. Quand vous passez devant une pâtisserie :
a. vous regardez et vous entrez
b. vous regardez sans entrer
c. vous passez sans regarder

...angez-vous ?

7. Le soir, quand vous êtes fatigué(e), vous préparez :
a. une soupe de légumes et un yaourt
b. des pâtes
c. un poulet aux petits pois

8. À table, vous buvez :
a. de l'eau du robinet
b. de l'eau minérale
c. du vin ou de la bière

9. Quand vous avez une petite faim à 16 heures, vous mangez :
a. une glace
b. une pomme
c. des biscuits

10. Quand vous invitez des amis, vous servez :
a. du poisson avec du riz et des champignons
b. une pizza
c. des côtelettes d'agneau avec des haricots verts

Comptez vos points avec le tableau ci-dessous :

Exemple : réponse 1b → 3 points
2a → 2 points

Questions	1	2	3	4	5	6	7	8	9	10
1 point	a	b	b	c	a	c	b	a	c	b
2 points	c	a	a	b	b	b	a	b	b	a
3 points	b	c	c	a	c	a	c	c	a	c

• **De 10 à 15 points : tendance RAPIDE.**
Vous ne faites pas assez attention à votre alimentation. Prenez le temps de faire deux vrais repas par jour.
• **De 15 à 20 points : tendance RÉGIME.**
Vous faites attention à votre poids. C'est bien. Mais il faut aussi manger de tout.
• **De 20 à 25 points : tendance ÉQUILIBRÉ.**
Bravo ! Vous savez manger. Vous savez combiner plaisir et équilibre.
• **De 25 à 30 points : tendance GOURMAND.**
Pour vous, manger est un plaisir. Vous aimez les bons petits plats et les repas entre amis. Mais attention au cholestérol ! Faites du sport !

Vérifiez votre compréhension

Écoutez. 🔊
Marie, Pierre et Paul commandent un repas d'après le menu de la page 84.
Prenez les commandes.

Entrée : ...
Plat principal : ...
Fromage et desserts : ...
Boisson : ...

Jouez la scène

À faire à trois : le serveur (la serveuse) et deux clients.

Vous allez au restaurant avec quelqu'un (ami(e), directeur, parent, etc.). Jouez :

– L'arrivée au restaurant.
– Le choix des plats dans le menu ou la carte (commentez, demandez des explications au serveur).
– Les commentaires sur les plats.
– La fin du repas (demandez l'addition, payez).

reportage :
la France
fait la fête

RESTAURANT
CHEZ LUCIE

Dimanche
31 décembre

La folle nuit de

la Saint-Sylvestre

400 F
tout
compris

Danses tous styles par
le DJ Jérôme

MENU
• *L'apéritif*
• *La salade du Périgord
et sa tranche de foie gras*
• *La langouste à l'américaine*
• *Le sauté de chevreuil
et ses champignons de la forêt*
• *Les fromages*
• *Les glaces*
• *Le café*
• *Vin et champagne*

Réservation : 03 55 00 00 00

Découvrez les documents

1 Écoutez le reportage. Retrouvez la photo
ou le document correspondant à chaque
moment du reportage.

2 Écrivez une légende pour chaque photo
ou document.

3 À quelle occasion dit-on :

• Joyeux Noël !
• On a gagné !
• À votre santé !
• Tu danses ?
• Bonne et heureuse année !
• Des bonbons ou je te jette un sort !
• Bon anniversaire !
• Le Père Noël est passé.

4 À quelle occasion fait-on les choses
suivantes :

• danser   • jouer
• rire   • faire le fou
• boire   • se maquiller
• bien manger   • se déguiser
• mettre des vêtements de fête
• faire des rencontres

COMMUNE DE SAINT-PIERRE
FÊTE DES FLEURS
SAMEDI 25 JUILLET

11 heures : Concours de boules.
17 heures : Défilé de chars.
19 heures : Élection de la reine des fleurs.
22 heures : Grand bal avec l'orchestre Samy et la chanteuse Laura.

Parlez

1 Donnez votre définition de la fête.

« Pour moi, faire la fête, c'est ... »

2 Faites la liste des occasions de faire la fête dans votre pays. Indiquez les changements.
« On ne fait pas la fête pour ... »

encore - toujours/ne... plus *(voir p. 188)*

• On fait **encore (toujours)** la fête pour la Saint-Jean ?
– Non, on **ne** fait **plus** la fête.

Pour Mardi-Gras, on se déguise **toujours** ? On fait **encore** des crêpes ?

On fait **encore** des crêpes. Les enfants se déguisent **toujours**.

• Ils sont allés à la fête à 23 h. Il est 5 heures du matin. Ils dansent **encore** ? (toujours ?)
– Non ils ne dansent plus. Mais ils sont **toujours** (encore) à la fête.

1 acheter

Complétez le dialogue.

Marie achète un pull dans une boutique.
Marie : ... ?
La vendeuse : 60 €. Il est très joli.
Marie : ... ?
La vendeuse : Oui, en rouge et en bleu.
Marie : ... ?
La vendeuse : Bien sûr. *[Marie essaie le pull bleu.]* ...
Comment il va ?
Marie : ...
La vendeuse : Prenez la taille au-dessus.
Marie : C'est parfait. Je prends le bleu.
La vendeuse : ... ?
Marie : ...
La vendeuse : Alors, faites votre code.

2 décrire les choses

Décrivez les objets de cette pièce (formes, dimensions, couleurs, matières, etc.).

3 exprimer la quantité

a. Complétez avec un article.

Une jeune fille de 15 ans en vacances dans les Alpes écrit à ses parents.
« Chers parents,
Ici, c'est magnifique. Nous avons ... soleil et je fais ... ski tous les jours. J'adore ... ski.
Nous sommes dans un petit hôtel-restaurant sympathique. La nourriture est bonne. Hier soir nous avons eu ... viande, ... pommes de terre et ... glace au chocolat. Ce soir on mange ... raclette*.
Malheureusement, je n'aime pas beaucoup ... fromage.
* fromage fondu sur tranche de pain. »

b. Complétez avec « un peu de », « quelques », « beaucoup de ».

Thierry a commencé un régime. Au petit déjeuner, il prend ... café au lait et ... toasts.
À midi, il mange normalement mais, dans la journée, il boit ... eau.
Le soir, il mange ... soupe et ... fromage.

4 manger

Remettez dans l'ordre les dix étapes d'un repas au restaurant.

a. manger
b. entrer et dire bonjour au serveur
c. laisser un pourboire
d. goûter le vin
e. demander l'addition
f. s'asseoir
g. remercier le serveur et sortir
h. demander le menu
i. payer
j. choisir les plats

5 raconter une fête 📻

Écoutez et répondez.

1. De quelle fête parle-t-on ?
2. Combien de personnes sont invitées ?
3. À quelle date ?
4. Que va-t-on faire ?
5. Que va-t-on manger ?

7

cultiver

ses relations

■ Maîtriser les actes de la communication sociale courante (salutations, présentations, invitations, remerciements, etc).

■ Caractériser une personne (aspect physique et caractère).

Alain Sarde présente

un film de **Bertrand Blier**

les acteurs

■ Annoncer un événement, exprimer un souhait, remercier, s'excuser, etc, par écrit.

■ Utiliser les pronoms compléments directs et indirects.

J'ai regardé devant moi
Dans la foule je t'ai vue
Parmi les blés je t'ai vue
Sous un arbre je t'ai vue ...

Paul Eluard

LA RÉVÉLATION • 1
La réception

*Dans une ville de province, Sylvie Ferrero,
journaliste aux « Nouvelles de l'Ouest »,
téléphone à un ami.*

Sylvie :	Allô, Jérôme ?
Jérôme :	Sylvie ! Comment vas-tu ?
Sylvie :	Assez bien... Dis-moi, tu connais bien Gilles Daveau, toi ?
Jérôme :	Daveau ? Oui, je le connais. Pourquoi ?
Sylvie :	Je voudrais le rencontrer. Tu peux nous inviter chez toi ?
Jérôme :	D'accord, mais pas de scandale, hein ?
Sylvie :	Jérôme, tu me connais...
	...

*Quelques jours après, chez Jérôme et sa compagne
Catherine.*

Sylvie :	Bonsoir. Vous aimez les roses, j'espère ?
Catherine :	Je les adore. Elles sont superbes ! Je vous remercie.
Sylvie :	Je peux vous appeler Catherine ?
Catherine :	On peut aussi se tutoyer non ?
Sylvie :	D'accord.
	...

Lucas (à Jérôme) :	Et voilà pour toi !
Jérôme :	Lucas, ce n'est pas raisonnable.
Lucas :	Pourquoi ? Il faut être raisonnable ce soir ?
Jérôme :	Surtout pas ! On va l'ouvrir et on va la boire.
	...

Gilles Daveau arrive

Jérôme :	Je te présente...

1 Écoutez le document en entier. Racontez. Imaginez la profession des personnages.

« Sylvie Ferrero est une ... Elle voudrait ... »

2 Transcrivez le dialogue après l'arrivée de Gilles Daveau.

3 Relevez les phrases construites comme :

Je ⬚le⬚ connais ⟶ Gilles Daveau

Je voudrais ⬚le⬚ rencontrer

Exercez-vous

1 Supprimez la répétition. Utilisez un pronom.

Jérôme parle de Gilles Daveau à Sylvie.
• Gilles a une entreprise de produits pharmaceutiques. Il dirige seul *cette entreprise.*
• Il est très sympathique. Nous aimons bien *Gilles.*
• Il achète ton journal. Il lit *ton journal* tous les jours.
• Il lit tes articles. Il n'est pas d'accord avec toi mais il trouve *tes articles* amusants.
• C'est un gourmand. Il aime faire la cuisine. Il fait très bien *la cuisine.*
*Ex. : Gilles à une entreprise... → Il **la** dirige.*

2 Complétez avec un pronom.

Jérôme appelle Gilles Daveau.
Jérôme : Tu connais Sylvie Ferrero ?
Gilles : Je ne ... connais pas personnellement.
Jérôme : Mais tu lis ses articles.
Gilles : Oui, je ... lis.
Jérôme : Eh bien, je ... invite chez moi, avec Sylvie et son mari.
Gilles : Et pourquoi, tu ... invites avec elle ? Nous n'avons pas les mêmes idées politiques.
Jérôme : Elle veut ... rencontrer.

3 Complétez.

Sylvie : Vous écoutez la radio ?
Gilles : Oui, ... tous les matins.
Sylvie : Vous connaissez l'émission de Patrick Dubois ?
Gilles : Oui, ...
Sylvie : Vous écoutez cette émission ?
Gilles : Non, ... pas beaucoup.
Sylvie : Vous n'aimez pas les invités de Patrick Dubois ?
Gilles : Non, ... pas du tout. Ils ne sont pas objectifs.

les pronoms compléments directs

• Le complément est direct quand il n'est pas précédé d'une préposition. Pour le remplacer, on utilise les pronoms suivants :

Elle **me** connaît	Elle **nous** connaît
Elle **te** connaît	Elle **vous** connaît
Elle **le/la** connaît	Elle **les** connaît

Tu vois Marie ?

Quel rocher ? Je ne **le** vois pas.

Oui, je **la** vois, à côté du rocher.

• Devant une voyelle :
Elle **m'**écoute - Elle **t'**écoute - Elle **l'**écoute.
• Au passé composé :
– Vous avez lu le journal ?
– Oui, je **l'**ai lu.
– Moi, non. Je ne **l'**ai pas lu.

■ **Accord du participe passé**
Ce journal, je l'ai **lu.** Les livres, je les ai **lus.**
Cette histoire, je l'ai **lue.** Les BD, je les ai **lues.**

Jouez les scènes

1 Après le coup de téléphone de Sylvie, Jérôme appelle sa compagne Catherine.

« J'ai eu un coup de fil de Sylvie Ferrero... »

2 Gilles Daveau annonce à sa femme Agnès l'invitation de Jérôme.

« ...
– Mais qui est cette Sylvie Ferrero ? »

Prononciation et mécanismes

 • Exercices 83, 84, page 180.

LA RÉVÉLATION • 2

La confidence

Le repas est fini. Les invités prennent le café.

Sylvie : On dit que vous voyagez beaucoup...

Gilles D. : C'est vrai.

Sylvie : Le président vous invite souvent à des voyages officiels ?

Gilles D. : Assez souvent, oui. Avec d'autres chefs d'entreprise.

Sylvie : Ça vous fait plaisir ?

Gilles D. : Bien sûr. Mais c'est surtout utile. On rencontre des gens. On leur présente nos produits.

Sylvie : On dit que le président vous téléphone... ?

Gilles D. : Il me demande des conseils. Je lui réponds.

Sylvie : On dit aussi qu'il vous a proposé un poste important...

Gilles D. : Qui vous a raconté ça ?

Découvrez le document

1 Écoutez et notez ce que vous apprenez sur Gilles Daveau.

2 Imaginez la suite du dialogue.

3 Relevez les phrases construites comme :

Le président vous invite

→ Vous, Gilles Daveau.

• Retrouvez les pronoms. Quel(s) mot(s) remplacent-ils ?

Exercez-vous

1 Complétez avec un pronom.

En juillet, Anne a rencontré un Australien. Mais il est reparti dans son pays...

Lise : Comment ça se passe avec Hugh ? Il ... téléphone ?

Anne : Non, c'est trop cher. Il ... envoie des mails. Je ... réponds aussi par le Net.

Lise : Tu connais ses parents ?

Anne : Oui, je ... ai envoyé une carte postale hier.

Lise : Ils connaissent tes parents ?

Anne : Bien sûr. Ils ont fait du jet-ski ensemble en juillet. Ils ... invitent tous en Australie cet hiver.

Lise : Ils ... invitent en hiver ?

Anne : Oui, mais, là-bas, c'est l'été.

2 Dites la même chose en utilisant le verbe indiqué.

*Ex. : **a.** Je vous demande pardon.*

a. Pardon ! *(demander)*
b. Voici un petit cadeau ! *(offrir)*
c. Voici monsieur Dupré. *(présenter)*
d. Je suis très content d'être en vacances. *(faire plaisir)*
e. Merci pour le cadeau ! *(remercier)*

3 Écrivez de courts dialogues. Utilisez les verbes indiqués.

a. Il quitte son entreprise. Ses collègues lui font un cadeau.

offrir - remercier - ouvrir - faire plaisir

b. On lui a volé sa voiture.

voler - prêter - faire attention - rendre

c. Barbara (19 ans) est en vacances à l'étranger. Elle n'a plus d'argent. Elle appelle ses parents.
coûter - ne plus avoir - donner - envoyer - recevoir

les pronoms compléments indirects

> Je lui écris tous les jours !

> Et elle te répond ?

> Non. Je ne lui envoie pas mes lettres.

■ Quand le verbe est suivi de la préposition « à » :

Elle **me** répond	Elle **nous** répond
Elle **te** répond	Elle **vous** répond
Elle **lui** répond	Elle **leur** répond

■ Devant une voyelle :
Elle **m'**écrit - Elle **t'**écrit.
■ Au passé composé :
– Tu as écris à tes amis ?   – Oui, je **leur** ai écrit.
– Et à tes parents ?   – Non, je ne **leur** ai pas écrit.
■ Verbes suivis de la préposition « à » :
parler à - dire à - raconter à - écrire à - téléphoner à - demander à - montrer à - répondre à.

donner/recevoir

Donner de l'argent à... } → recevoir
Faire un cadeau à...
Offrir des fleurs à...   quelqu'un
Envoyer une lettre à...
Prêter un livre à...   ← rendre

21 recevoir	**8** envoyer	**18** rendre
je reçois	j'envoie	je rends
nous recevons	nous envoyons	nous rendons

Parlez - Écrivez en petits groupes

■ Réfléchissez ensemble à la question :

Qu'est-ce qu'un véritable ami ?

• Écrivez huit phrases sur ce sujet.

« Un véritable ami me téléphone ...
Je peux lui parler de ... »

Prononciation et mécanismes

• Exercices 85, 86, page 180.

L'astrologie révèle votre caractère

VERSEAU
21/01-19/02
- Original,
- Indépendant
- Pessimiste

GÉMEAUX
22/05-21/06
- Artiste
- Intelligent
- Impatient

BALANCE
23/09-22/10
- Idéaliste
- Stable
- Paresseux

POISSONS
20/02-20/03
- Artiste
- Bon caractère
- Changeant

CANCER
22/06-22/07
- Original
- Égoïste
- Intelligent

SCORPION
23/10-22/11
- Courageux
- Intelligent
- Difficile à vivre

BÉLIER
21/03-21/04
- Courageux
- Fier
- Sympathique

LION
23/07-22/08
- Généreux
- Sympathique
- Fier

SAGITTAIRE
23/11-21/12
- Optimiste
- Courageux
- Changeant

TAUREAU
22/04-21/05
- Patient
- Travailleur
- Mauvais caractère

VIERGE
23/08-22/09
- Travailleur
- Pratique
- Pessimiste

CAPRICORNE
22/12-20/01
- Généreux
- Stable
- Timide

Étudiez votre horoscope

1 Trouvez vos qualités et votre défaut.
Commentez-les et donnez des exemples.

« C'est vrai, je suis courageux (courageuse).
Je peux ...
Ce n'est pas vrai. Je ne suis pas fier (fière).
Je parle à tout le monde ... »

2 Demandez l'avis de votre voisin(e).

3 Présentez vos commentaires à la classe.

Exercez-vous

1 Trouvez le féminin des adjectifs
de l'horoscope.

a. masculin + e : ...
b. eux → euse : ...
c. ier → ière : ...

2 Regroupez les adjectifs de sens contraire.

Ex. : courageux ≠ timide.

3 Trouvez l'adjectif qui caractérise
ces personnes.
*Ex. : **a.** impatiente.*

a. Elle ne sait pas attendre.
b. Il n'aime pas partager.
c. Elle aime donner.
d. Il voit la vie en rose.
e. Elle aime être seule.
f. Avec lui, on n'a pas de
problèmes.

Écoutez. 📼
Ils cherchent à mettre un nom sur ces visages… Identifiez ces personnes.

le physique des personnes

■ **La taille :**
• Être grand/petit/de taille moyenne.
Il mesure (il fait) 1 m 80.

■ **L'allure :**
• Être beau/laid - avoir un physique agréable - avoir du charme
• Être mince/rond (pour maigre/gros)

■ **Le visage :**
• Avoir un visage rond/allongé/etc.
Avoir les cheveux bruns, châtains, blonds, roux.
Avoir les yeux noirs, marron, bleus, verts.

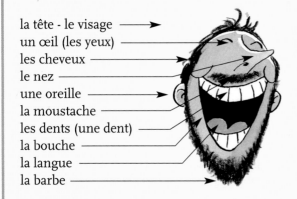

la tête - le visage
un œil (les yeux)
les cheveux
le nez
une oreille
la moustache
les dents (une dent)
la bouche
la langue
la barbe

(Voir les autres parties du corps, page 151 ; les adjectifs descriptifs, page 79).

Écrivez - Jouez

1 Décrivez-vous en dix lignes (physique et caractère).

2 Mettez tous les portraits de la classe dans une boîte.
Tirez un portrait de la boîte. La classe doit deviner l'auteur du portrait.

LA RÉVÉLATION • 3
Conseils

Au journal « Les Nouvelles de l'Ouest ».

Le directeur : Daveau futur ministre. C'est ridicule !

Sylvie : Je crois qu'il dit la vérité.

Le directeur : Vous pensez qu'il faut annoncer la nouvelle ?

Sylvie : Oui.

Le directeur : Alors, annoncez-la !

...

Une heure après :

Le directeur : Montrez-moi cet article !

...

Le directeur : Bon, c'est presque parfait.

Sylvie : Je ne suis pas très contente de mon titre...

Le directeur : Si, il est bon. Laissez-le comme ça !
Ne le changez pas !

Sylvie : Alors, qu'est-ce qui ne va pas ?

Le directeur : Ces trois mots : « Gilles Daveau,
un homme intelligent, compétent,
séduisant. » Coupez-les !

Sylvie : Mais c'est la vérité !

Le directeur : Nous sommes un journal d'opposition,
Sylvie...

Sylvie : Vous savez qu'il m'a envoyé des fleurs...

Découvrez le document

1 Racontez l'histoire de « la révélation ».
Résumez les scènes des pages 90, 92, 96.
Imaginez la suite.

2 Relevez les constructions qui expriment :

– des opinions : « Je crois que... »
– des instructions ou des conseils : « Annoncez-la ! »

3 Imaginez le titre et le sous-titre
de l'article de Sylvie Ferrero.

Exercez-vous

1 Continuez en donnant un conseil.
*Ex. : **a.** Écris-moi !*

a. Je n'ai pas reçu de lettre de toi ... *(écrire)*
b. Cette région est belle ... *(visiter)*
c. Ce sandwich n'est pas bon ... *(manger)*
d. Nous voulons rester seuls ... *(laisser)*
e. Johan (5 ans) joue au bord de la rivière ... *(laisser jouer seul)*
f. Margot a envie de venir avec nous ... *(faire plaisir)*

2 Conseillez le jeune serveur. Expliquez-lui comment mettre la table en France.

« La fourchette, mettez-la à gauche... »

> une assiette - une fourchette - un couteau -
> une cuillère - une cuillère à café - une tasse - un verre
> (à eau, à vin rouge, etc.) - une serviette

donner un ordre, un conseil

▮ Avec un pronom complément direct :

Écoutez-moi	Ne m'écoutez pas
Écoutez-le/la	Ne l'écoutez pas
Écoutez-nous	Ne nous écoutez pas
Écoutez-les	Ne les écoutez pas

▮ Avec un pronom complément indirect :

Parlez-moi	Ne me parlez pas
Parlez-lui	Ne lui parlez pas
Parlez-nous	Ne nous parlez pas
Parlez-leur	Ne leur parlez pas

les constructions avec « que »

▮ Pour exprimer une idée, une opinion, etc.

29 croire

je crois
nous croyons

Qu'est-ce que vous pensez de la nouvelle voisine ?

Je crois que c'est une artiste.

Je sais qu'elle a un petit ami bizarre.

Je pense qu'elle est un peu folle.

Attention !
• Je ne pense pas que... } Voir niveau 2
• Je ne crois pas que...

(voir p. 192)

Jouez les scènes

▮ Donnez-leur des conseils.

a. Il est amoureux

J'aime une fille intelligente, artiste mais très timide. Elle ne sort pas beaucoup. Elle fait de la musique. Elle s'intéresse à la littérature mais pas à moi. Qu'est-ce que je peux faire ?

b. Elle est amoureuse.

C'est un idéaliste. Il n'est pas très stable. Il aime les gens courageux et généreux.

Prononciation et mécanismes

• Exercices 87, 88, page 180.

Petits messages entre amis

B

Chers amis,
Nous avons enfin trouvé
la maison de nos rêves :
une vieille maison
dans un jardin abandonné.

Pour la découvrir nous vous invitons
le dimanche 17 mai
à
UNE JOURNÉE BARBECUE

Découvrez les documents

1 Lisez et complétez le tableau.

Type de message (carte, lettre, mot, e-mail, etc.)	Qui écrit ?	À qui ?	À quelle occasion ?	Pour dire quoi ?	Le style est familier/ pas familier
....	....	....	....	....	....
....	....	....	....	....	....

Delphine, Pierre, Mathilde
et Eugénie
sont heureux de vous annoncer la naissance de
FRANÇOIS
le 26 janvier 2002

Delphine et Pierre Martin
15, avenue d'Angers SAUMUR

A

2 Utilisez les mots des messages pour dire :

• Je suis content.
• Bravo !
• Je vous fais la bise.
• J'espère vous voir bientôt.
• Je te demande de venir.
• Excuse-moi !

Écrivez

La classe se partage les lettres suivantes.
1. Répondez à la carte A.
2. Répondez à la lettre B.
3. Rédigez la réponse de Julie à la lettre C.
4. Rédigez la carte adressée à Antoine Fabrègue.

N.B. : Pour écrire ces réponses, utilisez les expressions des autres lettres (exemple : pour répondre à A, utilisez C et E).

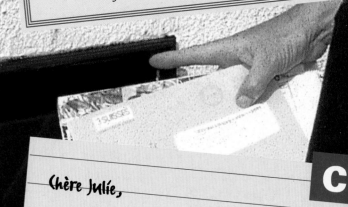

C

Chère Julie,

Ce petit mot pour te dire que je suis allée te voir jouer dans « Le Malade imaginaire ».
Je te félicite. Tu as été parfaite !
J'espère te voir bientôt chez ta grand-mère.
Je t'embrasse.

Lina

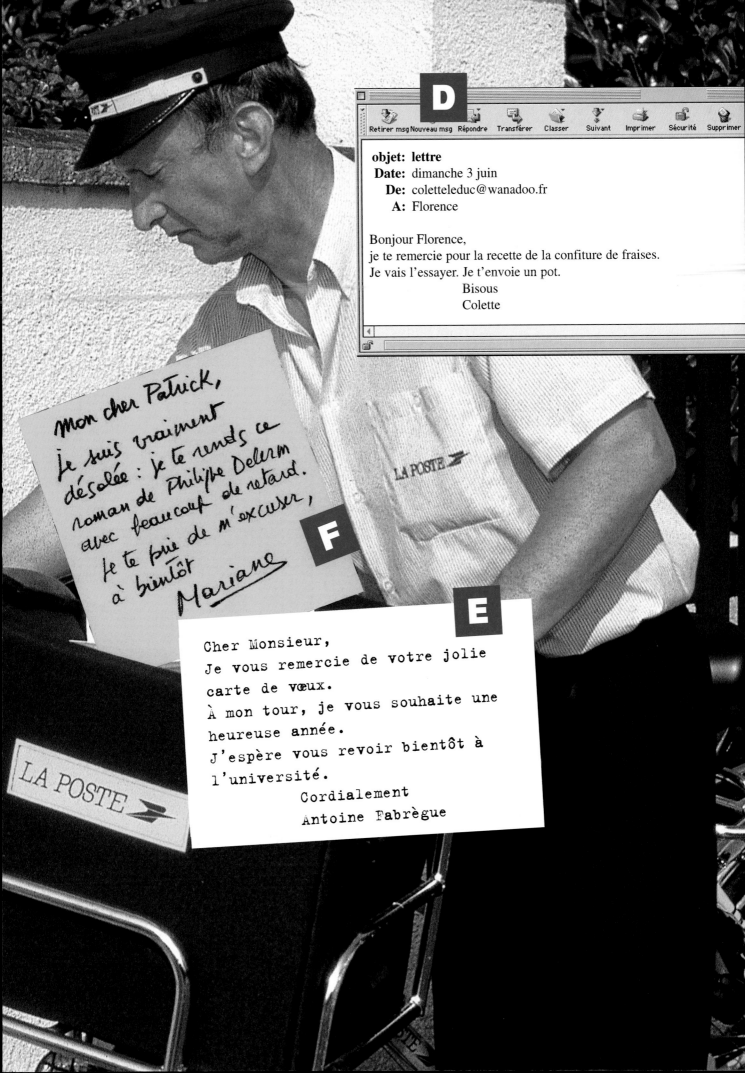

D

| Retirer msg | Nouveau msg | Répondre | Transférer | Classer | Suivant | Imprimer | Sécurité | Supprimer |

objet: lettre
Date: dimanche 3 juin
De: coletteleduc@wanadoo.fr
A: Florence

Bonjour Florence,
je te remercie pour la recette de la confiture de fraises.
Je vais l'essayer. Je t'envoie un pot.
Bisous
Colette

F

Mon cher Patrick,
Je suis vraiment
désolée : je te rends ce
roman de Philippe Delerm
avec beaucoup de retard.
Je te prie de m'excuser,
à bientôt
Mariane

E

Cher Monsieur,
Je vous remercie de votre jolie
carte de vœux.
À mon tour, je vous souhaite une
heureuse année.
J'espère vous revoir bientôt à
l'université.
Cordialement
Antoine Fabrègue

LA POSTE

CINÉMA

Le goût des autres ou la difficulté de communiquer

**Peut-on aimer les autres quand ils ne partagent pas nos goûts ?
C'est la question posée par le film d'Agnès Jaoui, « Le Goût des autres ».**

Castellas (Jean-Pierre Bacri) est un chef d'entreprise sympathique. Son entreprise marche bien. Il signe des contrats avec des entreprises étrangères et, pour cela, il apprend l'anglais.

Son professeur, Clara (Anne Alvaro), est comédienne. Elle donne des cours d'anglais pour gagner sa vie.

Un soir, Castellas voit jouer Clara dans une pièce de Racine et il tombe amoureux d'elle. Il essaie de lui parler de son amour, mais Clara vit dans un

Clara présente Castellas à un ami artiste.

milieu d'artistes très snobs. Ces intellectuels trouvent que Castellas est ridicule…

Peut-être parce qu'il est amoureux, Castellas n'a pas honte. Son courage, sa générosité, sa gentillesse vont triompher.

Dans « Le Goût des autres », il y a aussi l'histoire du chauffeur de Castellas et de sa petite amie, et l'histoire d'une serveuse de bar et d'un ancien policier : deux autres histoires sur la difficulté d'aimer et de communiquer. ■

Castellas a écrit à Clara une lettre d'amour en anglais.

Découvrez le document

1 Quel est le sujet de cet article ?

2 Les phrases suivantes sont-elles vraies (V) ou fausses (F) ?

a. Castellas est un bon chef d'entreprise.
b. Clara est professeur d'anglais.
c. Castellas connaît bien Clara.
d. Clara et Castellas ne s'intéressent pas aux mêmes choses.
e. Clara gagne beaucoup d'argent quand elle fait du théâtre.
f. Les amis de Clara se moquent de Castellas.
g. Castellas est étranger au milieu de Clara.
h. Castellas a peur des amis de Clara.

3 À la fin du film, Clara comprend qu'elle aime Castellas. Pourquoi ?

4 Connaissez-vous des situations de communication difficile (au cinéma, au théâtre, dans votre expérience) ?

la peur et le courage

N'aie pas peur !

Courage !

J'ai peur de tomber !

Je n'ai pas le courage de continuer.

• la peur - avoir peur de faire quelque chose
• le courage - avoir du courage - avoir le courage de faire quelque chose

■ Impératif des verbes « avoir » et « être »

aie		n'aie pas	
ayons	du courage	n'ayons pas	peur
ayez		n'ayez pas	
sois		ne sois pas	timide
soyons	courageux	ne soyons pas	timides
soyez		ne soyez pas	

Lisez - réfléchissez
(travail en petits groupes)

1 Lisez les interviews ci-dessous. Pourquoi et dans quelles situations ont-ils peur de parler anglais ?

2 Avez-vous peur de parler français ? Dans quelles situations ? Pourquoi ?

3 Cherchez des solutions.

Langues étrangères

ILS ONT PEUR DE PARLER POURQUOI ?

Extraits d'interviews de touristes et d'étudiants français à Londres.

J'habite avec une copine française. Elle parle très bien anglais. Quand on est avec des amis anglais, je la laisse parler. Je ne peux pas dire un mot.
Céline, 18 ans, étudiante

J'ai fait dix ans d'anglais à l'école mais ici je suis bloqué. J'ai 35 ans. J'ai honte de ne pas bien parler anglais à 35 ans.
Laurent, 35 ans, ingénieur

Je connais mal la grammaire. J'ai peur de faire des fautes.
Myriam, 40 ans, secrétaire

Tout le monde dit que je parle avec un accent français. Quand je parle on m'imite. Je ne veux pas qu'on se moque de moi. Alors j'arrête de parler. Je ne veux pas être ridicule.
Alexis, 18 ans, en vacances chez des amis anglais de ses parents

Prononciation et mécanismes

• Exercices 89, 90, page 180.

1 utiliser les pronoms

Complétez avec un pronom.

Deux voisins bavardent à propos des nouveaux locataires.

M. Duval : Vous connaissez les nouveaux locataires du troisième ?

Mme Charles : Je ne ... connais pas vraiment mais je ... ai vus.

M. Duval : Ils ... parlent ?

Mme Charles : Oui. Nous ... disons bonjour. Ils ... répondent.

M. Duval : Eh bien moi, ils ne ... disent rien !

Mme Charles : Mais quand vous ... rencontrez, vous ... regardez, vous ... souriez, vous ... parlez ?

M. Duval : Ah non ! C'est à ... de faire le premier pas !

2 éviter les répétitions

Remplacez les mots soulignés par des pronoms.

M. Bernard, le directeur des Assurances européennes a un caractère difficile mais les employés aiment bien M. Bernard. Il invite ses employés au restaurant. Il raconte des histoires amusantes à ses employés. Demain, c'est l'anniversaire de M. Bernard. Les employés ont décidé de faire plaisir à M. Bernard. Ils vont offrir à M. Bernard un week-end à Venise. M. Bernard ne connaît pas cette ville ; il rêve de visiter cette ville.

3 donner des instructions et des conseils

Lucas n'est jamais d'accord avec les propositions de Sylvie. Continuez.

Sylvie : Invitons Gilles et Agnès Daveau.

Lucas : Non, ne les invitons pas !

Sylvie : Ne téléphonons pas à Catherine. Elle est en vacances.

Lucas : ...

Sylvie : Ne recevons pas les Durand. Ils ne sont pas sympathiques.

Lucas : ...

Sylvie : Regardons le film sur la Cinquième. C'est un policier passionnant !

Lucas : ...

Sylvie : On offre quelque chose à Jérôme et à Catherine ? Ils ont été gentils avec nous.

Lucas : ...

4 parler des personnes

Écoutez. Regardez.

Deux personnes s'inscrivent à l'agence de rencontres « Coup de Foudre » et écrivent une petite annonce. Sur le modèle de l'annonce de Célia écrivez l'annonce d'Olivier.

> Célia, 24 ans, brune, 1,70 m, artiste, optimiste, généreuse. Aime musique classique, opéra, théâtre, voyages.
> Attend jeune homme, 35 ans maximum, avec goûts communs.

5 écrire des lettres de circonstance

Le 5 décembre vous avez reçu la lettre suivante. C'est une lettre de votre ami Frédéric.

Le 1ᵉʳ janvier, vous écrivez une carte de vœux à Frédéric et vous répondez à sa lettre.

> Frédéric Foubert
>
> Montargis
> le 5 décembre 2001
>
> Chers amis,
>
> Ce petit mot pour vous annoncer que Véronique et moi nous nous marions le samedi 3 mai. Bien sûr, vous êtes invités. Pouvez-vous nous donner une réponse avant le mois d'avril ?
>
> Autre bonne nouvelle, je suis nommé directeur commercial de ma société.

découvrir

le passé

8

■ Parler du passé,
parler des habitudes
et des changements.

■ Connaître quelques
moments de l'histoire.

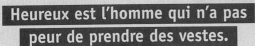

Heureux est l'homme qui n'a pas
peur de prendre des vestes.

Fais du Judo!
FÉDÉRATION FRANÇAISE DE JUDO

■ Parler de la famille.

■ Raconter une suite d'événements.
Préciser leur date et leur durée.

une époque,
une chanson

Les années 70

« Dieu ! Mais que Marianne était jolie
Quand elle marchait dans les rues de Paris. »
Michel Delpech

Les années 80
« Être une femme libérée, tu sais,
c'est pas si facile
Ne la laisse pas tomber, elle est si fragile. »
Cookie Dingler

Je me souviens...

1. De Gaulle était président.
2. Nous écoutions du jazz à Saint-Germain-des-Prés.
3. J'avais les cheveux longs.
4. On dansait le rock.
5. Je lisais Sartre et Camus.
6. Madonna était notre idole.
7. Mitterrand était président.
8. Il y avait des cinémas de quartier.
9. Les hippies détestaient l'argent.
10. À l'école, nous jouions aux billes.
11. On disait « Faites l'amour pas la guerre. »

12. Johnny Halliday chantait ses premières chansons.
13. Les femmes étaient libérées.
14. On allait voir Brigitte Bardot au cinéma.
15. Je portais des pantalons larges et des chemises indiennes.
16. On voulait la révolution.
17. Nous adorions l'argent.
18. Les jeunes de 20 ans partaient pour la guerre.
19. On voyageait dans le monde entier.
20. On roulait à Vélosolex.

Les années 60

« *Ex-fan des sixties*
Petite baby doll
Comme tu dansais bien le rock n'roll. »
Serge Gainsbourg

Les années 50

« *J'allais rue des*
Solitaires
À l'école de mon
quartier
Mon père venait
me chercher
Je voyais Gary
Cooper... »
Eddie Mitchell

Commentez le document

1 Reliez les souvenirs à leur époque.

Ex. : 1. De Gaulle était président dans les années 60.

2 Observez la formation du temps imparfait.

---

l'imparfait

■ Pour parler d'une époque passée en général
ou d'une action passée habituelle.

> Quand
> je travaillais à Paris,
> j'habitais dans cet immeuble.
> Je dînais souvent dans ce
> restaurant.

parler
je parl**ais**
tu parl**ais**
il/elle parl**ait**
nous parl**ions**
vous parl**iez**
ils/elles parl**aient**

■ Formez l'imparfait à partir
de la personne « nous » du
présent.
Exemples : nous avons
→ **j'avais, tu avais, ...**
nous prenons
→ **je prenais, tu prenais**
(*sauf* : être → **j'étais, tu étais**)

Exercez-vous

1 Mettez les verbes à l'imparfait.

Une femme de 60 ans raconte ses souvenirs.
« Quand j' *(avoir)* six ans, en août, nous *(aller)*
en vacances à la montagne. À cette époque, nous *(ne pas
avoir)* de voiture. Nous *(prendre)* le train. Le voyage
(durer) 8 heures. Ma mère *(préparer)* un pique-nique.
À midi, tous les voyageurs *(ouvrir)* leur sac et *(sortir)*
le poulet et les tomates. Il y *(avoir)* beaucoup de monde.
On *(faire)* des connaissances. Quand j' *(arriver)*, j' *(être)*
noire de fumée. »

2 Faites-le parler.

***Un grand cuisinier raconte l'époque difficile
de sa jeunesse...***
« Mes parents avaient un restaurant. Je travaillais...
Tous les jours, je me levais... »

Parlez

Présentez votre époque préférée.

« Mon époque préférée, c'est le XVIIIe siècle... »
on faisait ...   on écoutait ...
il y avait ...   on était ... »

Prononciation et mécanismes

• Exercices 91, 92, page 180.

Un champion !

« Je me rappelle, c'était le 12 juillet 1998. Nous passions nos vacances à Palavas, au bord de la Méditerranée. D'habitude, à neuf heures du soir, il y avait beaucoup de monde dans les rues. Ce soir-là, elles étaient désertes.

Tout à coup, on a entendu un cri : "Zidane a marqué un deuxième but. On a gagné !" Une heure après, Zinedine Zidane a levé la coupe du monde vers les spectateurs du stade de France et les téléspectateurs du monde entier. La France était championne du monde... Ces deux buts extraordinaires de Zidane, je ne les ai pas oubliés. Je suis fier de lui. »

Comme ce supporter, les Français sont fiers de Zidane parce qu'il a eu un itinéraire exemplaire.

Il est né en 1972 à Marseille dans le quartier populaire de la Castellane. C'était le petit dernier d'une famille d'origine algérienne. Vers quatre ans, il a commencé à jouer au ballon. Peut-être parce qu'il n'aimait pas beaucoup l'école [...].

Découvrez le document

1 Lisez les deux premiers paragraphes. Qui parle ? Que raconte cette personne ?

2 Classez les moments de cette histoire.

Actions principales (vues comme limitées dans le temps)	Actions secondaires - Ambiances Commentaires - Actions habituelles (vues comme non limitées dans le temps)
On a entendu un cri.	Nous passions nos vacances.

3 Lisez la suite du texte. Continuez la biographie de Zidane en utilisant la fiche de la page 107.

raconter

■ Pour raconter quelque chose, on utilise le passé composé (voir pages 63 et 65) et l'imparfait (voir page 105).

• Au passé composé : les actions vues comme limitées dans le temps	• À l'imparfait : les actions vues comme non limitées dans le temps
Zidane a marqué deux buts. L'équipe de France a gagné.	C'était en juillet 1998. Les Français étaient fiers de leur équipe.

Zinedine ZIDANE

1972 : Naissance à Marseille
dans le quartier populaire
de la Castellane. Parents
d'origine algérienne.

À 4 ans : Il commence à jouer au football.
Il n'aime pas l'école.

À 12 ans : Il joue dans l'équipe de
Septèmes-les-Vallons près de Marseille.
On admire l'équipe de foot de Marseille
(l'OM). C'est une grande équipe.

À 14 ans : Il entre dans l'équipe de
Cannes. Il reste quatre ans à Cannes. Il
fait son apprentissage. C'est un garçon
gentil, un peu timide, très travailleur.
Rencontre avec Véronique (sa future femme).

1992 : Départ pour Bordeaux. Il passe
quatre ans dans l'équipe de Bordeaux.

1996 : Il joue à la Juventus de Turin.

1998 : Il s'entraîne avec l'équipe de
France. Il participe à la coupe du monde.
Il reçoit le "Ballon d'or".

2000 : Zidane et l'équipe de France
gagnent l'Euro 2000 contre l'Italie.

2001 : Il joue au Real de Madrid.

se souvenir/oublier

■ **Apprendre :**
→ Il apprend un poème de Victor Hugo.
→ Il a appris le mariage de Zoé.
Zoé lui a appris qu'elle se mariait.

■ **Se souvenir (de) :**
Je me souviens du match de coupe du monde.

■ **Se rappeler :**
Je me rappelle... C'était en juillet 1998.

■ **Oublier :**

J'ai oublié son nom

Je m'en[1] souviens, il s'appelle François.

11	se souvenir
	je me souviens
	nous nous souvenons

(1) « en » est un pronom. (Voir page 120.) Il remplace
un complément introduit par « de ».

Racontez

Vous avez vécu ces événements. Racontez-les.
Imaginez les circonstances.

« Je me rappelle. C'était un jour de ... »

Prononciation et mécanismes

• Exercices 93, 94, page 180.

3 parler
de la famille

> Vous allez présenter les principaux membres d'une famille : votre famille ou votre famille rêvée ou une famille extraordinaire.

Les membres de la famille

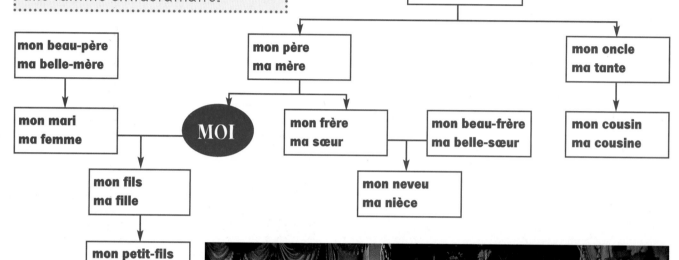

mon grand-père / ma grand-mère

mon beau-père / ma belle-mère

mon père / ma mère

mon oncle / ma tante

mon mari / ma femme

MOI

mon frère / ma sœur

mon beau-frère / ma belle-sœur

mon cousin / ma cousine

mon fils / ma fille

mon neveu / ma nièce

mon petit-fils / ma petite-fille

Les magazines, les romans, les films, racontent souvent des histoires de famille.

TCHÉKHOV
Les trois sœurs

Découvrez les membres de la famille

1 Observez le tableau ci-dessus. Nommez le nom des membres de votre famille (réelle).

2 Complétez.

a. Le frère de mon père, c'est mon oncle.
b. La mère de mon père, c'est ...
c. Le fils de ma sœur, c'est ...
d. Les enfants de mon oncle, ce sont ...
e. La fille de ma fille, c'est ...
f. La mère de mon mari/de ma femme, c'est ...

3 Trouvez des titres (livres, films, etc.) avec des noms de membres de la famille.

4 Lisez le tableau ci-contre. Utilisez les verbes suivants pour raconter une petite histoire d'amour.

« Pierre et Marie se sont vus pour la première fois chez ... Ils se sont regardés ... »

> s'aimer - se connaître - s'écrire - se marier - se parler - se regarder - se rencontrer - se séparer - se téléphoner - se voir - se retrouver - se reconnaître...

Comparez

1 Lisez les documents ci-dessous. Comparez la famille en France et dans votre pays.

2 Comparez avec la famille dans le passé.

sens réfléchi et sens réciproque

■ Utilisez la forme pronominale.

Il se regarde (dans la glace).

Ils se regardent mais ils ne se disent pas bonjour.

IMAGES DE LA FAMILLE
Quelques chiffres (année 2001)
• Un couple sur 6 vit en union libre.
• 40 % des enfants naissent d'un couple non marié.
• Il y a 4 divorces pour 10 mariages.
• La famille type est un couple avec deux enfants.
• Les hommes se marient à 30 ans (à 25 ans en 1980) et les femmes à 28 ans (à 23 ans en 1980).
• Dans beaucoup de familles, il y a un seul parent.
• 45 % des Français font un mariage religieux.

Dans *Mercredi folle journée*, Vincent Lindon est séparé de sa femme. Un mercredi, il doit s'occuper de sa fille. Les problèmes commencent.
Dans *La Dilettante* (film de Pascal Thomas, 1998), Catherine Frot joue le rôle d'une femme indépendante, sympathique et toujours heureuse. Elle s'est mariée, a eu deux enfants et a divorcé pour vivre un nouvel amour en Suisse. Quinze ans après, elle retourne à Paris. Mais des problèmes l'attendent : un fils indifférent, une fille égoïste et snob et des amours difficiles.

Présentez votre famille

Ex. : « Mon grand-père est né en Italie en 1920. Il était chanteur à la Scala de Milan. Un soir de l'hiver 1950, il a rencontré ma grand-mère sur scène. Elle chantait le rôle de ... »

4 préciser
le moment et la durée

Ça fait longtemps...

La ferme de Charles Payan à Saint-Cyprien, un village du sud de la France.

François : Charles Payan ?

Charles : Oui !

François : Je suis François Dumas. Tu te souviens de moi ?

Charles : François ! Ça alors ! C'est une surprise ! Ça fait combien de temps que tu as quitté Saint-Cyprien ?

François : Vingt ans.

Charles : Et pendant vingt ans tu es resté en Afrique ?

François : Presque vingt ans... dix-huit ans.

Quelques minutes après...

Charles : Eh bien moi, après ton départ, j'ai arrêté mes études de médecine et j'ai travaillé dans la ferme de mes parents.

François : Tu es marié ?

Charles : Depuis dix ans.

François : Et je la connais ?

Charles : Suzan est anglaise... et il y a cinq ans nous avons eu un petit garçon.

François : Donc tu es père toi aussi.

Charles : Père et maire...

François : C'est toi le maire de Saint-Cyprien ! Depuis quand ?

Charles : Depuis les dernières élections. Ça fait trois ans.

Découvrez le document 📼

1 Résumez la scène en une phrase.

2 Faites la chronologie des moments de la vie de François et de Charles.

	François Dumas	Charles Payan
Aujourd'hui (...)	François va voir son ami Charles	Charles et François se retrouvent
...		

l'expression de la durée *(voir p. 188)*

	Départ pour Madrid		Séjour à Madrid						Départ pour Athènes			Séjour à Athènes					Aujourd'hui
I	2	3	4	5	6	7	8	9	10	11	12	13	14	15	16	17	18

■ Préciser un moment, une durée à partir d'aujourd'hui :

• **Depuis quand** (quel jour) Marie est-elle partie ?
– Elle est partie **depuis** le 1er mars.
• **Il y a (Ça fait...)** combien de temps **qu**'elle est à Athènes ?
– **Il y a (Ça fait)** 9 jours qu'elle est à Athènes.
• **Depuis combien de temps** est-elle partie ?
– Elle est partie **depuis** 18 jours.

■ Préciser une durée sans relation avec le présent :

• Elle est restée **combien de temps** à Madrid ?
Pendant combien de temps est-elle restée à Madrid ?
– Elle est restée **(pendant)** 10 jours.
Elle n'est pas restée **longtemps**.

Exercez-vous

Pourquoi Jo le Lyonnais, célèbre cambrioleur, est-il venu à Paris ? La police l'interroge quand il sort du Billard-Club. Répondez pour lui.

a. Depuis quand êtes-vous à Paris ?
b. Il y a combien de temps que vous êtes au Billard-Club ?
c. Combien de temps êtes-vous resté au restaurant « La Grenouille » ?
d. Depuis combien de temps êtes-vous à l'hôtel Lux ?
e. Ça fait combien de temps que vous n'êtes pas revenu à votre hôtel ?

```
Mardi soir 22 h :
Arrivée de Jo le Lyonnais à
Paris. Hôtel Lux.

Mercredi
9 h : Il sort de l'hôtel.

9 h 30 : Il rentre à l'hôtel
avec un journal.

11 h : Il entre dans le
restaurant "La Grenouille",
en face de l'hôtel.

14 h : Il sort du restaurant
et prend un taxi jusqu'au
Billard-Club à Pigalle.

14 h 30 : Arrivée au
Billard-Club.

17 h : Sortie du Billard-
Club.
```

Jouez la scène

Deux amis se retrouvent. Ils ont 30 ans. Ils étaient dans le même lycée mais il ya 16 ans qu'ils ne se sont pas vus.

■ **1** Préparez la scène : vous avez 30 ans. Qu'avez-vous fait depuis l'âge de 18 ans ?

19... Grande fête pour mon anniversaire (18 ans).
19... Entrée à l'université.

■ **2** Jouez la scène des retrouvailles avec votre voisin(e).

Tiens ! Mais c'est Juliette ! Qu'est-ce que tu fais là ?

Depuis quand on ne s'est pas vues ?

Prononciation et mécanismes

• Exercices 95, 96, page 180

François revoit le village de son enfance.

François : Ah ! Je trouve que le village a changé.

Charles : Depuis vingt ans, c'est normal. Ici, c'est devenu international. Tous les jours, j'entends parler anglais, allemand, hollandais. « Good morning », « Guten Tag »... !

François : Je me rappelle, avant, on se réunissait souvent entre voisins.

Charles : On le fait encore quelquefois.

François : Avec les nouveaux du village ?

Charles : Oui. Puis pour se retrouver, il y a toujours une fête, une activité, une sortie... On ne s'ennuie jamais ici.

François : Jamais ?

Charles : Enfin, rarement.

Découvrez et continuez le dialogue

1 Écoutez le dialogue. Notez ce qui a changé à Saint-Cyprien.

2 Relevez les mots ou expressions qui indiquent :

– la fréquence
– le changement

3 Observez les photos. Imaginez ce qui a changé.

« Avant, il y avait ... Aujourd'hui ... »

4 Écoutez.
Une touriste interroge un habitant de Saint-Cyprien. Notez les habitudes.

Cinéma : on va quelquefois chez des voisins voir un film à la BBC.

5 Continuez le dialogue entre François et Charles (vous pouvez situer ce dialogue dans un village de votre pays).

Exercez-vous

1 Imaginez de brèves histoires sur le modèle suivant.

❶ Le passé Les habitudes	❷ L'événement	❸ Les changements
Pierre avait mauvais caractère. Il n'aimait rien...	Un jour, il a rencontré Mireille...	Il a changé. Il ne se met plus en colère. Il est devenu...

a. Clara habitait Paris depuis un mois. Le week-end, elle s'ennuyait...
b. Patrick fumait beaucoup...
c. Paul ne faisait jamais de sport...
d. Lise était très timide...

(voir p. 188)

exprimer la fréquence, la continuation, le changement

■ La fréquence :

Ils jouent **toujours** au bridge le lundi.

Tous les lundis, ils jouent au bridge.

Une fois par semaine **(deux fois...)**

Ils jouent **souvent** au bridge.

Ils vont **quelquefois** au théâtre.

Ils vont **rarement** au cinéma.

Ils **ne** vont **jamais** au théâtre.

■ La répétition :

> Retape cette page. Il y a trop de fautes

préfixe **-re**

dire → **redire**

■ La continuation :

Pauline et Nicolas **ont commencé** à faire du piano à 8 ans.

Aujourd'hui, Pauline **continue à** faire du piano.

Elle joue **encore** du piano.

Pierre **s'est arrêté de** faire du piano.

Il **ne** joue **plus** du piano.

■ Le changement :

> Elle a bien changé depuis qu'elle est devenue directrice.

11 devenir

je deviens

nous devenons

2 Mettez les verbes entre parenthèses à la forme qui convient.

François raconte un souvenir d'enfance.

Je me souviens. (*C'est*) en 1960. J'(*avoir*) douze ans. Avec Paul Gervais nous (*aller*) dans la forêt des Granges. Nous (*vouloir*) trouver des champignons. Tout à coup, nous (*entendre*) un bruit. Tout près de nous, (*il y a*) un énorme sanglier. Nous (*avoir peur*) et nous (*monter*) dans un arbre... Quand nous (*pouvoir*) rentrer au village, il (*faire*) presque nuit.

Parlez

Interrogez votre voisin(e) sur ses habitudes :

– ses lectures

– ses voyages

– ses activités quotidiennes

– etc.

Prononciation et mécanismes

• Exercices 97, 98, page 180

Le passé
est toujours présent

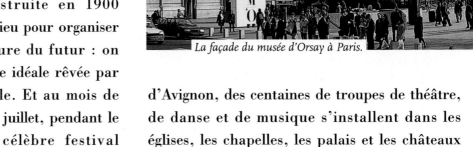
La façade du musée d'Orsay à Paris.

Boulevard Pasteur, rue Charlemagne, station de métro Jaurès, gare d'Austerlitz, lycée Henri-IV, tous ces noms rappellent aux Français les grands hommes et les grandes heures de leur histoire. En France, le passé donne de la valeur aux choses… On veut créer un musée pour les œuvres d'art du XIXe siècle : on aménage la vieille gare d'Orsay construite en 1900 et inutilisée. On cherche un lieu pour organiser un colloque sur l'architecture du futur : on choisit Arc-et-Senans, la ville idéale rêvée par un architecte du XVIIIe siècle. Et au mois de juillet, pendant le célèbre festival

Arc-et-Senans
Au XVIIIe siècle, l'architecte Nicolas Ledoux imagine un lieu de vie pour les travailleurs de l'industrie du sel.

d'Avignon, des centaines de troupes de théâtre, de danse et de musique s'installent dans les églises, les chapelles, les palais et les châteaux construits par les papes au XIVe siècle.

Ailleurs, le présent continue le passé. Au Ier siècle, dans les arènes de Nîmes, des gladiateurs combattaient des animaux sauvages. Aujourd'hui, des hommes y combattent des taureaux espagnols. Les jardins du château de Villandry sont organisés comme au XVIe siècle et devant le spectacle des « Grandes eaux musicales » de Versailles, tout le monde peut se croire à la cour de Louis XIV.

Les arènes romaines de Nîmes. Toute l'année, on y donne des spectacles (chanson, opéra, théâtre, danse, tennis et bien sûr courses de taureaux).

L'Antiquité
(jusqu'au Vᵉ siècle
après J.-C.)

Le Moyen Âge
(du Vᵉ au XVᵉ siècle)

Le XVIᵉ
La Renaissance

Le XVIIᵉ

Le XVIIIᵉ
La Révolution

Le XIXᵉ

Le XXᵉ

Le palais des Papes (Avignon).
Au XIVᵉ siècle, les papes quittent Rome
et viennent vivre à Avignon. La ville devient
riche. On construit de magnifiques bâtiments,
aujourd'hui, des lieux de spectacle.

Lisez et commentez le texte

1 Relevez les noms de personnes et de lieux.
Cherchez dans un dictionnaire de qui
(de quoi) il s'agit.
Situez-les sur l'échelle du temps.

Ex. : Jaurès (Jean) : homme politique socialiste (fin XIXᵉ et début XXᵉ).

2 Qui étaient-ils ?
À quelle époque vivaient-ils ?

Molière
Jules César
Marie-Antoinette
Napoléon Iᵉʳ
Jeanne d'Arc
Louis XIV
Robespierre
Marie Curie.

3 C'était à quelle époque ?

a. Le premier petit royaume des Francs (futur royaume
de France).
b. La Gaule et les Gaulois.
c. La monarchie absolue.
d. L'occupation de la Gaule par les Romains.
e. La Révolution et l'exécution du roi.
f. L'arrivée de Napoléon Iᵉʳ au pouvoir.
g. Le dernier roi de France.
h. L'installation définitive de la République.

4 Ces œuvres parlent de quelle époque ?

a. *Les Trois Mousquetaires* (Alexandre Dumas).
b. *Les Aventures d'Astérix* (Goscini et Uderzo).
c. *Germinal* (Émile Zola).
d. *Rigoletto* (opéra de Verdi).

Parlez - imaginez

Vous avez envie de faire vivre un lieu ou un
personnage du passé. Présentez votre projet.

1 parler du passé

Le vieux joueur de football parle de ses souvenirs. Continuez d'après les notes suivantes.

1970. Louis André joue dans l'équipe de France. Il marque des buts à tous les matchs. Ses amis et lui sont riches. Ils font la fête. Ils rencontrent les grandes stars.

> Je me souviens. C'était en 1970. Je ...

2 raconter

Racontez la journée de Patrick à Avignon d'après ses notes de voyage.

> Samedi 25 juillet
> Matin : Café croissants sur la place de l'Horloge. Il y a du soleil. Visite du palais des Papes. Guide jolie et sympathique.
> Midi : Déjeuner sur les bords du Rhône. Belle vue sur Avignon. Poisson excellent.
> Après-midi : Promenade en ville. Spectacles dans les rues. Atmosphère sympathique. Les gens se parlent.
> Soirée : Vu « Le songe d'une nuit d'été » de Shakespeare. Magnifique.

3 parler de la famille

À partir des notes suivantes, faites l'arbre généalogique de Kevin Martin.

Kevin Martin a 20 ans. C'est le fils d'Antoine Martin (45 ans) et de Valérie Duval (43 ans).
Antoine a épousé Valérie l'année de la naissance de Kevin. Deux ans après, ils ont eu une fille : Marion. Nathalie, la belle-sœur de Valérie, et Arnaud, le beau-frère d'Antoine sont tous les deux célibataires.
Les grands-parents de Kevin, Nicole et Michel Martin, ont eu deux enfants.
Luce et Jacques Duval, les parents d'Arnaud, sont décédés dans un accident de voiture.

4 préciser le moment et la durée

Le directeur de l'entreprise Vidéo-concept a invité un partenaire japonais. Voici le programme de son séjour en France.

Programme de M. Tadashi Mori
6 mai : Départ de Tokyo à 12 h, arrivée à Paris à 17 h 30.
7 et 8 mai : Visite de Paris.
9 mai : Trajet Paris-Toulouse (départ 9 h, arrivée 10 h 30). Déjeuner avec l'équipe de Vidéo-concept.
Après-midi : Visite de Toulouse.
10 et 11 mai : Réunion de travail.
11 mai : 18 h, cocktail offert par Vidéo-concept.
12 mai : Visite de Carcassonne.
13 mai : 9 h, départ pour Tokyo, via Paris.

Le 11 mai, pendant le cocktail, un invité pose les questions suivantes à monsieur Mori. Que répond-il ?

• Depuis quand êtes-vous en France ?
• Il y a combien de temps que vous êtes arrivé à Toulouse ?
• Vous êtes resté à Paris pendant combien de jours ?
• Vous restez encore longtemps en France ?
• Jusqu'à quand êtes-vous à Toulouse ?

5 parler des habitudes et des changements

Valérie rencontre son amie Sylvianne. Elle ne l'a pas vue depuis dix ans. Écoutez. Qu'est-ce qui a changé, qu'est-ce qui n'a pas changé dans la vie de Sylvianne ?

1. Elle ne fait plus de piano.

■ Faire un projet de réalisation (exprimer un besoin, préciser les étapes d'une réalisation).

■ Parler du futur.

J'en ai rêvé, Sony l'a fait.

C'est le Hi 8 à viseur couleur.

SONY

■ Parler de l'entreprise.

■ Utiliser le pronom "en".

reportage

Comment on fabrique un journal : *L'Est Républicain*

1 Écoutez le document.
Cochez ou complétez.

a. *L'Est Républicain* est un journal :
❒ national   ❒ régional
b. Il donne des informations sur :
❒ les villes de la région de l'Est
❒ les villages de cette région
❒ la France
❒ le monde
c. *L'Est Républicain* imprime tous les jours :
❒ 500 000 exemplaires
❒ 230 000 exemplaires

d. *L'Est Républicain* emploie :
❒ 300 personnes
❒ 16 personnes
❒ 800 personnes
e. Dans cette entreprise, on trouve les services suivants :
❒ administration   ❒ recherche
❒ personnel   ❒ publicité
❒ commercial   ❒ fabrication
f. Les journalistes choisissent les sujets du prochain journal pendant :
❒ la conférence de presse   ❒ la réunion d'information
❒ la conférence de rédaction ❒ la réunion de préparation
g. La nuit, on fabrique le journal jusqu'à :
❒ 23 heures   ❒ 5 heures du matin

2 Rédigez un commentaire pour chaque photo.

2 Voici des mots importants du vocabulaire de l'entreprise. Complétez.

L'action	L'activité	La personne
acheter	un achat	un acheteur
...	la recherche	...
commercialiser	...	...
...	...	un constructeur
...	la création	...
diriger	...	...
...	la distribution	...
...	...	un fabricant
gérer	...	...
...	la production	...
recruter	...	...
...	...	un vendeur

Parlez - imaginez

1 Utilisez les mots de l'exercice précédent pour présenter les entreprises ci-dessous (ou des entreprises que vous connaissez).

Ex. : CARREFOUR est une entreprise européenne de distribution. Elle achète des produits (alimentation, sport, photo, etc.) et les vend dans ses supermarchés.

2 Imaginez les étapes d'un reportage sur une entreprise que vous connaissez.

QUELQUES ENTREPRISES EUROPÉENNES

CARREFOUR — NESTLÉ — SNCF — CAMPER — TELEFONICA DE ESPAÑA — BOUYGUES — DANONE — PHILIPS — SIEMENS — AIR FRANCE — LA POSTE — IKEA — castorama — france telecom — LAVAZZA Il caffè n°1 in Italia

Exercez-vous

1 Remettez dans l'ordre les étapes de la vie d'un journal.
Ex. : -c- ...

a. On imprime le journal.
b. Les journalistes partent en reportage.
c. Les journalistes lisent les informations des agences de presse.
d. On vend le journal.
e. On met le journal en page. On ajoute les photos.
f. Les journalistes participent à la conférence de rédaction.
g. Les journalistes écrivent leurs articles.
h. On expédie les journaux aux points de vente.

Prononciation et mécanismes

• Exercices 99, 100, 101, 102, page 180-181

UNE JEUNE ENTREPRISE • 1

À la recherche de partenaires

Strasbourg... Antoine Ferrier a un projet d'entreprise multimédia. Il cherche des partenaires. Il présente son projet dans la société où travaillent ses amis Anaïs et Maxime.

La directrice :	Vous avez besoin de quoi ?
Antoine :	D'un écran.
La directrice :	Il y en a un dans la salle de conférence... Et d'un rétroprojecteur ?
Antoine :	J'en ai un.
	...
Anaïs :	Nous avons du thé. Tu en veux un peu ?
Antoine :	Non merci, je n'en bois jamais.
	...
La directrice :	Bien... On écoute M. Ferrier.
Antoine :	Je voudrais vous présenter un projet de site sur Internet... Une banque de documents historiques...
Anaïs *(à voix basse, à Maxime)* :	Des sites comme ça, il y en a !
Antoine :	Je vous donne un exemple. C'est l'anniversaire de votre grand-mère. Vous voulez lui faire un cadeau original. Vous allez créer une vidéo sur l'année de sa naissance ou bien un album sur le mois de son mariage...
Maxime *(à voix basse, à Anaïs)* :	Pas mal, son idée ! Un site comme ça, ça manque.

Découvrez le document

1 Écoutez le document. Après la présentation d'Antoine, dans l'après-midi, Anaïs rencontre une amie. Elle lui parle de l'idée d'Antoine. Imaginez ce qu'elle dit.

« Ce matin, Antoine est venu dans notre société ... »

2 Que pensez-vous du projet d'Antoine ?

3 Étudiez l'utilisation du pronom « en ». Que remplace-t-il ?

Il y **en** a un → Il y a un **écran**.

le pronom « en »

■ Quand le complément du verbe est précédé par un mot de quantité (voir page 82) :
• Vous voulez **du thé** ? — Oui, j'**en** veux.
                          — Non, je n'**en** veux pas.

■ Pour préciser la quantité :
• Vous buvez de l'eau quand vous faites du sport ?
– J'**en** bois beaucoup (un peu, deux verres, etc.).

■ Quand le complément du verbe est précédé par « un/une » :
• Vous avez un ordinateur ? — Oui, j'**en** ai un.
                              — Non, je n'**en** ai pas.

■ À l'impératif :
Il reste du gâteau. Prenez-**en** !
Ce plat n'est pas bon. N'**en** prenez pas !

■ Au passé composé :
Le plat était excellent. Il **en** a repris deux fois.

Antoine : Si, je ... aime bien. Mais aujourd'hui, je suis un peu fatigué. Je n'... ai pas envie.
La directrice : Du Coca alors ? Nous ... avons. Vous ... voulez un verre ?

2 Confirmez comme dans l'exemple.

Ex. : Il faut parler de l'affaire Monte-Cristo.
→ Parlons-en !

Réunion des chefs de service d'un journal.
a. Il ne faut plus écrire d'articles sur Daveau. → ...
b. Il faut recruter des secrétaires. → ...
c. Il faut trouver des annonceurs. → ...
d. Il ne faut plus acheter de papier à la SPER. → ...

Recherchez des idées (en groupes)

1 Observez le dessin humoristique ci-dessous. Que critique le dessinateur ?

2 Faites la liste des objets – des personnes – des entreprises qui vous paraissent inutiles.

Ex. : L'agenda électronique : est-ce qu'on en a besoin ?

Extrait de *Ça v@ faire mal .com*. Pétillon

Exercez-vous

1 Complétez avec un pronom (« en », « le »/« la »/« les », etc.).

Après la présentation d'Antoine, la directrice offre un verre.
La directrice : Vous connaissez bien notre entreprise ?
Antoine : Non, je ne ... connais pas bien.
La directrice : Mais vous connaissez des personnes ici ?
Antoine : J'... connais deux : Anaïs et Maxime.
La directrice : Qu'est-ce que vous buvez ? Un peu de champagne ?
Antoine : Non merci. Je n'... veux pas.
La directrice : Vous n'aimez pas le champagne ?

Prononciation et mécanismes

• Exercices 103, 104, 105, 106, page 181

On nous dit qu'au XXIe siècle
Nous vivrons tous jusqu'à cent ans,
Que les écoles disparaîtront,
Que l'ordinateur sera roi,
Que je pourrai rester chez moi,
à la campagne, pour travailler,
Qu'on retrouvera le plaisir de rouler
à vélo et de prendre le train...
On dit aussi...
Que le niveau des océans montera,
Que la violence se développera
Que nous deviendrons tous pareils
Et parlerons la même langue.

questions pour le XXIe siècle

Les transports

Voyagera-t-on toujours en avion, en voiture, en train, en métro, en tramway, à moto, à vélo ?
Que deviendront les autoroutes, les petites routes de campagne ?

Les villes, les villages et l'environnement

Les villes continueront-elles à se développer ?
Que deviendront les vieux quartiers, les banlieues, les avenues, les cinémas ?
Que deviendra la campagne ?

Le travail

Changera-t-on souvent de travail ?
Changera-t-on beaucoup de lieu de travail ? Pourra-t-on rester à la maison pour travailler ?
Et les congés ?

le futur

travailler	
je travaill**erai**	demain
tu travaill**eras**	après-demain
il/elle travaill**era**	la semaine prochaine
nous travaill**erons**	dans huit jours
vous travaill**erez**	jusqu'à samedi
ils/elles travaill**eront**	

■ Le futur se forme à partir de l'infinitif pour les verbes en **-er** et en **-ir** (de type « finir »). Pour les autres verbes, il faut apprendre la forme « je ».

être	→ **je serai**	avoir	→ **j'aurai**
aller	→ **j'irai**	prendre	→ **je prendrai**
pouvoir	→ **je pourrai**	voir	→ **je verrai**
venir	→ **je viendrai**	faire	→ **je ferai**

■ • Vous irez à Paris demain ?
– Est-ce que vous irez à Paris ?
– Irez-vous à Paris ?
• Non, je n'irai pas à Paris.

Les loisirs

Que verra-t-on au cinéma, au théâtre ?
Mais y aura-t-il encore des cinémas et des théâtres ? Aurons-nous beaucoup de loisirs ? Qu'en ferons-nous ?

La famille et les relations

Y aura-t-il toujours des mariages et des divorces ? Quel sera le rôle des parents, des grands-parents ? Où rencontrera-t-on ses amis ?

Prononciation et mécanismes

• Exercices 107, 108, page 181

Découvrez — Commentez le document

1 Découvrez les formes du futur dans le premier paragraphe du document.

Nous vivrons → vivre → je vivrai, etc.

2 Lisez le tableau ci-dessus.

3 Commentez le document (en groupes).

a. Partagez-vous les cinq sujets de réflexion.

b. Rédigez dix phrases sur l'avenir de votre sujet de réflexion.

c. Présentez vos réflexions à la classe.

Exercez-vous

Ils font des projets. Faites-les parler.

Ex. : La future danseuse : « À 12 ans je quitterai ma famille... »

La future danseuse

> Je... Quitter ma famille à 12 ans. Entrer à l'école de l'opéra. S'entraîner tous les jours. Devenir une danseuse étoile. Être célèbre.

La voyante

> Vous... Recevoir une lettre importante. Rencontrer l'homme de votre vie. Gagner beaucoup d'argent...

Le père en colère

> Tu... Ne pas être un bon élève. Ne pas avoir de diplôme. Ne pas trouver de métier. Ne pas gagner d'argent.

4 présenter
les étapes
d'une réalisation

UNE JEUNE ENTREPRISE • 2

Un rendez-vous difficile

Antoine, Anaïs et Maxime ont fondé leur société. Ils cherchent des partenaires financiers.
À l'accueil d'une grande société multimédia. Il est 12 h 30.

Maxime : Bonjour. Je suis Maxime Cabanne. J'ai rendez-vous avec M. Doucet.

La secrétaire : Désolée. Il faudra l'attendre jusqu'à 13 heures.

Maxime : Il est déjà parti déjeuner ?

La secrétaire : Non, il n'est pas encore arrivé. Il avait un rendez-vous à l'extérieur... Asseyez-vous ! Il ne va pas tarder.

...

M. Doucet arrive, dit quelques mots à sa secrétaire et entre dans son bureau.

Maxime : Excusez-moi. M. Doucet vient d'arriver ?

La secrétaire : C'est exact. Il est en train de téléphoner. Il va vous recevoir.

...

M. Doucet sort de son bureau, dit quelques mots à la secrétaire et va vers la sortie.

Maxime : Mais... M. Doucet vient de partir.

La secrétaire : Il revient tout de suite.

Maxime : Vous en êtes sûre ?

La secrétaire : Oui, ne vous inquiétez pas !

Découvrez le document

1 Faites le script cinématographique de cette suite de scènes. Notez tout ce que les personnages font.

Maxime	M. Doucet
1 Maxime arrive.	M. Doucet est absent.
2 Il se présente à la secrétaire.	Il a un rendez-vous à l'extérieur.
3 ...	...

2 M. Doucet reçoit enfin Maxime. Imaginez le début de la scène.

Exercez-vous

Répondez en utilisant « ne ... pas encore » ou « déjà » avec le verbe entre parenthèses.

Dans l'entreprise Doucet Multimédia.

Louis : Je vais déjeuner. Tu viens avec moi ?
Julia : Non, ... *(manger)*.
Une collègue : Tu vas regarder *Titanic* ce soir à la télé ?
Julia : Non, ... *(voir)*.
Le directeur : Je voudrais voir votre projet de cédérom sur le musée Picasso.
Julia : Désolée, ... *(finir)*.
Le directeur : Vous avez étudié le dossier Duval ?
Julia : Non, ... *(ouvrir)*.

Parlez

Imaginez ce qui se passe. Que sont-ils en train de faire ? Qu'est-ce qu'ils viennent de faire ? Qu'est-ce qu'ils vont faire ?

« Ils sont en train de photographier un chien. Ce chien vient de ... »

les étapes de l'action

■ Pour lier les phrases : **D'abord... Ensuite... Puis... Alors... Tout à coup... Enfin...**

■ Les moments de l'action :

Il **n'**est pas **encore** parti.

Il **va** partir.
(futur proche : *aller* + infinitif)

Il part.

Il **vient de** partir.
(passé récent : *venir de* + infinitif)

Il est **en train de** courir.

Vous arrivez trop tard. Il est **déjà** parti.
Il est **presque** arrivé.

Jouez les scènes

a. L'attente des parents.
Aujourd'hui leur fille passait un examen. Il est 20 heures. Elle n'est pas rentrée. Elle n'a pas appelé. Que se passe-t-il ? Le père s'inquiète. La mère le rassure.

Elle vient de ... Elle est en train de ...

Qu'est-ce qu'elle fait ?

b. Explications pour un retard.
L'entreprise Merlette fabrique des skis. Le nouveau modèle de monoski doit sortir l'hiver prochain. Mais le projet a du retard. La directrice appelle le chef de projet. Il donne des explications.

Pourquoi ce retard ? Où en êtes-vous ?

Création... Essais... Stock de fibre de verre ...

Prononciation et mécanismes

• Exercices 109, 110, page 181

Qu'est-ce qu'il dit ?

Dans les bureaux de la jeune entreprise : la SPLM.

Anaïs : Ça y est ! On a reçu la lettre de Doucet.

Antoine : Qu'est-ce qu'il dit ?

Anaïs : Il dit que notre projet l'intéresse...

Maxime : Ça, ils le disent tous !

Anaïs : Attendez... Il nous propose 150 000 €...

Antoine : Ouais ! Génial ! C'est gagné !

Anaïs : Mais il nous demande de recruter une personne de sa société.

Maxime : Son agent de renseignement !

Anaïs : ... Et il nous demande si on peut signer le contrat le 1er avril.

Antoine : Le 1er avril ! C'est une blague ou quoi ?

DOUCET MULTIMÉDIA

Paris, le 15 mars 2002

M. Maxime Cabanne
SPLM
25, rue de Londres
67000 STRASBOURG

Cher Monsieur,

Votre projet intéresse beaucoup notre société. Nous acceptons votre offre de collaboration aux conditions suivantes.
Nous apporterons 150 000 € de capital et des locaux de 300 m². Notre société recevra 40 % des bénéfices et vous recruterez un de ses membres.
Nous souhaitons signer le contrat rapidement. La date du 1er avril vous convient-elle ?

Recevez, cher monsieur, mes salutations distinguées.

Découvrez les documents

1 Lisez la lettre de Doucet Multimédia. Dites si les phrases suivantes sont vraies ou fausses.

a. Maxime et ses amis ont créé une société : la SPLM.
b. M. Doucet est d'accord pour travailler avec la SPLM.
c. Doucet Multimédia va financer la SPLM.
d. Un employé de la SPLM ira travailler chez Doucet Multimédia.

e. Les deux entreprises se partageront leurs bénéfices.
f. Maxime et ses amis pourront utiliser des bureaux prêtés par Doucet Multimédia.

2 Écoutez la scène. Notez comment Anaïs rapporte les phrases de la lettre.

Votre projet intéresse ... → Il dit que notre projet ...

3 Imaginez l'avenir de la SPLM.

---

rapporter des paroles *(voir p. 192)*

C'est Maxime, il dit que ...

Maxime est malade.
Il téléphone au bureau.
Anaïs prend la communication.
Elle rapporte à Antoine
les paroles de Maxime.

Maxime dit	Anaïs rapporte les paroles de Maxime
Je suis malade	Il dit qu'il est malade
Allez à mon rendez-vous de 10 heures !	Il nous demande d'aller à son rendez-vous de 10 heures.
Ne soyez pas en retard !	Il nous dit (demande) de ne pas être en retard.
Est-ce qu'on a reçu un appel de Doucet ?	Il nous demande si on a reçu un appel de Doucet.
Qui a appelé ?	Il nous demande qui a appelé.
Que fait Antoine cet après-midi ?	Il te demande ce que tu fais cet après-midi.

Exercez-vous

1 Une employée de la société Doucet Multimédia parle à un collègue. Retrouvez le dialogue entre M. Doucet et cette employée.

« ... Alors, Doucet me demande si je suis libre ce soir. Je lui dis que oui. Il me dit qu'il est pris ce soir par une réunion et que le directeur de Performance 2000 arrive à 19 heures. Il me demande d'aller le chercher à l'aéroport et de l'inviter au restaurant. Et il demande si tu peux venir avec nous. »

2 Anaïs rapporte à Maxime ce que leur amie Bénédicte dit au téléphone.

Ex. : « C'est Bénédicte. Elle nous demande... »

« Allô, Anaïs ?...
Qu'est-ce que vous faites samedi soir ?
Je fais une petite fête.
Est-ce que vous voulez venir ?
Apportez vos disques de rock et de tango !
Non, n'apportez pas de gâteau ! »

Vérifiez votre compréhension

Céline et Maxence veulent créer une librairie spécialisée dans les livres anciens. Ils ont le projet de s'associer.

a. Écoutez leur conversation. Notez ce que chacun va apporter à l'entreprise.

- capital
- stock
- personnel
- locaux
- matériel
- travail

b. Complétez le contrat d'association.

> ### CONTRAT D'ASSOCIATION
>
> *Entre Céline Durrieux et Maxence Croze*
> - *Céline Durrieux s'engage à ...*
> - *Maxence Croze s'engage à ...*

Seul(e) ou en petits groupes
vous imaginerez un nouveau
produit ou un nouveau service.
Vous présenterez ce projet
en quelques lignes.

des idées en or

De l'eau changée en or

Il y a à Vergèze, petit village du sud de la France,
une source d'eau minérale gazeuse. Depuis toujours,
les habitants de la région apprécient cette eau parce
qu'elle a des vertus curatives.
En 1898, un médecin, Louis-Eugène Perrier achète
la source.
Il a l'idée de mettre l'eau en bouteille et de la vendre.
Mais pour réaliser ce projet il manque d'argent.
En 1903, un Anglais, Saint John Harmsworth rachète
la source et commence la commercialisation.
Il donne à l'eau le nom du docteur Perrier. Il invente
une bouteille originale d'après la forme de ses
massues indiennes de gymnastique…
Une marque est née. Bientôt on boira du « Perrier »
dans le monde entier.

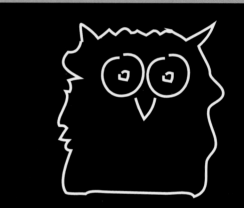

De l'or changé en liquide

En 1993, Max Valentin annonce qu'il a
caché quelque part en France une
chouette en or. L'oiseau vaut
150 000 €.
Pour essayer de la trouver, il faut
acheter le livre de Max Valentin
"Sur les traces de la chouette d'or".
Un an après, 50 000 personnes ont
acheté le livre. Personne n'a trouvé
la chouette.
Max Valentin ouvre alors un site
internet… Des milliers de personnes
le consultent mais l'oiseau d'or reste
introuvable.

Découvrez le document

1 Trouvez le sens des mots nouveaux d'après les explications suivantes :

• *Premier texte* : commencement d'une rivière - qualité - capable de guérir - passer du projet à sa réalisation - arme (utilisée par Harmsworth pour faire sa gymnastique).

• *Deuxième texte* : mettre dans un lieu secret - oiseau de nuit - coûter.

2 Pour chaque histoire, indiquez :
• le lieu
• l'époque
• l'auteur de l'idée
• l'idée
• l'amélioration de l'idée

3 Connaissez-vous des personnes qui ont eu des idées d'entreprises originales ?
Est-ce qu'ils ont réussi ?
Est-ce qu'ils ont échoué ?

Trouvez une idée

1 Lisez les conseils ci-dessous. Exercez-vous à trouver des idées nouvelles.

a. Partez des besoins et des manques :

Dans le train ou dans l'avion ...
Au bureau de poste ...
Pour manger ... pour dormir ... etc.

b. Partez d'un objet :

des lunettes - un stylo - des skis - etc.

2 Choisissez votre idée de projet.

quelques idées pour trouver des idées

■ **Partir des besoins :**
Ex. : De quoi avons-nous besoin dans un cinéma ?
(Qu'est-ce qu'il nous manque ?)
→ pouvoir régler le son
→ pouvoir commander un café
→ etc.

■ **Partir d'un objet (par exemple, un vélo) :**
1. Enlever quelque chose, par exemple une roue à un vélo. On crée un nouveau sport : le vélo mono-cycle.
2. Ajouter quelque chose comme dans les inventions ci-contre. Voir l'invention de Daniel Schneider : le vélo-guide.
3. Trouver une autre utilisation, par exemple, faire du vélo sur une patinoire.

Présentez votre projet

Utilisez le vocabulaire du tableau.

« J'ai observé (étudié) ...
Je pense qu'il manque ... On a besoin de ...
Nous pouvons créer (fabriquer, construire, ...)
Avec ce ... on pourra ... on fera ... etc. »

entreprendre - réaliser un projet

■ **Découvrir les besoins, les manques :**
manquer : Il manque un bon livre sur ...
avoir besoin de : J'ai besoin d'un dictionnaire.
Qu'est-ce qu'il vous manque ? De quoi avez-vous besoin ?
■ **Imaginer :**
avoir une idée - penser à ... - faire un projet.
■ **Faire :**
créer - fabriquer - construire - réaliser.
■ **Réussir :**
Elle a réussi à son examen - Une réussite - Elle a réussi à se préparer en dix minutes - Il n'a pas réussi à faire des crêpes.

33	construire
	je construis
	nous construisons

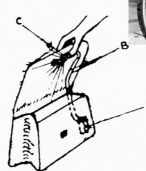

À Strasbourg, on peut louer le vélo-guide de Daniel Schneider. Le vélo parle, vous guide et vous raconte tout sur les sites de la ville.

Projet de sac à main avec éclairage (pour trouver ses clés la nuit).

(*Livre mondial des inventions*, Édit. Compagnie 12, 2000.)

1 parler du futur

Mettez les verbes à la forme qui convient.

Antoine consulte une voyante.

Antoine : Est-ce qu'un jour Anaïs m'*(aimer)* ?
La voyante : Oui, et vous *(se marier)*.
Antoine : Est-ce que nous *(avoir)* des enfants ?
La voyante : Oui, et ils *(être)* beaux et intelligents.
Antoine : Est-ce que je *(réussir)* dans mon travail ?
La voyante : Oui, et vous *(devenir)* riche.

2 utiliser le pronom « en »

Complétez avec « en » ou un autre pronom.

Anaïs prend le thé chez une amie.

L'amie : Tu connais les « oreillettes » ?
Anaïs : Non, qu'est-ce que c'est ?
L'amie : Des pâtisseries très minces. Tu veux ... goûter ?
Anaïs : Juste une alors.
L'amie : Tiens ! Prends-... ! Comment tu trouves ça ?
Anaïs : C'est très parfumé. Il y a de la fleur d'oranger dedans ?
L'amie : Oui, il y ... a.
Anaïs : Elles sont délicieuses. Qui ... a faites ?
L'amie : Ma mère. Elle ... fait pour toutes les fêtes.

3 rapporter les paroles de quelqu'un

Anaïs et Antoine vont chez des amis.
Ces amis appellent. Antoine rapporte ce qu'ils disent à Anaïs.

« Ils demandent ... »

- À quelle heure pensez-vous arriver ?
- Est-ce que vous avez déjeuné ?
- On vous attend pour déjeuner ?
- Faites attention : la route est dangereuse !
- Ne traversez pas Montigny. Passez par Rochefort.

4 préciser le moment d'une action

Rémi fait un stage au quotidien *L'Est républicain*. Voici le programme de son stage.

> 10 octobre – 9 h : Début du stage.
> Journée au service administratif.
> 11 octobre – 10 h-11 h : Entretien avec le directeur.
> Après-midi : Service financier.
> 12 octobre – Service publicité.
> 13 octobre – Salle de rédaction.
> 14 octobre – Rédaction premier article.

Le soir du 11 octobre, un ami interroge Rémi. Répondez pour lui en utilisant « venir de », « être en train de », « aller + verbe », « déjà », « pas encore » (il y a plusieurs réponses possibles).

a. Quand est-ce que tu fais ton stage au journal *L'Est républicain* ?
b. Tu rencontres bientôt le directeur ?
c. Est-ce que tu as vu le service financier ?
d. Tu as fait ton premier article ?
e. Tu as travaillé au service publicité ?

5 parler d'une entreprise

Écoutez. Elle présente son entreprise.
Complétez les rubriques.

Type d'entreprise : ...
Lieu : ...
Spécialité : ...
Marchés : ...
Bilan : ...
Projets : ...

·····➔ prendre
des décisions

■ Faire
des comparaisons.

■ Parler du temps et des lieux.

■ Faire des suppositions.

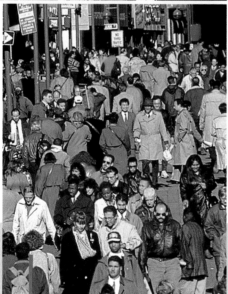

■ Parler des ressemblances
et des différences.

*« Si tu t'imagines
Si tu t'imagines
Fillette, fillette
Si tu t'imagines
Xa va, xa va, xa
Va durer Toujours
La saison des za
La saison des za
Saison des amours »
Raymond Queneau
l'instant fatal, 1948*

1 comparer
des qualités

LA DÉCISION • 1
Que choisir ?

À Bordeaux, chez un vendeur de voitures Renault.

Camille : Alors ?

Romain : La Scénic est mieux. Elle est plus spacieuse que la Mégane.

Camille : Mais moins que l'Espace.

Romain : Oublie l'Espace, il est plus long que notre garage.

Camille : Alors, je choisis la Mégane. Elle a de meilleures performances.

Romain : Elle fait « bourge » !

Camille : Qu'est-ce que ça veut dire ?

Romain : Bourge ? …bourgeoise.

Camille : Je vois que tu parles aussi mal français que ton fils, toi !

Romain : Aujourd'hui, on est bourgeois ou on est bohème.

Camille : Et tu trouves que la Scénic fait bohème ?

Découvrez le document

1. Vérifiez dans le tableau
ce que disent Camille et Romain.

« La Scénic est plus spacieuse que la Mégane : elle est beaucoup plus haute, … »

2. Notez les formes utilisées pour comparer.

3. Trouvez d'autres comparaisons possibles et continuez le dialogue.

	Dimensions (longueur × largeur × hauteur)	Volume du coffre	Puissance du moteur	Vitesse maximum
La Mégane	4,16 × 1,69 × 1,42	510 dm³	1 390 cm³	185 km/h
La (le) Scénic	4,13 × 1,71 × 1,61	1 800 dm³	1 390 cm³	173 km/h
L'Espace	4,51 × 1,81 × 1,70	2 850 dm³	1 998 cm³	185 km/h

pour comparer des qualités

(voir p. 190)

Antoine est **plus** grand **que** Béatrice.
Cédric est **moins** grand **qu'**Antoine.
Il est **aussi** grand **que** Béatrice.

Béatrice et Cédric sont grands pour leur âge.
Mais Antoine est **plus** grand.

La voiture rouge va **plus** vite **que** la bleue.
La jaune va **moins** vite **que** la rouge.
Elle va **aussi** vite **que** la bleue.
La bleue va à 200 km/h. La jaune va **aussi** vite.

■ bon → **meilleur** / aussi bon / moins bon
Béatrice est **meilleure** élève **qu'**Antoine.
→ Mais en anglais Antoine est meilleur.

■ bien → **mieux** / aussi bien / moins bien
La voiture rouge freine **mieux que** la jaune.
→ Mais elle roule moins bien.

Exercez-vous

1. Comparez d'après les indications.
Ex. : Marie est plus petite que Pierre.

a. Marie : 1,75 m – Pierre 1,80 m.
b. Robe Dior : 400 € – Robe Chanel : 400 €.
c. Ordinateur de Thomas : 5 kg – Ordinateur d'Hugo : 4 kg.
d. Paris-Rouen : 125 km – Paris-Lyon : 460 km.
e. Vol Paris-Rome : 2 h 05 – Vol Paris-Varsovie : 2 h 15.

2. Comparez en utilisant les adjectifs entre parenthèses.

• Les voyages en train et les voyages en avion (cher - confortable - rapide).

• Rome et Madrid (grand - intéressant - cher).

• Les personnages des histoires de votre livre livre de français } (beau - sympathique - intelligent - gentil - etc.)

Parlez-comparez

Discutez vos préférences.

« Je préfère les restaurants chinois. C'est plus ... La cuisine est moins ... »

Êtes-vous *BOURGEOIS(E)* ou *BOHÈME* ?

Comme...	Vous préférez...	Ou...
restaurant	les restaurants français	les restaurants chinois
plat	la langouste à l'américaine	le lapin à la moutarde
voyage	les voyages organisés	la découverte individuelle
logement de vacances	la location d'un appartement	le camping
petit déjeuner	le café au lait	le café expresso
peinture	l'impressionnisme	l'art abstrait
type de famille	maman, papa et les enfants	maman et l'ami de maman en semaine ; papa et l'amie de papa le week-end
danse	le rock	la techno
distractions après le travail	les musées, les magasins, le cinéma	les cours de danse africaine ou de guitare flamenco

• Si vous choisissez la première colonne vous êtes plutôt bourgeois. Si vous choisissez la seconde vous êtes plutôt bohème.

Prononciation et mécanismes

• Exercices 111, 112, page 181

LA DÉCISION • 2
Partir ou rester ?

Au petit déjeuner.

Romain : Camille, nous sommes le 13. Il ne reste que deux jours.

Camille : Et on ne te propose pas d'autres postes ?

Romain : Non, seulement Mexico... Et j'ai de la chance, tu sais.

Camille : J'hésite... D'un côté, tu gagneras plus, j'aurai plus de loisirs, et d'un autre côté on aura moins d'amis.

Romain : Ne crois pas ça. Les Mexicains sont très accueillants. Tu auras autant d'amis qu'ici et même plus.

Camille : Oui, mais...

Romain : Quoi ? Qu'est-ce qui t'inquiète ?

MERCREDI 13 *Ste Denise*	JEUDI 14 *St Honoré*	VENDREDI 15 *St Pascal*
		Envoyer réponse poste Mexico

Découvrez le document

1. Imaginez ce qui s'est passé depuis la scène de la page 132.

2. Quelle décision Camille et Romain doivent-ils prendre ? Notez les arguments pour ou contre cette décision.

Arguments pour le départ	Arguments contre
Meilleur salaire	

3. Notez les formes comparatives.

Exercez-vous

1. Continuez en utilisant le verbe entre parenthèses et les expressions du tableau « ne... que ».
Ex. : a. Il n'a gardé que les romans policiers.

a. Pierre a vendu presque toute sa bibliothèque ... *(garder)*.

b. Marie déteste la viande ... *(manger)*.

c. Alexandre a peur de prendre l'avion ... *(voyager)*.

d. Juliette n'aime pas beaucoup le cinéma ... *(aller voir)*.

e. François n'a pas beaucoup d'amis ... *(voir - sortir avec)*.

Les Italiens font un café délicieux mais ils en boivent moins que les habitants du nord de l'Europe.

2. Observez ces tableaux. Faites des remarques en utilisant les expressions de comparaison de quantités.

CONSOMMATION PAR AN ET PAR HABITANT			
Pain (en kg)		**Pâtes** (en kg)	
Pologne	100	Italie	27
Espagne	73	Venezuela	12
France	58	Grèce	8
Grande-Bretagne	48	France	7
Café (en kg)		**Eau minérale** (en litres)	
Finlande	10	Italie	155
Pays-Bas	10	Allemagne	97
Allemagne	7	France	89
France	6	Japon	6

3. Donnez une explication en utilisant le verbe entre parenthèses.
Ex. : a. parce qu'il s'entraîne plus.

a. Pierre et Antoine ont fait une marche de 20 km.
À l'arrivée Pierre n'était pas fatigué ... *(s'entraîner - faire du sport)*.
b. Antoine gagne souvent au Loto. Pierre ne gagne jamais ...
(avoir de la chance - jouer souvent).
c. Patricia n'a rien gagné au concours de musique.
Renata a gagné le premier prix ... *(chanter - connaître la musique)*.
d. Alice est très à l'aise quand elle doit parler anglais.
Ce n'est pas le cas de Myriam ... *(pratiquer - être timide)*.

ne... que... - seulement

pour comparer des quantités et des actions

(voir p. 190)

Population	
Paris : 10 000 000	Lille : 1 000 000
Marseille : 1 400 000	Lyon : 1 400 000

• Il y a **plus** d'habitants à Marseille **qu'**à Lille.
Il y a **moins** d'habitants à Lille **qu'**à Lyon.
Il y a **autant** d'habitants à Marseille **qu'**à Lyon.

Nombre d'heures de travail par semaine	
Pierre : 35 h	Marie : 35 h
Cédric : 22 h	Juliette : 18 h

• Pierre et Marie travaillent **plus que** Cédric.
Juliette travaille **moins que** Cédric.
Marie travaille **autant que** Pierre.
■ **Pour préciser :**
Il travaille **beaucoup** ⎫
⎬ **plus/moins que...**
　　　　　　bien ⎭
Elle travaille **presque plus/moins/autant que...**

Prononciation et mécanismes

• Exercices 113, 114, page 181

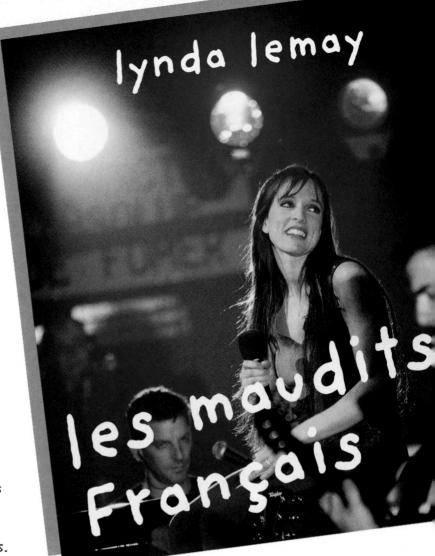

lynda lemay

les maudits Français

Découvrez le document

Lisez la chanson de Lynda Lemay.
Pour chaque phrase :

a. retrouvez l'orthographe normale
et la construction correcte.

*Ex. : ligne 5 → **Ils** (les Français) ont des menus
qu'on **ne** comprend pas.*

b. expliquez les comportements
français qui étonnent les Québécois.

*Ex. : Ils parlent avec des mots précis. → des mots
rares pour les Québécois.*

ressemblances et différences *(voir p. 190)*

■ Ces deux acteurs **se ressemblent.**
Michel **ressemble** à Paul.
Ils sont habillés **pareil.**
Ils marchent **de la même façon.**
Ils parlent **de la même manière.**

Regarde !
On dirait que
c'est Paul.

Mais non,
c'est Michel !

■ Charlotte, Amélie et Juliette sont trois sœurs
très différentes :
Charlotte est **la plus** grande.
Amélie est **la moins** élégante mais, en sport,
c'est **la meilleure.**
Juliette est **la meilleure** musicienne des trois.

Cherchez-Écrivez

1. Lisez les informations ci-contre. Comparez
avec votre pays.

2. Connaissez-vous d'autres caractéristiques
typiques de la France et des Français ?

3. Préparez (en petits groupes) et rédigez
au choix :
– une suite à la chanson de Lynda Lemay,
– le texte d'une chanson sur les
comportements typiques de votre pays
(ou d'un pays que vous connaissez).

Lynda Lemay est une chanteuse québécoise.
Au Québec (province du Canada) on parle
français avec une prononciation et
des expressions différentes du français de Paris.
Ici, Lynda Lemay chante avec humour
les comportements des Français.

Ils parlent avec des mots précis
Puis y prononcent toutes leurs syllabes
À tout bout d'champ¹, y s'donnent des bis
Y passent leurs grand'journées² à table

Y ont des menus qu'on comprend pas
Y boivent du vin comme si c'tait d'l'eau
Y mangent du pain pis du foie gras
En trouvant l'moyen d'pas être gros
[...]
Ils ont des tasses minuscules
Et des immenses cendriers
Y font du vrai café d'adulte
Ils avalent ça en deux gorgées

On trouve leurs gros bergers allemands
Et leurs petits caniches chéris
Sur les planchers des restaurants
Des épiceries des pharmacies

Y disent qu'y dînent quand y soupent
Et y est deux heures quand y déjeunent
[...]

Lynda Lemay (Paroles et musique)

1. Tout le temps. 2. beaucoup de temps.

LA FRANCE DES RECORDS

• Animaux
Comparés aux autres pays de
l'Union européenne, les Français
ont le plus grand nombre
d'animaux familiers (chiens et
chats) : 16 millions (pour
14 millions en Grande-Bretagne
et 12 millions en Italie).

• Communes
Il y a 36 560 communes en
France. C'est plus que dans les
autres pays d'Europe
(14 700 en Allemagne, 8 000 en
Italie et en Espagne, 520 en
Grande-Bretagne).

• Fonctionnaires
Il y a 6 millions de fonctionnaires
en France.
Les militaires, les policiers,
les professeurs, les personnels
des hôpitaux, des mairies,
des administrations sont
fonctionnaires.
Il y en a moins dans les
autres pays d'Europe.

• Médicaments
Les Français ont les médicaments
les moins bien remboursés
d'Europe. La Sécurité sociale
les rembourse à 70 %. Les autres
pays font beaucoup mieux
(93,7 % en Grande-Bretagne).

• Travail des femmes
48 % des Françaises ont une activité
professionnelle. C'est plus que
dans beaucoup d'autres pays.

Prononciation et mécanismes

• Exercices 115, 116, page 181

LA DÉCISION • 3

Que faire de la plante verte ?

Camille et Romain préparent leur départ.

Camille : Je peux te déranger ?

Romain : Et si je dis non ?

Camille : Je serai de mauvaise humeur.

Romain : Alors qu'est-ce que je dois faire ?

Camille : M'aider à transporter le ficus.

Romain : Il ne reste pas ici ?

Camille : Tu es fou ! Si on le laisse ici, il va mourir !

Romain : Alors qu'est-ce qu'on en fait ? On l'emporte au Mexique ?

Camille : Ne fais pas l'idiot ! Je l'apporte chez Marie-Sophie.

Romain : Mais si elle met ce ficus dans son studio elle ne pourra plus bouger.

Camille : Elle le sait.

Romain : Bien. Et on le transporte comment ?

Camille : Ben... dans la voiture.

Romain : Impossible. Jamais il ne rentrera dans la Mégane. Alors qu'avec une Scénic...

Camille : Ah non ! On ne va pas recommencer !

Faites la mise en scène du dialogue

(par deux)

1. Lisez le dialogue et vérifiez votre compréhension des mots nouveaux.

– *déranger :* Pierre dort. Quelqu'un vient le voir. Ça le dérange.

– *la mauvaise humeur :* Gérard a mauvais caractère. Il est souvent de mauvaise humeur.

– *aider :* Camille ne peut pas transporter seule le ficus. Romain doit l'aider.

– *fou :* On est fou quand on n'est pas raisonnable.

– *mourir :* Passer de la vie à la mort.

– *bouger :* Aller, venir, etc.

– *recommencer :* Refaire.

2. Imaginez une mise en scène de ce dialogue :

a. le lieu ;

b. les mouvements et les gestes des personnages ;

c. la façon de parler.

Ex. : « Romain est dans sa chambre. Il se repose... Camille frappe à la porte... »
ou
« Romain est dans le jardin. Il lit le journal... »

3. Jouez la scène.

4. Écoutez l'enregistrement.

Exercez-vous

1. Complétez avec « amener - emmener - aller chercher - accompagner ».

La journée d'une directrice de musée.
Demain, à 8 h 30, Agnès ... ses enfants à l'école.
À 10 heures, elle ... un conférencier à l'aéroport et elle ... à son hôtel.
À 14 heures, elle ... déjeuner le conférencier avec quelques artistes de la ville.
À 17 heures, elle ... ses enfants à l'école et les ... chez leur père. Puis elle retournera au musée.

2. Continuez en utilisant « apporter - emporter - transporter ».
Ex. : a : Tu peux les apporter.

a. Je fais une petite fête samedi. On va danser. Je sais que tu as des disques de techno ...

b. Je n'ai plus besoin de ces dictionnaires. S'ils t'intéressent ...

c. J'ai invité vingt personnes. La table du salon n'est pas assez grande. Il y en a une autre dans la bibliothèque ...

d. On est invités chez les Lacombe. Il faut leur offrir quelque chose ...

3. Ils négocient et font des suppositions. Imaginez leur dialogue.
a. Le metteur en scène veut engager une actrice célèbre :

b. Elle veut acheter un piano. Il veut avoir un chien :

amener... apporter...

■ **Aller... avec quelqu'un**

Je vais à Paris.

Non, je ne peux pas. Papa va t'**accompagner** à l'école. Mais dimanche je t'**amènerai** au cirque.

Tu m'**emmènes** ?

Remarque :
amener : conduire quelqu'un vers un lieu.
emmener : aller quelque part avec quelqu'un.
Mais l'usage confond les deux mots.

■ **Aller... avec quelque chose**

Tu **emportes** tous ces livres au Mexique ? Tu ne vas pas **transporter** toute ta bibliothèque ?

Tu peux m'**apporter** une valise ?

Je ne peux pas **porter** cette valise. Elle est trop lourde.

faire une supposition

La mère :
Si tu travailles bien, tu réussiras à ton examen.

La fille :
Si je réussis à l'examen, je devrai travailler.

Vérifiez votre compréhension

Écoutez ces trois scènes et complétez le tableau.

	1
Où se passe la scène ?	
Quelle aide demande-t-on ?	
Quelle est la réponse ?	
Pourquoi ?	

Prononciation et mécanismes

• Exercices 117, 118, page 181

lettre de voyage

Vous faites un voyage et vous découvrez un pays (ou une région) où vous avez envie de vivre. Vous écrivez **une lettre** à un(e) ami(e) pour lui parler de ce pays ou de cette région. De retour chez vous, **vous discutez** avec votre ami(e) pour le (la) convaincre d'aller vivre dans ce pays (cette région).

le marais poitevin

la Bretagne

PRÉVISIONS
POUR LA JOURNÉE DU 4 JANVIER

- Températures en baisse sur l'ensemble du pays.
- Beau temps froid mais ensoleillé sur la moitié nord.
- Températures plus douces sur la région de Nice.
- Sur le reste du pays, temps nuageux avec pluies dans l'après-midi et neige à partir de 1 200 mètres.
- Paris : 1° • Nantes : 4 ° • Strasbourg : 0°
- Clermont-Ferrand : – 4 ° • Toulouse : 4°
- Nice : 8°.

PRÉVISIONS
POUR LA JOURNÉE DU 3 OCTOBRE

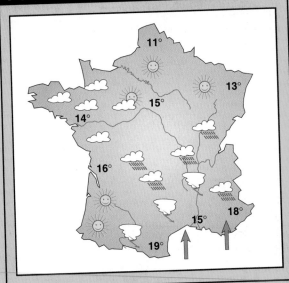

Parlez du climat

1. Apprenez à parler du climat. D'après la carte du temps ci-contre et le tableau de la page 141, dites le temps qu'il fait le 3 octobre.

2. Faites la carte du temps du 4 janvier.

3. Écoutez les bulletins météo :
– du 15 août,
– du 1ᵉʳ avril.

Comparez le climat de la France et le climat de votre pays.

Montpellier,
le 20 février

Cher Stéphane,
Les gens d'ici ont vraiment de la
chance. Nous sommes le 20 février
et je t'écris assise à la terrasse
d'un café sur la place de la
Comédie. Il fait un temps
magnifique! Depuis trois jours
nous avons du soleil et il fait
aussi chaud qu'au mois de
mai à Paris...

les Causses

Parlez des paysages

Apprenez à parler des paysages. Utilisez le vocabulaire du tableau pour décrire les photos de cette double page.

Rédigez votre lettre

Parlez :
– du temps
– des lieux (villes - paysages)
– des gens et de l'ambiance

Jouez la scène (à deux)

Vous proposez à votre ami(e) d'aller vivre dans le pays (la région) où vous avez voyagé.
Discutez des avantages et des inconvénients de votre choix (voir dialogue, page 134) :

le climat	les enfants
le travail	les loisirs
les amis	la maison
etc.	

climat et paysages

■ **Quel temps fait-il ?** Quel temps fera-t-il demain ?
la météo - les prévisions météorologiques - prévoir le temps

■ **La température**

30°	Il fait chaud	→ J'ai chaud.
20°	Il fait bon	
5°	Il fait froid	
0°	Il gèle	
– 10°	Il fait moins dix degrés	→ J'ai froid.

■ **Le beau temps**
Il fait beau. Il fait soleil. Il y a du soleil.

■ **Le mauvais temps**
la pluie - le vent - la neige

Le ciel est nuageux.
Il va pleuvoir.

Il pleut.
Hier, il a plu.

Il fait un orage.

Il neige.
Hier, il est tombé de la neige.

Il fait du vent.

■ **Les paysages**
→ une montagne - une colline - un sommet
- une plaine - une vallée
→ une rivière - un fleuve - un lac - une cascade
→ la mer - l'océan - une plage
→ une forêt - des arbres - des fleurs

les Alpes

le palmarès des émissions

ENVOYÉ SPÉCIAL → → FR2

L'amour fou, les cyber-bébés, Tintin, la femme marocaine... Le magazine d'information et de reportages de Paul Nahon et Bernard Benyamin présente toujours des sujets très variés. Particularité de l'émission : après chaque reportage, son auteur vient répondre aux questions du présentateur.

LE BIGDIL → → TF1

Catégorie jeux, c'est l'émission la plus regardée. Pour gagner le cadeau surprise, les joueurs doivent réussir des épreuves toujours très amusantes et inattendues. Les enfants comme les parents sont attirés par la fantaisie de cette émission animée par l'humoriste Vincent Lagaf.

VIE PRIVÉE - VIE PUBLIQUE → FR3

La journaliste animatrice de cette émission est une spécialiste de l'interview intimiste (talk-show) et ses invités ont toujours vécu une expérience extraordinaire (enfants de célébrités, anciens prisonniers, etc.).

USHUAIA → TF1

Pour ce magazine de découverte du monde comme pour *Faut pas rêver* sur FR3, il y a encore des terres à explorer, des traditions à découvrir et des hommes et des femmes différents. C'est rassurant.

JULIE LESCAUT → → TF1

Dans ce téléfilm policier, le commissaire est une jeune femme. Dans sa vie personnelle comme dans son métier, elle rencontre les problèmes de la société française. C'est la recette du succès.

CAPITAL → → M6

Capital ouvre au grand public les portes des entreprises et du monde de l'argent. Comment ce chef d'entreprise a-t-il fait pour réussir ? Quels sont les métiers d'avenir ? Comment vivent les milliardaires ? Des reportages souvent étonnants et passionnants.

Commentez le palmarès des émissions

1. Lisez puis écoutez les commentaires et les opinions sur les émissions de télévision. Complétez le tableau. 🎦

Titre de l'émission	
Type ou genre	
Public	
Qualités de l'émission	
Défauts	

2. Y a-t-il des émissions semblables dans votre pays ? Comparez.

3. Dans les programmes de votre pays, choisissez la meilleure émission de chaque type (voir les types d'émissions dans le tableau de vocabulaire).

la télévision et la radio

■ **un téléviseur**
– un poste de radio, de télévision
– un écran
– une télécommande
– changer de chaîne
– zapper
■ **une chaîne de télévision**
– une station de radio
– capter une chaîne
– une antenne
– un satellite
– le câble

■ **le programme des émissions**
– le programme de la soirée
■ **les types d'émissions**
– les fictions (un film, un téléfilm, une série)
– les jeux
– les variétés (chansons, humour, etc.)
– les magazines (d'information, de débat, de sports)
– les reportages
– les documentaires
– les interviews
– le journal télévisé

Adaptez à vos goûts le programme de TV5

■ Un responsable de la chaîne internationale TV5 vous demande d'adapter les programmes aux goûts de votre pays.
Modifiez le programme ci-contre.

TV5 diffuse dans le monde entier des émissions des télévisions francophones.

TV5 ● 32 ● 65

13.05 Les grands entretiens **14.00** Journal TV5 **14.15** L'Île mystérieuse ★★ Film. Aventure. **16.00** Journal TV5 **16.15** Journal de l'éco **16.20** TV5, l'invité **16.30** Méditerranée **17.00** TV5 Infos **17.05** Pyramide **17.30** Questions pour un champion **18.00** Journal TV5 **18.15** Jeanne ★ Film TV. **20.00** Journal (TSR) **20.30** Journal (France 2) **21.00** TV5 Infos

21.05 MAGAZINE
97742871
Le point
Présentation :
Jean-François Lepine.
Au sommaire de ce numéro : « La mixité dans les écoles ». Et si les classes mixtes étaient une partie du problème d'apprentissage des jeunes d'aujourd'hui ? - « Remettre à plus tard ». « Le lynx du Colorado ».

22.00 Journal TV5
Information. 31386887

22.10 L'assassin habite au 21 ★★★O
Film. Policier. France. 1942.
Réal. : Henri-Georges Clouzot.
1 h 25. NB. Avec : Pierre Fresnay, Suzy Delair, Pierre Larquey.
77129993

(TV Magazine 15 au 22 avril 2001, p. 46).

1 comparer des qualités

Nom	PC 1	Z X 3	PO
Puissance mémoire	140 Mo	64 Mo	64 Mo
Qualité esthétique	**	****	*
Écran	17'	14'	14'
Équipement	imprimante graveur CD scanner	imprimante scanner	imprimante
Prix	1 800	1 500	1 350

a. Comparez :

– la puissance du PC 1 et du Z X 3
– la grandeur de l'écran du Z X 3 et du PO
– l'équipement du PO et du Z X 3
– le prix du PO et du Z X 3
– la qualité esthétique du PC 1 et du Z X 3

b. Quel est l'ordinateur :

– le mieux équipé ?
– le plus puissant ?
– le moins beau ?
– le moins cher ?

2 comparer des quantités

Continuez en faisant une comparaison.
Ex. : a. ... Elle a plus de vacances que moi.

a. Cet été, j'ai vingt jours de vacances. Marie en a trente. Elle ...

b. J'ai fait faire une dictée à mes enfants. Mon fils a fait trois fautes et ma fille trois fautes. Elle ...

c. À Bordeaux, il y a 25 m² d'espace vert par habitant. À Dijon il y en a 45. Donc, à Bordeaux ...

d. Avignon-Paris en TGV, c'est 2 h 40. En avion c'est 1 h 10, mais il faut compter 2 heures pour les trajets villes-aéroports. Donc, en avion on met ...

e. En 1970, il y avait trois millions de fonctionnaires en France. Aujourd'hui, il y en a six millions. Conclusion, aujourd'hui, ...

3 parler du temps

Rédigez le bulletin météorologique pour la journée de demain.

Demain 1er juillet

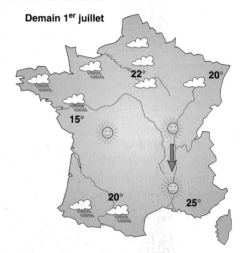

4 exprimer la restriction

Décrivez les habitudes des jeunes gens « branchés[1] » de votre pays. Utilisez « ne... que » et « seulement ».

Ex. : Il n'écoute que de la techno. Il ne mange que ...
1. À la mode.

5 faire des suppositions

a. Imaginez des conditions.

J'accepterai un poste à l'étranger ...

b. Imaginez des conséquences.

Si je suis seul(e) ce soir ...

6 rédiger une carte postale de voyage

Écoutez. Sylvie est en vacances en Corse. Elle téléphone à son amie Marine...
Tout de suite après, elle écrit une carte postale à ses amis Barbara et Tristan.
Elle parle du temps, des paysages, des gens, de ce qu'elle a fait.
Rédigez cette carte postale.

·····▶ faire face aux problèmes

11

■ Exposer un problème, connaître la vie politique en France.

■ Parler de la santé et de la maladie.

■ Caractériser une action.

■ Interdire-demander/donner une autorisation.

Femme Actuelle

N°734

6F50

■ MAISON BALCON
Des jacinthes à la
floraison parfumée

Comment réussir un
entretien d'embauche

■ PSYCHO
La vie des stars
reflète-t-elle nos
rêves secrets ?

Dossier beauté Visage, toutes les
...tions à vos problèmes

Dossier cuisine Les nouvelles
recettes de poissons
Originales et simples à réaliser

Libération

96% trouvent leur métier «difficile»

Profs
le mal de vivre

LE POINT

La gouvernante
du comte de Paris
parle…

DIX ANS APRÈS
L'EUROPE SANS
LE MUR

Ces chasseurs
qui font
peur aux
politiques

Jean Saint-Josse, président de Chasse, pêche, nature et traditions

Marianne 10F

Nice
DUEL AU
SOLEIL
ENTRE JUGES

LE DÉBAT PREND DE L'AMPLEUR…
PLUSIEURS LIVRES ET REVUES DÉNONCENT…

LA DICTATURE
DES MÉDIAS

Conformisme : Pourquoi les médias font-ils presque
toujours entendre le même son de cloche ?

Kosovo : Maintenant que la vérité apparaît,
comment un tel bourrage de crâne a-t-il été possible ?

Révolte : Quand les politiques de tous bords
se disent «opprimés» par la presse

Accusation : Le livre choc
de Régis Debray qui dénonce
un nouveau pouvoir clérical

Plaidoyer : Non, les journalistes
ne sont pas coupables…
Ce sont des victimes !

OUI !

Nîmes : *enlevé, séquestré et battu par un...*
Municipales : *la gauche plurielle dévoile s...*

Midi Libr...
NÎMES ET CAMARGUE

5,00 F ■ N° 20.209 ■ ESPAGNE 200 P

MERCREDI 21 FÉVR...

Ces jeunes Franç...
qui fument trop

...a France en tête de la consommation juvénile de tabac en Europe !
...ment même plus que les garçons. Le haschisch est aussi concerné...

---

la presse

■ L'information
s'informer - lire la presse - écouter les
informations à la radio - regarder le journal
télévisé

> J'ai
> appris dans le journal
> qu'il y avait moins de
> chômeurs.

> J'ai
> entendu à la radio que
> dans cinq ans il n'y aura
> plus de chômeurs.

20 résoudre

je résous
nous résolvons

■ La presse
un journal (un quotidien) - un magazine
(hebdomadaire - mensuel)

■ Un journal
un article - un titre - une photo - un sujet
• Les rubriques d'un journal : les informations nationales,
internationales ; la rubrique société ; la rubrique économie ;
les faits divers ; les pages pratiques ; les petites annonces, etc.

■ Poser un problème
Ces faits posent le problème de...
Comment le résoudre ?
Quelle est la solution ?
On a résolu le problème. On a trouvé la solution.

Découvrez les documents

1. Lisez les gros titres de la presse et complétez le tableau.

Nom du journal ou du magazine	Quel est le problème posé ?	Quels sont les acteurs du problème ?	Que veulent-ils ?
Le Monde ...	Le problème de la trop grande liberté des entreprises ...	Les entreprises - les employés - les gens ...	... ...

Les problèmes

- la destruction de l'environnement
- la violence à l'école
- la trop grande influence de la presse
- la trop grande liberté des entreprises
- l'importance de notre image
- le chômage
- le pouvoir des chasseurs
- les dangers de l'alimentation
- les dangers du tabac

2. Est-ce qu'on rencontre ces problèmes dans votre pays ? Citez des faits précis.

Écrivez

(En petits groupes)

Imaginez et écrivez huit titres pour un magazine daté de cette semaine.

INVITÉE À LA TÉLÉ • 1
Préparation

Dans une petite ville du sud de la France. Les bureaux de l'association Sud-Écologie, un mardi 10 mai.

Bertrand : La télé régionale a téléphoné. Ils organisent un débat sur la gare TGV. Ils t'invitent. Tu y vas ?

Louise : Il y aura qui à ce débat ?

Bertrand : Daveau y sera, c'est sûr, et peut-être Henri Fabre.

Louise : Ça ne va pas être facile. Personne ne veut y aller à ma place ?

...

> **Nouvelle gare TGV :**
>
> ## LA MUNICIPALITÉ CHOISIT LE SITE DE MIRAC
> • **L'association Sud-Écologie opposée au projet**

Deux jours après, Louise prépare le débat télévisé.

Louise : « Nos dirigeants se moquent de l'environnement. »

Bertrand : Parle plus lentement, plus calmement. Tu dois donner l'image d'une femme sûre d'elle. Penses-y !

Louise : En face de Daveau, ce sera difficile !

Bertrand : Mais non. Regarde-le avec assurance ! Réponds-lui sans agressivité et ça ira...

Découvrez le document

1. Lisez et écoutez les documents. Imaginez les détails de cette histoire :
– le projet de la ville,
– l'association Sud-Écologie,
– qui sont Louise et Bertrand ?
– etc.

2. Observez les emplois du pronom « y ». Trouvez les mots qu'il remplace.

Tu **y** vas ?　　　　　au débat télévisé

3. Classez les conseils donnés à Louise. Imaginez d'autres conseils.

Adverbes en *-ment*	Autres constructions
parler lentement	regarder Daveau avec assurance
...	...

le pronom « y »

« y » remplace une chose, une idée, un lieu introduit par la **préposition « à »** ou par **une préposition de lieu (chez, dans, etc.).**

C'est l'heure d'aller au théâtre.

On y va !

Tu as pensé à prendre les billets ?

J'y ai pensé.

■ **À l'impératif**
• J'ai envie d'aller au concert de Liane Foly.
– Vas-y !
– N'y va pas !

caractériser une action

■ Elle parle **bien - mal - vite - fort -** etc.
très bien - très mal - etc.
■ **Adverbes en (e) -ment** formés avec l'adjectif.
lent → **lentement**   chaud → **chaudement**
joli → **joliment**   poli → **poliment**
■ **Place des adverbes :**
– aux temps simples : Il travaille **bien** mais il travaille lentement.
– aux temps composés : Il a **bien** travaillé mais il a travaillé **lentement**.

Exercez-vous

1. Rencontre au jardin du Luxembourg.
Imaginez un dialogue en utilisant
les questions suivantes et le pronom « y ».

Vous venez souvent ici ? ... Vous y restez longtemps ? ...
Vous travaillez à Paris ? ... On peut se dire « tu » ? ...
Tu es née à Paris ? ... Tu vas quelquefois au
café « Le départ » ? ... Tu seras ici demain ? ...
Tu penseras à ta promesse ? ...
Ex. : Vous venez souvent ici ? – J'y suis tous les samedis.

2. Camille (unité 10) demande conseil
à ses amies. Laure est pour un départ
au Mexique, Célia est contre.
Ex. : a. Laure : Vas-y ! Célia : N'y va pas !

a. Est-ce que je vais au Mexique ?
b. Est-ce que je reste longtemps au Mexique ?
c. Mais je dois abandonner mon travail ici !
d. Je dois aussi penser que je n'aurai peut-être pas
de travail à Mexico...
e. Je dois réfléchir à tout ça...

3. Combinez les deux phrases comme dans
l'exemple. Utilisez un adverbe en « -ment ».
*Ex. : Je suis logée **confortablement**.*

Anne-Lise est dans une grande école de commerce.
« Ici je suis logée. C'est confortable.
Je peux inviter qui je veux. On est libre.
Les professeurs suivent notre travail. Ils sont sérieux.
On travaille. Mais c'est différent du lycée.
On peut se documenter sur tous les sujets. C'est facile. »

Jouez la scène

L'homme (ou la femme) politique prépare
sa campagne électorale avec son conseiller
en communication.

Le samedi matin, allez au marché... Serrez gentiment les mains... Parlez...

Prononciation et mécanismes

• Exercices 119, 120, page 181

INVITÉE À LA TÉLÉ • 2

Ça ne va pas !

Jeudi 12 mai. Louise doit partir pour les studios de la télévision.

Jean : Qu'est-ce qui t'arrive ?

Louise : Oh là là, je me sens mal !

Jean : Mais qu'est-ce que tu as ?

Louise : J'ai mal à la tête et j'ai des douleurs là, dans le dos.

Jean : Ne cherche pas. C'est le trac.

Louise : Et quand je me lève, j'ai des vertiges.

Jean : Évidemment, tu n'as rien mangé depuis deux jours.

(On sonne.)

Louise : C'est Bertrand.

Jean : Tu veux annuler ?

Louise : Non, ça va aller mieux.

Découvrez le document 🔊

1. D'après l'image, imaginez les problèmes de Louise. Trouvez dans le dialogue les mots qui expriment ces problèmes.

« Je me sens mal ... »

2. Dans quelles situations peut-on avoir le trac ? Jouez une de ces situations.

*Ex. : Pour un journaliste, la première interview d'une personnalité importante.
Pour une étudiante ...*

Exercez-vous

Comment se sentent-ils ?
Ex. : a. Il a mal à la tête, à la gorge.

a. Il a trop fumé.
b. Elle est montée à 3 000 mètres d'altitude. Elle est redescendue en une journée.
c. Il a trop mangé.
d. Elle est allée à une fête techno.
e. Il a coupé du bois toute la journée.
f. Pierre et Jean ont fait de la boxe.

Jouez les scènes

a. Ils rendent visite au blessé.

Ils lui demandent :
– comment ça lui est arrivé,
– des informations sur sa santé,
– si l'hôpital est bien,
– quand il va sortir, etc.

le corps - la santé - la maladie

■ La santé et la maladie
Comment ça va ? Comment allez-vous ?
Je vais }
Je me sens } bien - pas très bien - mal - mieux
Être malade - avoir une maladie (un rhume, la grippe, ...)
C'est grave / ce n'est pas grave
Avoir mal au dos / à la tête / aux pieds

■ Les accidents
Se casser la jambe.
Se blesser.
Se faire mal.

■ Les soins
Un médecin (le docteur Dupont) - un dentiste
faire une ordonnance - aller à la pharmacie
prendre un médicament - se soigner
aller à l'hôpital, dans une clinique - guérir

la tête *(voir page 95)*

la main - un doigt

le bras

le cou

les épaules

le ventre

la jambe

le pied

b. Elle va voir son médecin.

Elle est stressée par son travail. Elle ne dort plus. Elle
ne mange plus. Ses collègues sont insupportables...

▶ À SAVOIR
▶▶ SI VOUS ÊTES MALADE EN FRANCE

carte d'assurance maladie

vitale

PIERRE DURAND
1 52 75 024 078 35

*Une carte
de Sécurité sociale.*

• *Vous pouvez choisir
librement votre médecin
(généraliste ou
spécialiste).*
• *L'assurance maladie de
la « Sécurité sociale » est
obligatoire mais ne
rembourse pas les soins à
100 %.*
• *Vous pouvez prendre une
assurance maladie
complémentaire. Par
exemple la MNEF pour
les étudiants.*

• *Les opérations peuvent
se faire dans les hôpitaux
(publics) ou les cliniques
(privées). Le système
de remboursement est le
même.*
• *En cas d'urgence :*
*– aller au service
des urgences des hôpitaux
ou des cliniques ;*
*– appeler le SAMU (tél. : 15)
ou les pompiers (tél. : 18)*
• *Les hôpitaux s'occupent
toujours des urgences
graves.*

Comparez

Lisez les informations ci-contre ;
comparez avec votre pays et les pays
que vous connaissez.

Prononciation
et mécanismes

• Exercices 121, 122, page 181

INVITÉE À LA TÉLÉ • 3

Entrée interdite

Jeudi 19 heures. Devant le parking de l'immeuble de la télévision.

Le gardien du parking : Désolé. Ce parking est réservé au personnel.

Louise : Oui, mais je participe à un débat dans cinq minutes. Vous nous permettez d'entrer ?

Le gardien : Vous avez une autorisation ?

Louise : Non mais... je suis en retard... et ...

Le gardien : Je n'ai pas le droit de vous laisser entrer, madame. Le parking visiteurs est un peu plus loin.

Bertrand : Il faut se dépêcher !

Louise : Bon, je descends et je me débrouille. Va garer la voiture !

...

À l'accueil

Louise : Bonjour monsieur. Le studio 24, s'il vous plaît ? Je suis Louise Lamarque...

Découvrez le document

1. Observez les dessins et imaginez les scènes.

2. Écoutez la scène. Relevez les mots et les expressions qui signifient :

On ne peut pas	On peut
C'est réservé	...
...	

Complétez les colonnes avec les mots du tableau de la page 153.

3. Après le débat à la télévision, Louise raconte ses problèmes. Imaginez et racontez.

« Figurez-vous que j'avais le trac. J'étais malade. Alors, ... »

Exercez-vous

Que disent-ils dans les situations suivantes :

a. L'automobiliste roule à 180 km/h. Il n'a pas mis sa ceinture de sécurité. La police l'arrête.

b. Lise (17 ans) voudrait sortir ce soir et ne rentrer qu'à deux heures du matin. Elle le dit à ses parents.

c. Paul n'est pas en bonne santé parce qu'il mange trop. Il va voir un médecin.

d. Pour son anniversaire, Cyril (6 ans) a invité ses copains de classe. Ils courent dans l'appartement, crient, entrent dans toutes les pièces...

interdire - autoriser

■ **Interdire à quelqu'un de faire quelque chose**
Défendre à quelqu'un de faire quelque chose
Vous ne pouvez pas entrer. C'est interdit.
Je vous interdis (défends) d'entrer.
Il est interdit (défendu) d'entrer.

> Vous n'avez pas le droit. Je vous conseille de sortir tout de suite.

■ **Autoriser quelqu'un à faire quelque chose**
Vous pouvez entrer. C'est autorisé.
Je vous autorise à entrer.

■ **Permettre à quelqu'un de faire quelque chose**
Vous pouvez entrer. C'est permis.
Je vous permets d'entrer.

■ **Demander une autorisation par écrit**
« Monsieur le directeur,
Je souhaiterais déménager dans mon nouvel appartement le...
Je sollicite donc l'autorisation de m'absenter le... »

32	permettre	38	interdire
	je permets		j'interdis
	nous permettons		nous interdisons
		18	défendre
			je défends
			nous défendons

Située dans le sud de la France, à l'endroit où le Rhône rencontre la mer, la Camargue est une terre marécageuse et sauvage unique en France. Dans le Parc naturel régional de Camargue, les constructions sont interdites et le tourisme est réglementé.
L'entrée dans la Réserve naturelle est interdite sauf autorisation spéciale.

Jouez la scène

Un journaliste veut faire un reportage sur la vie d'une grande artiste.
Tout d'abord, elle refuse. Puis elle accepte, mais pose des conditions : tout ne sera pas permis.
Le journaliste essaie de la convaincre.
Son reportage sera intéressant si ...

INTERDIT : mes enfants, mon aventure avec Stéphane Laforêt, moi en train de faire du jogging...

Rédigez un règlement

Travail à faire en petit groupe.
Rédigez un règlement de huit articles pour un espace naturel (voir ci-dessus la Camargue) ou un quartier que vous voulez protéger.

Rédigez une demande d'autorisation

Vous souhaitez visiter la Réserve naturelle de Camargue (pour des raisons professionnelles, pour faire un film, etc.).
Vous écrivez au directeur de la Réserve pour demander une autorisation.

Prononciation et mécanismes

• Exercices 123, 124, page 181

153   cent cinquante-trois

QUI

L'Assemblée nationale

Pour répondre aux questions suivantes,
– mettez en commun vos connaissances ;
– faites des recherches dans
les dictionnaires ou par Internet ;
– vérifiez les réponses page 182.

• Faites un tableau de l'organisation politique
de la France.
Comparez cette organisation avec celle
de votre pays.

La France

Quel est le nom officiel de la
France ? Cochez la bonne réponse :

☐ l'État français
☐ la République de France
☐ le Royaume de France
☐ la République française

Sa devise

Quels sont (dans l'ordre)
les trois mots de la
devise de la France :

Honneur	Travail
Liberté	Solidarité
Fraternité	Égalité

3 Son organisation administrative

Classez les divisions administratives
de la plus petite à la plus grande :

– le département   – la commune
– l'Union européenne   – la région
– la France

La région « Bourgogne »

11 AAA 44

*Les Français se reconnaissent dans leur commune (il y
en a 36 560) mais aussi dans leur département. On vous dit :
« J'habite dans la Nièvre, en Seine-et-Marne », etc. Chaque
département a un numéro. On retrouve ce numéro dans le code
postal, le numéro de Sécurité sociale, sur les plaques des voitures,
etc.*

GOUVERNE LA FRANCE ?

4 Les hommes et les femmes au pouvoir

Reliez les personnes et les fonctions.
Ex. : a.2.

a. le Président de la
République

b. le Premier ministre

c. un ministre

d. un maire

e. un conseiller municipal

f. un conseiller régional

g. un député

(1) Il vote les lois.
(2) Il oriente la politique
de la France.
(3) Il dirige le conseil
municipal.
(4) Il s'occupe d'une
commune.
(5) Il nomme le Premier
ministre.
(6) Il s'occupe d'une
région.
(7) Il dirige le
gouvernement.
(8) Il propose des lois.
(9) Il siège à son tour
à la présidence de
l'Union européenne.

Les élections 5

a. Complétez le tableau :

Élections	Qui est élu ?	Par qui ?	Pour combien de temps ?
municipales			6 ans
régionales			6 ans
législatives			5 ans
présidentielles			5 ans

b. À quel âge peut-on voter ?

c. À quelle élection française tous
les membres de l'Union européenne
peuvent-ils participer ?

6 Les grandes figures

Classez dans l'ordre chronologique
ces présidents de la République
française. Retrouvez leur photo.

– Georges Pompidou
– Charles de Gaulle
– Valéry Giscard d'Estaing
– François Mitterrand
– Jacques Chirac

1 caractériser une action

Caractérisez les actions suivantes avec un adverbe. Formez cet adverbe avec un des adjectifs de la liste.
Ex. : Le cambrioleur a traversé silencieusement...

a. Le cambrioleur a traversé le jardin...	attentif
b. Il a ouvert les portes de la villa ...	rapide
c. Il est entré ...	facile
d. Il a écouté ...	silencieux
e. Il a travaillé à ouvrir le coffre-fort ...	patient
f. Il est sorti ...	prudent

2 utiliser les pronoms

Répondez à ces questions sur l'histoire de Louise Lamarque sans répéter les mots soulignés.

• Est-ce que Louise Lamarque fait partie de Sud-Écologie ?
• Est-ce que les gens de Sud-Écologie connaissent le projet de gare TGV ?
• Est-ce qu'ils acceptent ce projet ?
• Est-ce que Louise participe au débat télévisé sur ce problème ?
• Est-ce qu'elle va à ce débat tranquillement ?
• Est-ce que Gilles Daveau participe à ce débat ?
• Est-ce que Louise a peur de ce débat ?

3 poser un problème

Écoutez le début des informations à la radio. Pour chaque nouvelle :
– trouvez la rubrique ;
– rédigez un titre.

 – informations nationales ...
 – informations internationales ...
 – économie ...
 – faits divers ...
 – sports ...
 – spectacles ...

4 interdire, autoriser

Ils demandent l'autorisation. Qu'est-ce qu'ils disent ? Qu'est-ce qu'on leur répond ?

5 parler de la santé

a. Imaginez le dialogue.

Elle trouve son ami malade.
Elle lui demande ce qui s'est passé.
Il raconte...

b. Écrivez le petit mot.

Quelques jours après, elle lui envoie un cadeau avec un petit mot. Choisissez et rédigez le petit mot (4 lignes).

6 parler de la politique

Complétez.

a. Aux élections ... les Français élisent le président de ...
b. Les ... se réunissent à l'Assemblée nationale.
Ils proposent et ... les lois.
c. Dans chaque ... de France, le ... dirige la politique de la ville ou du village.

■ Parler de livres
et de lectures.

■ Présenter, caractériser, définir.

■ Préparer et organiser
un voyage.

■ Exprimer des sentiments
et des opinions.

trois parcs de loisirs testés pour vous

Le parc Astérix

Il présente des attractions qui s'inspirent de la bande dessinée *Astérix le Gaulois* et des montagnes russes qui sont les plus spectaculaires de France.
Situé dans une forêt à 35 km de Paris, c'est un parc qui est très apprécié des Français.
- *Où* : Plailly (Oise).
- *Quand* : du 31 mars au 15 octobre.
- *Pour qui* : en famille ou entre amis.

La Réserve africaine de Sigean

Située à 30 km de Perpignan, elle offre 300 hectares d'espaces sauvages que vous découvrirez en voiture. Vous y rencontrerez des animaux qui viennent du monde entier et qui vivent en totale liberté : lions, girafes, éléphants, etc.
On y organise des ateliers où les enfants peuvent tout apprendre sur les animaux.
- *Où* : Sigean (Aude).
- *Quand* : toute l'année.
- *Pour qui* : tous les âges.

OK Corral

OK Corral est un parc d'attractions qui vous transporte en plein Farwest. Vous pourrez y vivre les scènes des westerns que l'on admirait dans les années 60. Si vous le souhaitez, vous passerez la nuit dans une vraie tente d'Indien.
- *Où* : Cuges-les-Pins (Bouches-du-Rhône) à 33 km de Marseille.
- *Quand* : du 11 mars au 12 novembre.
- *Pour qui* : familles et amoureux de la conquête de l'Ouest américain.

Découvrez le document

1. Lisez le tableau de grammaire ci-contre. Observez les constructions avec « qui », « que », « où ».

2. Lisez le document de la page 158. La classe se partage les trois documents.
Notez brièvement les informations données.
Parc Astérix : à 35 km de Paris à Plailly dans l'Oise.
Très apprécié des Français...
Les attractions : inspirées de la BD...

3. Présentez oralement chaque parc en utilisant vos notes.

« Je vais vous parler du parc Astérix. C'est un parc qui ... »

4. Écoutez. Trois jeunes gens parlent de ces trois parcs de loisirs.
Ils font cinq erreurs. Notez-les.

Parc Astérix :

1. ...

2. ...

5. Présentez un parc de loisirs que vous connaissez.

---

caractériser, préciser *(voir p. 185)*
avec « qui », « que », « où »

Les pronoms « qui », « que », « où » permettent de donner des informations à propos d'un nom (caractériser, préciser, définir, etc.)[1].

■ **Qui**
J'ai vu Marie. Elle faisait des courses.
→ J'ai vu Marie **qui faisait des courses.**
J'ai acheté un livre. Ce livre te plaira.
→ J'ai acheté un livre **qui te plaira.**

■ **Que**
J'ai vu quelqu'un. Tu connais cette personne.
→ J'ai vu quelqu'un **que tu connais.**
J'ai acheté un livre. Tu n'as pas lu ce livre.
→ J'ai acheté un livre **que tu n'as pas lu.**

■ **Où**
J'ai acheté ce livre dans une librairie. Je vais souvent dans cette librairie.
→ J'ai acheté ce livre dans une librairie **où je vais souvent.**

[1]. Les propositions introduites par « qui », « que », « où » sont appelées propositions relatives.

Exercez-vous

1. Complétez avec « qui », « que », « où ».
Conversation à propos du musée Rodin.
– Tu connais le musée Rodin ?
– C'est le musée ... est à côté des Invalides ?
– Oui, il est installé dans un hôtel particulier ... Rodin a vécu.
– C'est un musée ... j'aime beaucoup parce qu'il y a un jardin ... les sculptures de Rodin sont exposées.
– Moi, je préfère les sculptures ... sont dans la cour d'entrée : *le Penseur, Balzac,* les œuvres ... tout le monde connaît.

2. Regroupez les informations suivantes sur le Futuroscope de Poitiers. Faites deux phrases. Utilisez les constructions du tableau.

• **Le Futuroscope** :
– grand parc de loisirs
– situé à quelques kilomètres de Poitiers
– les amateurs de technologie de l'image doivent le visiter.
• **L'attraction « Imax 3D »** :
– elle vous transporte dans une autre réalité ;
– vous ne l'oublierez jamais ;
– il faut aller la voir.

Écrivez

Vous êtes allé(e) visiter un parc de loisirs. Dans une lettre à des amis, vous racontez votre journée et vous leur proposez d'aller découvrir ensemble un autre parc de loisirs, une attraction, un lieu touristique, etc.

Prononciation et mécanismes

• Exercices 125, 126, page 181-182

WEEK-END • 1
Besoin d'évasion

Nancy au mois de juillet. Cédric reçoit un appel.

Cédric : Allô !......... Qui ?......... Nathalie ! Je rêve ou quoi !......... Ça fait combien de temps qu'on ne s'est pas vus ?......... C'est ça, trois ans. Et comment est-ce que tu as eu mon numéro de portable ?......... Oui, je travaille toujours à la SPEN......... Non, j'en ai assez. .... Si, l'entreprise marche bien. On est satisfait .... Je suis déçu par mes collègues. Et toi, comment ça va avec Michel ? .... Ah, dommage, il était sympa Michel........... Alors tant pis pour lui et tant mieux pour le suivant. .... Oui, pourquoi pas ?......... Non, le week-end prochain, j'ai quatre jours de congé et je n'ai rien prévu. .... Elle est où cette maison ?......... Formidable !......... Non, ça ne fait rien. On pourra se raconter nos souvenirs......... D'accord, ça me fera plaisir de te revoir... ....

Découvrez le document

1. Écoutez ce que dit Cédric.
Notez ce que vous apprenez :
– sur Cédric,
– sur Nathalie.

2. Imaginez ce que dit Nathalie. Retrouvez le dialogue.

Cédric : Allô !
Nathalie : Bonjour, c'est Nathalie.
Cédric : Qui ?
Nathalie : Nathalie Perret. Tu ne te souviens pas de moi ?
Cédric : Nathalie ! ...
...

3. Retrouvez les mots et expressions qui expriment les sentiments suivants :

– la surprise : Je rêve ou quoi !
– l'insatisfaction : ...
– la satisfaction : ...
– la déception : ...
– le plaisir : ...
– l'indifférence : ...

4. Complétez cette liste avec d'autres sentiments et d'autres expressions :

– le plaisir : Je suis content ... heureux ...
– la peur : J'ai peur ...
– etc.

1. Lisez ce qui leur arrive. Dans la colonne de droite trouvez ce qu'ils peuvent dire.

a. Le coureur croit être le meilleur mais il arrive deuxième.

b. Elle est à table. Son voisin renverse un plat sur sa jupe.

c. Il va se marier. Son meilleur ami ne peut pas venir au mariage.

d. Elle aime toutes les cuisines exotiques. On lui demande si elle veut manger chinois ou japonais.

e. Son meilleur ami a gagné à la loterie.

• ça m'est égal
• c'est dommage
• je suis déçu(e)
• ça ne fait rien
• tant mieux

2. Trouvez des situations où les phrases suivantes peuvent être prononcées.

a. *Le directeur :* « J'en ai assez ! »
b. *Le voyageur :* « Je ne regrette rien. »
c. *Le père (à son fils) :* « Tu me déçois. »
d. *Un jeune homme (à ses copains) :* « J'ai honte de vous. »
e. *Le passionné de théâtre :* « Tant pis ! »

Quels sentiments éprouvent-ils ?
Que pensent-ils ? Pourquoi ?

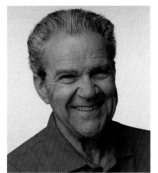

Maéva a fait un stage de chant choral dans les Pyrénées. Elle fait le bilan de son stage. À chaque rubrique, indiquez par un mot son sentiment ou son opinion.

STAGE INTERNATIONAL DE CHANT CHORAL

Bilan du stage

L'organisation générale
• L'accueil . . . .
• Le logement . . . .
• La nourriture . . . .
• Les sorties . . . .
• Les relations . . . .
. . . .

Le stage de chant
• Le programme . . . .
• Les animateurs . . . .
• Le concert final . . . .

Prononciation et mécanismes

• Exercices 127, 128, page 182

Avec ce que vous apprendrez dans cette leçon, vous imaginerez le scénario et quelques scènes d'un voyage catastrophique. Vous chercherez les idées en petit groupe (quatre étudiants). Vous rédigerez votre scénario et vous jouerez ensemble les principales scènes de l'histoire.

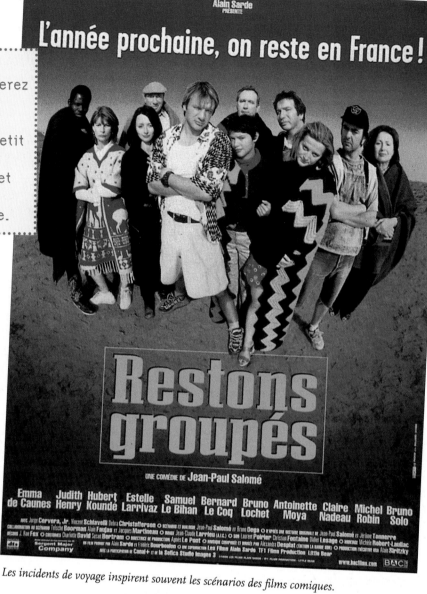

Les incidents de voyage inspirent souvent les scénarios des films comiques.

N'oubliez pas de composter votre billet avant de monter dans le train.

Apprenez les étapes du voyage

Avec les verbes de la liste, retrouvez les étapes des trois voyages suivants. Attention ! Certains verbes peuvent servir à deux ou trois voyages.

Voyage en avion Paris-New York	Voyage en train (TGV) Toulouse-Paris	Voyage en voiture Nice-Paris
à...	...	...

a. attacher sa ceinture
b. arriver
c. acheter le billet
d. s'arrêter pour déjeuner
e. démarrer
f. composter le billet
g. passer le contrôle de police
h. décoller

i. débarquer
j. atterrir
k. descendre
l. prendre l'autoroute
m. embarquer
n. faire faire le visa au consulat (ou à l'ambassade)
o. enregistrer les bagages

p. mettre les bagages dans le coffre
q. monter
r. réserver sa place
s. passer à la douane
t. aller à l'aéroport
u. faire le plein d'essence
v. aller à la gare
w. passer au poste de péage

1. Écoutez ces six appels téléphoniques et complétez le tableau. (Il n'est pas toujours possible de compléter toutes les cases).

Qui (quel service) appelle-t-on ?	...
Que demande-t-on ?	...
Quel est le problème ?	...

2. Imaginez d'autres problèmes dans la préparation de votre voyage (grèves, maladies, etc.).

téléphoner

- Téléphoner (passer un coup de fil) à quelqu'un - appeler quelqu'un.
  « Allô... Je suis... Je voudrais parler à... »
  Recevoir un appel (un coup de fil) de...

- Ça sonne.
  – Il n'y a personne.
  – La ligne est occupée.
  – « M. Doucet est en réunion. Voulez-vous qu'il vous rappelle ? Voulez-vous laisser un message ? Voulez-vous rappeler plus tard ? »
  – On tombe sur un répondeur : « Bonjour, vous êtes bien chez... Vous pouvez laisser un message... Nous vous rappellerons... »

faire une réservation -
confirmer - annuler

- Réserver
  Annuler/confirmer la réservation de...
  • **une place** dans le train (sur le vol...)
  - en première/deuxième classe (en classe affaire/économique) - en non fumeur/fumeur
  - côté couloir/côté fenêtre (hublot)
  • **une chambre** simple/double
  • **une table** (au restaurant)
  • **un billet** (de théâtre)
  ...

Imaginez des incidents de voyage

1. À quel incident fait penser chacun de ces documents ? Racontez.

2. Trouvez d'autres incidents de voyage possibles.

Le château est fermé pour cause de restauration.

LES AGRICULTEURS EN COLÈRE BLOQUENT LES TGV

LES VOYAGEURS SANS BAGAGES DE L'AUTOROUTE A9

Sur les aires de repos de l'autoroute A9, la série de vols dans les voitures continue. Le scénario est toujours le même. Les voyageurs garent leur voiture sur le parking pour aller déjeuner ...

MÉTÉO
Le mauvais temps sera au rendez-vous toute la semaine et le pays ne verra toujours pas le soleil. De fortes pluies tomberont dans la moitié sud.

Présentez votre voyage catastrophique !

1. Imaginez et rédigez votre scénario catastrophe.

2. Préparez quelques brèves scènes.

3. Présentez votre suite de sketches comme un petit spectacle.

WEEK-END • 2

Une maison originale

Nathalie est allée chercher Cédric à la gare.

Nathalie : Et voilà. Nous y sommes.

Cédric : C'est magnifique ici !

Nathalie : Et c'est une maison qui ne m'a pas coûté cher.

Cédric : Alors là, explique-moi...

Nathalie : Elle était en très mauvais état.

Cédric : Et tu as tout réparé toi-même ? Je ne te crois pas.

Nathalie : Bon, j'ai fait réparer le toit. J'ai fait construire ce mur... J'ai fait faire des travaux dans la cuisine et dans la salle de bains. Pour le reste : peinture, décoration, bricolage, j'ai tout fait moi-même.

Cédric : Dis donc, tu as des talents cachés toi !

Nathalie : Viens, je vais te faire visiter...

Découvrez le document

1. Écoutez le dialogue et regardez les dessins. Complétez ce que vous savez déjà de Nathalie et de Cédric.

2. Relevez les formes « faire » + verbe à l'infinitif.

Exercez-vous

1. Continuez en employant la forme « faire » + infinitif.
Ex. : a. Je les fais entrer.

a. Les invités arrivent. Ils sonnent. Je ... *(entrer)*.
b. À la fin du repas, Antoine nous raconte toujours des histoires drôles. Il ... *(rire)*.
c. Ma voiture ne marche pas bien. Je dois ... *(réparer)*.
d. Alexandre n'a pas de bonnes notes à l'école. Ses parents doivent ... *(travailler)*.
e. Votre chien a soif. Il faut ... ! *(boire)*.
f. Dans trois jours c'est le concert et les musiciens ne sont pas prêts. Le chef d'orchestre ... *(répéter)*.

2. Transformez les phrases en présentant ce qui est souligné.
Ex. : C'est (voici) le vase chinois que Florence m'a offert.

Gérard montre son appartement à des amis.
« Florence m'a offert <u>ce vase chinois</u> ...
<u>Ce tapis</u> est très ancien ...
J'ai rapporté <u>ce cendrier</u> d'Italie ...
Regardez cette photo ! L'an dernier, j'ai passé mes vacances <u>dans ce village</u> ...
<u>Ce tableau</u> me plaît beaucoup ...
J'ai souvent campé <u>dans cette région</u> ... »

Jouez la scène

Nathalie fait visiter sa maison à Cédric. Imaginez et jouez la scène d'après le grand dessin page 164.

Prononciation et mécanismes

• Exercices 129, 130, page 182.

---

faire + verbe

■ Le sujet est directement actif :
Pierre peint son appartement.
→ Pour insister : **moi-même, toi-même, lui-même,** etc.
Pierre peint **lui-même** son appartement.

■ Le sujet est passif ou indirectement actif :
Paul **fait peindre** son appartement.
Paul **fait manger** sa fille.
Le film **fait pleurer** Margot.

présenter *(voir pp. 185, 186)*

<u>Nathalie</u> a acheté <u>une maison</u> <u>dans les Alpes</u>.
   (1)   (2)   (3)
1. C'est Nathalie qui a acheté une maison.
2. Voici la maison que Nathalie a achetée.
3. C'est la région où Nathalie a acheté une maison.

définir

■ SNCF, c'est **un sigle qui signifie** « Société nationale des chemins de fer français ».
■ Une souris, c'est **un instrument qu'on utilise** pour cliquer sur un écran d'ordinateur.

Parlez

■ Présentez des objets, des plats, des lieux typiques :   – de la France,
           – de votre pays ou des pays que vous connaissez.

« Vous connaissez **la galette des rois**. C'est une pâtisserie qui contient une "fève" et qu'on mange au mois de janvier. La personne qui trouve la fève est la reine ou le roi. »

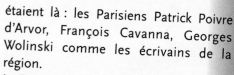

foire du livre de Brive

un succès populaire sans têtes d'affiche

L a XIXe édition de la Foire du livre de Brive-la-Gaillarde (Corrèze), rendez-vous traditionnel entre plus de 350 auteurs et leurs lecteurs, s'est déroulée du 3 au 5 novembre.

Cette année encore, elle a connu un grand succès populaire mais l'absence des lauréats des prix littéraires a déçu les visiteurs. Seul le prix Renaudot 2000, l'écrivain ivoirien Ahmadou Kourouma, était présent. Problème de choix de date sans doute.

Beaucoup de prix littéraires n'étaient pas encore attribués en ce début du mois de novembre.

Heureusement, les habitués de Brive

étaient là : les Parisiens Patrick Poivre d'Arvor, François Cavanna, Georges Wolinski comme les écrivains de la région.

La Foire de Brive qui se veut foire « d'auteurs du monde entier » accueillait aussi cette année des écrivains de langue portugaise. Venus du Portugal, du Brésil, du Cap-Vert, d'Angola et du Mozambique, ils ont participé à des tables rondes sur l'expression et la littérature portugaise.

Vendredi, à l'arrivée du « train du livre » en gare de Brive – un train gastronomique qui amenait de Paris auteurs et éditeurs et que certains appellent le « train du cholestérol » – le prix de la langue française a été attribué à Bernard Pivot.

Le créateur-animateur d'émissions littéraires à la télévision est venu dimanche pour recevoir son prix.

(D'après AFP, 04/11/2000.)

Découvrez le document

1. Lisez le titre et regardez la photo. Faites des suppositions sur ce que raconte l'article.

« Cet article doit parler de ... »

2. Lisez l'article et complétez les renseignements suivants :

• Type de manifestation : ...
• But de la manifestation : ...
• Lieu : ...
• Date : ...
• Remarques sur l'édition 2000 : ...

Soutenez la Foire de Brive

Quelqu'un critique la Foire de Brive. Répondez à ses critiques.

a. À la Foire de Brive, il n'y a jamais beaucoup d'auteurs !
b. On ne présente que de la littérature régionaliste !
c. Ce n'est pas une foire ouverte aux autres cultures !
d. Cette année, un seul prix littéraire était venu !
e. C'est incroyable ! Ils ont donné le prix de la langue française à un animateur de télévision !

Vous êtes par hasard à Brive-la-Gaillarde le vendredi 3 novembre et vous décidez d'y rester tout le week-end.

Un(e) de vos ami(e)s qui habite Paris est passionné(e) de livres.

Vous lui envoyez un message pour lui proposer de vous rejoindre.

« Cher Pierre,

Figure-toi que je suis à Brive-la-Gaillarde et qu'il y a ici ... »

1. Dans la présentation ci-dessous, quel est le livre que vous avez envie de lire ?

2. Un ami français vous demande :

« Quels sont les cinq livres d'écrivains de ton pays que je dois avoir lus ? »

Faites cette liste en justifiant votre choix.

QUAND LES LIVRES PARLENT DES LIVRES

ROMANS
Première ligne, Jean-Marie Laclavetine, *Éditions Gallimard,* 1999. Cyril Cordouan est un éditeur sérieux. Il ne publie pas les mauvais auteurs. Mais l'un d'eux se suicide. Cyril décide alors de guérir tous les mauvais écrivains de leur maladie d'écriture.

POLICIERS
Le Poulpe. L'arthritique de la raison dure, Alain Aucouturier, *Éditions La Baleine,* 1999. Gabriel Lecouvreur découvre l'assassin d'un professeur de philosophie écologiste en lisant Kant et Omar Khayyam.

Hygiène de l'assassin, Amélie Nothomb, *Éditions Albin Michel,* 1992. Comment Prétextat Tach, un homme ignoble et méchant, a-t-il pu devenir prix Nobel de littérature ? La journaliste Nina découvre son secret.

BD
Gaston Lagaffe, volume 19, par Franquin, *Éditions Dupuis,* 1999. De nouvelles aventures comiques pour Gaston, l'inventif mais maladroit employé des éditions Dupuis.

1 caractériser par une proposition relative

Complétez avec « qui », « que », « où ».

• Je vais passer mes vacances à Mens. C'est un village ... est au sud de Grenoble, dans le Trièves. Vous connaissez ?
– Oui. C'est une région ... je connais bien. J'ai des amis ... habitent à Tréminis.
• Alors vous connaissez la route ... va de Luz-la-Croix-Haute à Mens ?
– Bien sûr. C'est une route ... traverse un très beau paysage de collines et de petits villages.
• C'est là ... il y a le pont ... on peut faire du saut à l'élastique ?
– Non, il est sur la route de La Mure.

2 exprimer des sentiments

Mathilde écrit à son amie Fanny. Complétez en exprimant les sentiments qui conviennent (je suis déçu(e) - je suis content(e) - tant mieux, etc.).

La Rochelle, le 7 juillet
Chère Fanny,
Ce petit mot pour te dire que Philippe a beaucoup de travail en ce moment et que nous ne partirons en vacances qu'en août.
.... parce que ça fait un an que nous n'avons pas bougé de La Rochelle.
J'espère que toi, tu pourras venir nous voir ....
Les enfants vont bien. Charlotte vient de réussir son baccalauréat ....
Pierre-Antoine a refusé un emploi dans une banque.
.... ce n'est pas facile de trouver un premier emploi.
Mais .... pour lui. Il passera son été à envoyer des CV [1].

3 utiliser l'expression « faire » + verbe à l'infinitif

Imaginez la fin des phrases en employant l'expression « faire » + infinitif.

Ex. : Elle va faire un voyage en Chine. Elle doit aller au consulat de Chine pour faire faire un visa.
a. Quand il pleut, il pleut aussi dans mon salon, je dois ...
b. Pierre vient d'écrire un roman. Il veut avoir l'avis de ses amis ...
c. Dans huit jours, c'est la première de la pièce de théâtre et les acteurs ne savent pas leur rôle. Le metteur en scène ...
d. Il a les cheveux trop longs ...

4 parler d'un voyage

Écoutez les huit phrases. Retrouvez la situation.

❏ Dans un train, pendant le trajet.
❏ Dans un avion, au décollage.
❏ Devant la porte d'un hôtel.
❏ Au consulat des États-Unis.
❏ Dans un aéroport.
❏ Au passage d'une frontière.
❏ Au moment de sortir d'une autoroute.
❏ Dans une gare.

5 présenter une chose, une personne, une idée

Une amie française est venue passer quelques jours dans votre pays. Elle veut rapporter un cadeau original et typique à ses amis.

Que lui proposez-vous ?
Rédigez en cinq lignes la présentation de ce cadeau (livre, objet, tableau, photo, etc.).

une visite dans Paris

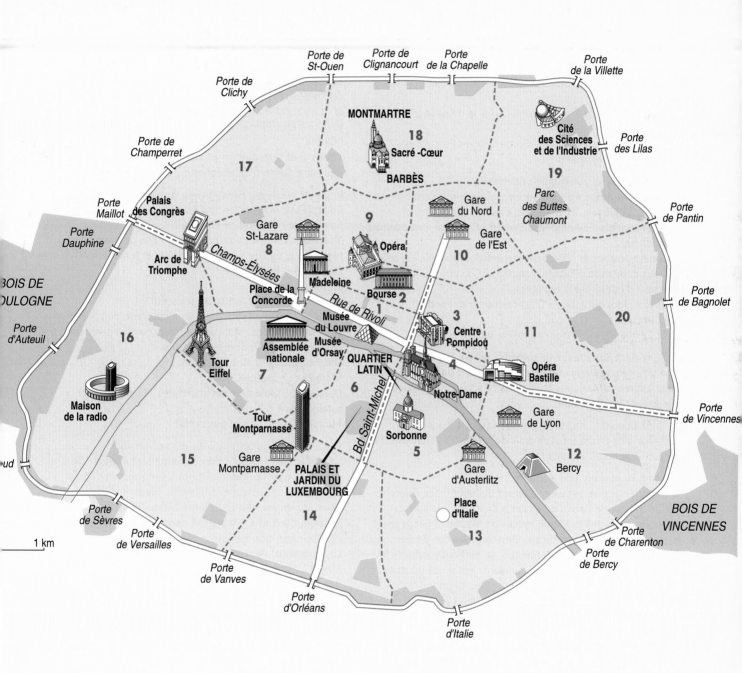

non transcrites dans les leçons

UNITÉ 1

P. 9 → Découvrez le document.
Le chauffeur de taxi montre Paris.
« Ici, c'est l'avenue des Champs-Élysées./Ici, c'est la place de la Concorde./Ici, c'est l'hôtel Ritz./Voici la rue de Rivoli./Et voici le restaurant L'Alsace./Et voici le musée du Louvre./ Ici, c'est le le centre Georges-Pompidou./Voici la cathédrale Notre-Dame./Et voici l'université : la Sorbonne.

P. 9 → Vérifiez votre compréhension.
Le touriste français : Le Centre Georges-Pompidou, s'il vous plaît ?
Le touriste étranger : Euh... Je ne comprends pas. Je suis étranger.
Le touriste français : Excusez-moi, le Centre Georges-Pompidou, s'il vous plaît ?
La touriste étrangère : Je suis américaine. Je ne parle pas français.
Le touriste français : Je cherche le Centre Georges-Pompidou...
La Française : C'est par là !

P. 11 → Vérifiez votre compréhension.
– Martine Aubry, c'est une femme politique française.
– Rowan Atkinson, il est anglais, c'est un comédien.
– Vous connaissez Andie Mac Dowell ? C'est une comédienne américaine.
– Amélie Nothomb ? C'est une femme écrivain. Elle est belge.
– Vous connaissez Placido Domingo ? C'est un célèbre chanteur d'opéra. Il est espagnol.
– Et Ronaldo, qui est-ce ? C'est un joueur de football. Il est brésilien.
– Et Cécilia Bartoli ? Une chanteuse italienne...

P. 17 → Écoutez. Notez la prononciation du féminin.
Une chanteuse allemande./Une comédienne italienne./Une amie anglaise./Maria est étudiante./Brigitte est professeur./ Elle écoute les étudiantes.

P. 17 → Écoutez. Notez la prononciation au pluriel.
Des touristes étrangers./Les amis de Maria./Les châteaux de la Loire./De beaux enfants.

P. 18 → Nommer. Écoutez et notez.
a. La Tour d'argent est un restaurant de Paris./**b.** Le Châtelet est un théâtre de Paris./**c.** La Lancia Delta est une voiture italienne./**d.** Le Prado est un musée de Madrid, en Espagne./ **e.** Léon est un prénom français. C'est aussi un film de Besson./ **f.** *Hôtel du Nord* est un film français./**g.** Hokkaido est une île du Japon./**h.** Roissy-Charles-de-Gaulle : c'est un aéroport de Paris./**i.** Le Parthénon, c'est un temple grec, un monument d'Athènes./**j.** Neuschwanstein est un château allemand.

UNITÉ 2

P. 20 → Écoutez le dialogue (fin du dialogue).
La secrétaire : Et quelle est votre adresse ?
Dominique : 14, rue Sainte-Catherine.
La secrétaire : À Lyon ?
Dominique : Oui.
La secrétaire : Vous avez quel âge ?
Dominique : 31 ans.
La secrétaire : Vous êtes mariée ?

Dominique : Non.
La secrétaire : Des enfants ?
Dominique : Non.
La secrétaire : Qu'est-ce que vous parlez comme langues étrangères ?
Dominique : L'anglais et l'italien.

P. 21 → Écoutez. La secrétaire remplit la fiche des nouveaux employés.
1. • Vous vous appelez comment ? – Claire Petit.
• Quelle est votre adresse ? – 12, rue Victor-Hugo.
• Vous avez quel âge ? – 28 ans.
• Et votre numéro de téléphone, c'est le... ? – 01.40.21.31.41.
2. – Bonjour ! Je suis François Foubert... J'habite 17, rue du Théâtre. J'ai 40 ans. Mon numéro de téléphone, c'est le 01.45.22.22.00.
3. • Vous êtes Pierre Nucci ? – Oui, j'habite 55, avenue de l'Opéra.
• Vous avez quel âge ? – 32 ans.
• Et votre numéro de téléphone ? – 01.28.55.00.08.

P. 24 → Mathieu Leroy parle de ses préférences. Complétez le questionnaire.
Dominique : Tu aimes le cinéma ?
Mathieu : Non, pas du tout... Il n'y a pas de bons films... Je préfère le théâtre... J'adore le théâtre et la musique classique...
Dominique : Et la danse ?
Mathieu : Un peu...
Dominique : Est-ce que tu aimes sortir ?
Mathieu : Sortir à Lyon, dans un restaurant, dans un musée ? Non, je déteste ça. Mais j'aime beaucoup les promenades en montagne et j'adore les voyages.
Dominique : Et tu aimes le sport ?
Mathieu : Le football, oui.
Dominique : Qu'est-ce que tu préfères : lire ou regarder la télévision ?
Mathieu : Lire... Je n'ai pas la télé.

P. 30 → 2. Écoutez la suite du reportage.
La journaliste : Nous sommes maintenant à Marseille. C'est dans le sud de la France... et nous sommes avec Mme Guillaume... Vous aimez Marseille, Madame Guillaume ?
Mme Guillaume : Ah oui, j'aime Marseille. Ici nous avons le soleil, nous avons la mer et nous sommes dans une grande ville de 1 300 000 habitants.
La journaliste : Avec des théâtres, des cinémas ...
Mme Guillaume : Voilà. Des théâtres, des cinémas, des restaurants, un opéra... comme à Paris...
La journaliste : Mais Marseille n'est pas Paris !
Mme Guillaume : Non, ici c'est la France mais c'est aussi un peu l'Orient. C'est la Méditerranée : on parle avec l'accent de Marseille... .
La journaliste : Et les touristes, qu'est-ce qu'ils vont voir ?
Mme Guillaume : Le château d'If, l'île du comte de Monte-Cristo... le port... le quartier oriental...

P. 31 → 2. Écoutez et regardez la carte de la page 177. Notez le nombre d'habitants des grandes villes de France.

Paris	: 10 millions	Toulouse	: 760 000
Marseille	: 1 300 000	Bordeaux	: 753 000
Lyon	: 1 300 000	Nantes	: 544 000

Lille	: 1 million	Lens	: 518 000
Nice	: 890 000	Strasbourg	: 427 000

P. 32 → Parler du lieu où l'on habite.
Où habite Marie ? Écoutez et cochez.

Hervé : ... Alors vous n'habitez pas en France ?
Marie : Non, j'habite en Espagne. À Cadaquès.
Hervé : C'est grand, Cadaquès ?
Marie : Non, c'est tout petit. C'est un village... Mais c'est très joli. Il y a la mer. C'est un petit port.
Hervé : Et il y a beaucoup de touristes ?
Marie : Oui, et des hôtels, des restaurants.
Hervé : On parle français à Cadaquès ?
Marie : On parle catalan et espagnol. Mais dans les hôtels et les restaurants on parle aussi français.
Hervé : Et vous habitez où, dans un appartement ?
Marie : Dans une maison moderne au bord de la mer.

UNITÉ 3

P. 34 → 1. Notez les dates de naissance et de mort des personnages suivants.

Jeanne d'Arc est née en 1412. Elle est morte en 1431.
Louis XIV est né en 1638. Il est mort en 1715.
Napoléon Ier est né en 1769. Il est mort en 1821.
Charles de Gaulle est né en 1890. Il est mort en 1970.

P. 37 → 3. L'horloge parlante donne l'heure officielle.
a. douze heures./**b.** treize heures dix./**c.** quatorze heures quinze./**d.** huit heures trente./**e.** neuf heures quarante-cinq./
f. Au quatrième top, il sera exactement dix heures zéro minute.

P. 37 → 4. Trouvez la situation et notez l'heure.
1. Vous êtes sur Radio Jeunes. Il est 10 h. Voici les informations *(À la radio.)*
2. Elle ouvre à quelle heure la bibliothèque ? – À 9 h et demie *(Devant une bibliothèque.)*
3. Il est midi et demi. On va déjeuner ? *(Dans un bureau.)*
4. Marine, la classe commence à 8 h. Il est 8 h 10. Tu es en retard ! *(Dans une classe.)*
5. Mesdames et messieurs, nous sommes à Paris Charles-de-Gaulle. Il est 10 h 35 heure locale. *(Dans un avion.)*
6. Voici votre billet. Vous embarquez à 18 h... Dans un quart d'heure. *(Dans un aéroport.)*

P. 40 → 2. Écoutez les autres dialogues. Complétez le tableau.
...
Une fille : Désolée, lundi, je vais au restaurant avec des amis.
Patrick : Et Paul, il peut venir ?
La fille : Impossible. Il est malade.
Une amie : Ah Julie revient ! C'est super. Elle est sympa Julie. C'est d'accord. À lundi !

P. 43 → Écoutez la conversation entre Charlotte et Pauline. Complétez l'agenda de Pauline.
Charlotte : Allô, Pauline ? C'est Charlotte.

Pauline : Ah, bonjour Charlotte !
Charlotte : Pauline, qu'est-ce que tu fais samedi ? J'ai envie d'aller faire un jogging.
Pauline : Oh, samedi, je suis très occupée. Le matin, à 10 h, j'ai un casting. À une heure, je déjeune avec Patrick, l'après-midi nous allons au cinéma à la séance de 4 h, et à 6 h, je rentre chez moi... Le soir à 8 h et demie je joue au théâtre du Marais, tu sais.
Charlotte : Et dimanche ?
Pauline : Ben non, c'est impossible. À 11 h je dois partir pour Versailles. Je vais chez une amie. Elle fête son anniversaire. Je rentre à Paris à 5 h et à 7 h je prends le train pour Bordeaux.
Charlotte : Et tu arrives à quelle heure à Bordeaux ?
Pauline : À 10 h.

P. 44 → Observez le magazine « Sortir ». Écoutez, à la radio, les informations sur les spectacles.
Présentateur : Sortir... Les spectacles de la semaine par Hervé Jameux.
H. Jameux : Vous avez envie d'aller au théâtre ? La Comédie, Française joue *Le Bourgeois gentilhomme* de Molière.
Le Bourgeois gentilhomme ce n'est pas nouveau mais la mise en scène de Jean-Louis Benoît est très moderne et M. Jourdain est un homme d'aujourd'hui. Du très bon théâtre.
Et puis, au Palais des Congrès, il y a Roméo et Juliette. Attention : c'est la pièce de Shakespeare chantée, en Comédie musicale. C'est un très beau spectacle et les chanteurs sont excellents.
Vous aimez les chevaux ? Alors allez voir le magnifique spectacle du cirque Zingaro. Ce n'est pas du théâtre. Ce n'est pas du cirque. C'est de la poésie.
Vous préférez la danse ? Au Palais Garnier, on présente *Raymonda*, un ballet mis en scène par Rudolf Noureev. L'histoire est romantique. La musique est du compositeur russe Alexander Glazounov et le spectacle est excellent.
Bien sûr, il est toujours possible d'aller au cinéma. Le film de la semaine c'est *Jeanne d'Arc* de Luc Besson.
Et puis une date importante : samedi soir, au Stade de France, c'est la finale de la Coupe de France. Amiens rencontre Strasbourg.

P. 46 → Fixer un rendez-vous. Pierre téléphone chez un médecin pour avoir un rendez-vous. Notez l'emploi du temps de Pierre et l'heure du rendez-vous.
La secrétaire : Cabinet médical, bonjour.
Pierre : Bonjour madame, je voudrais un rendez-vous avec le docteur Martin.
La secrétaire : Oui, vous préférez quel jour ?
Pierre : Le mardi 5, le matin, c'est possible ?
La secrétaire : Ah non, le docteur n'est pas là le mardi matin. Mardi après-midi, si vous voulez ?
Pierre : C'est impossible, je travaille.
La secrétaire : Alors le lundi 4 ou le mercredi 6 ?
Pierre : Attendez, je regarde mon agenda. Lundi, c'est impossible, je pars le matin pour Lyon et je rentre le soir... Mercredi matin, j'ai deux rendez-vous. Mais mercredi après-midi, c'est possible.
La secrétaire : Quelle heure préférez-vous ? 14 h 30 ou 17 h 45 ?
Pierre : 17 h 45.
La secrétaire : Très bien. Je note. Vous êtes monsieur... ?
Pierre : Lefèvre. Pierre Lefèvre.

UNITÉ 4

P. 51 → Marie explique comment aller chez elle. Faites le dessin de l'itinéraire.

Antoine : Allô, Marie ?

Marie : Oui, alors, où es-tu ?

Antoine : Au café Flo, rue de la République. Qu'est-ce que je fais ?

Marie : Tu vas voir, c'est facile. Tu continues dans la rue de la République et tu arrives au boulevard périphérique et là, tu tournes à gauche.

Antoine : Je tourne à gauche sur le boulevard périphérique ?

Marie : C'est ça. Et sur le boulevard périphérique, tu fais 1 km et tu vas voir à ta droite un supermarché Casino... Juste après le Casino, tu prends à droite la route de Marseille.

Antoine : Route de Marseille. D'accord.

Marie : À 500 mètres, tu vas voir à gauche un hôtel Campanile. Tu tournes à gauche dans la rue de l'hôtel et puis la première à droite, c'est la rue des Fontaines, c'est ma rue. J'habite au 12.

P. 56 → Reportage : 24 heures à Paris.

La journaliste : Il est 6 heures à Paris... La ville se réveille... La boulangerie Avelot est ouverte... Les premiers clients arrivent au café « Rémi »...

André, ouvrier : Moi j'aime bien commencer ma journée ici, devant un petit café... Je dois être au travail à 7 heures. Alors, je me lève à 6 heures, je me prépare et je viens ici. On parle des nouvelles... c'est sympathique...

La journaliste : 7 heures et demie. C'est l'heure de partir à l'école...

Célia, 13 ans, collégienne : Au collège, on commence à 8 heures. On a des cours de 8 heures à midi et puis l'après-midi de une heure et demie à 4 heure et demie. Et c'est pas fini. Je reste chez moi et je fais mes devoirs. À 7 h 30, on dîne. Après, je joue à des jeux vidéo ou je lis... Je me couche toujours à 10 heures...

La journaliste : 9 heures. Le bureau de poste est ouvert. Les magasins ouvrent entre 9 h et 10 h... Midi. Au restaurant « Le panier du marché » on attend 80 clients. Ils arrivent tous vers midi et demi, une heure.

Brigitte, 40 ans, secrétaire : Je travaille à côté d'ici dans un bureau d'architecte. Je travaille à mi-temps, de 9 h à 13 h. Je peux déjeuner chez moi mais j'aime bien venir ici avec des amis.

La journaliste : Fin d'après-midi à Paris. On fait des courses, on se promène, on rentre à la maison.

20 heures : c'est l'heure du journal télévisé... Après, il y a toujours quelque chose à faire à Paris.

P. 60 → 2. Elle décrit la vue de sa fenêtre. Trouvez 5 erreurs.

Une femme : J'ai une jolie vue de ma fenêtre. Devant chez moi, il y a une petite place. Au milieu de la place, il y a un bassin et autour de la place, il y a des bancs...

En face, je vois un immeuble de trois étages. Au 1er étage, il y a une bibliothèque. Au rez-de-chaussée, à droite, il y a un marchand de journaux, à gauche une boulangerie et au milieu un cinéma.

Au fond, j'ai une vue magnifique sur les montagnes et à droite sur une rivière.

P. 60 → 3. Il décrit son logement. Faites le plan de ce logement. Indiquez ses qualités.

Pierre : J'ai un grand appartement... Il est très bien. Il y a une petite entrée avec à gauche la cuisine, à droite un petit bureau et en face un couloir. Le côté gauche c'est le côté Sud, c'est très ensoleillé. Alors côté sud, tu as la cuisine, un grand salon-salle à manger et une petite chambre et à droite, côté Nord, il y a le petit bureau, une chambre, la salle de bains et une autre chambre... Les toilettes sont au fond du couloir... C'est au 5e étage dans une rue très calme et à cinq minutes du métro Pasteur.

UNITÉ 5

P. 65 → Stéphanie demande à Arnaud ce qu'il a fait dimanche. Complétez l'agenda d'Arnaud.

Stéphanie : ...Et toi, qu'est-ce que tu as fait dimanche ?

Arnaud : Ben, le matin, je me suis levé à 9 heures.

Stéphanie : C'est pas mal pour un dimanche.

Arnaud : À 10 heures et demie, je suis allé jouer au tennis avec un copain. Puis je suis rentré chez moi... J'ai déjeuné.

Stéphanie : Seul ?

Arnaud : Ben oui... Tranquille. Puis j'ai rangé mon appartement. J'ai fait du courrier et à 6 heures je suis allé au cinéma avec Nathalie.

Stéphanie : Qu'est-ce que vous avez vu ?

Arnaud : Jeanne d'Arc ... Voilà, puis on est allés dîner à la pizzeria Rigoletto.

P. 71 → 3. Stéphanie raconte une journée passée à Séville. Complétez son journal.

Stéphanie : ... et je suis restée à Séville tout le week-end. Le samedi matin, j'ai pris mon petit déjeuner dans un café près de l'Alcazar. Après j'ai visité l'Alcazar. C'est magnifique... Puis je me suis promenée dans les petites rues du centre. J'ai vu la cathédrale, la maison de Don Juan... Et le soir, j'ai rencontré un ami espagnol. Nous sommes allés dîner dans un restaurant et nous avons écouté du flamenco...

P. 72 → 2. Ils demandent des renseignements. Trouvez la photo qui correspond à chaque scène. Complétez le tableau.

Scène 1. *À la réception d'un hôtel.*

L'homme : Est-ce que vous connaissez le numéro de téléphone de l'opéra Bastille... le service des billets.

Le réceptionniste : Euh oui, vous voulez quoi ? Faire une réservation ?

L'homme : Je voudrais savoir s'il y a des places, ce soir ?

Le réceptionniste : Attendez, je vais voir...

Le réceptionniste fait un numéro : Allô ! L'Opéra Bastille ? Est-ce qu'il vous reste encore des places pour ce soir ?... D'accord.

À l'homme : Oui, il reste des places.

L'homme : Merci, monsieur.

Scène 2. *Au CIDJ, le Centre d'information et de documentation pour la jeunesse (Paris).*

La jeune fille : Je voudrais faire de la musique. Je cherche une chorale, pas loin de mon quartier et... comment dire... pas des professionnels, vous voyez...

L'employée : Vous voyez le présentoir, là-bas. Cherchez « Chorales », vous allez tout trouver.

Scène 3. *Au Service Information de la gare.*
L'hôtesse : Bonjour monsieur.
L'homme : Bonjour, est-ce que vous avez un plan de la ville ?
L'hôtesse : Tenez, dans ce petit livre vous avez tout.
L'homme : Des adresses d'hôtels aussi ?
L'hôtesse : Oui, oui.

**P. 74 → Se renseigner. Écoutez les trois scènes.
Complétez le tableau.**
(À l'office du tourisme)
– Est-ce que vous avez un plan de Toulouse ?
– Voici.
– Merci madame, et est-ce qu'ici on peut avoir des places
pour le théâtre ?
– Non, l'Office du tourisme ne fait pas ça. Il faut aller
au théâtre.
• *(À la gare)*
– Bonjour. Je voudrais savoir à quelle heure est le premier
train pour Marseille demain matin ?
– À 6 heures, c'est un TGV.
• *(Dans la rue)*
– Excusez-moi madame, le boulevard Pasteur ?
– Vous voyez ces arbres là-bas. C'est le boulevard Pasteur.

UNITÉ 6

P 77. → Ils font des achats. Complétez le tableau.
• *(Au marché aux puces)*
– Elle fait combien cette table ?
– 500.
– 500 € pour cette table ?
– Oui, mais elle est jolie. Regardez le travail !
• *(Dans une boutique)*
– Vous prenez aussi le chemisier ?
– Non, juste la robe.
– Très bien, donc, ça fait 90 €... Merci... Vous pouvez faire
votre code, s'il vous plaît.
• *(Chez un bouquiniste)*
– Ils font combien ces deux livres ?
– Euh, 10... et 16 €. Ça fait 26 €.
– Je peux faire un chèque ?
– Bien sûr.

P. 81 → 1. Dans la chambre de Caroline.
Caroline : Comment tu t'habilles pour l'anniversaire de Julien ?
Samia : Décontractée.
Caroline : Audrey met sa robe de soirée, tu sais ?
Samia : Elle fait comme elle veut. Moi, je reste en jean. Je mets
un chemisier blanc et mon collier africain. C'est tout.
Caroline : Fanny fait la même chose. Moi, j'ai envie de mettre
cette jupe noire avec ce chemisier et des bottes. Ça va aller ?
Samia : Le noir et le gris, ça fait trop triste.
Caroline : Je mets mon tee-shirt rouge alors ?
Samia : Eh bien voilà. C'est parfait !

**P. 85 → Marie, Pierre et Paul commandent un repas.
Prenez la commande.**
La serveuse : Vous avez choisi ?
Marie : Oui, on prend trois menus.
La serveuse : Alors, allons-y... Comme entrée ?
Marie : Une assiette de crudités. Et toi, Paul ?

Paul : Je vais prendre un jambon de pays.
Pierre : Moi aussi.
La serveuse : Et ensuite ? La choucroute est excellente...
Pierre : Oui mais je fais un petit régime, alors... pour moi :
une omelette aux champignons.
Marie : Du thon à la tomate.
La serveuse : Et vous monsieur ? Vous ne faites pas de régime,
vous ?
Paul : Non et j'ai envie de choucroute.
La serveuse : Alors une choucroute... Une petite bière
avec la choucroute ?
Paul : Allez, oui.
La serveuse : Et vous ?
Pierre : De l'eau.
Marie : Moi aussi.
La serveuse : Très bien. Pour le dessert, vous attendez
ou vous commandez tout de suite ?
Marie : Moi, je ne prends pas de dessert. Juste un café.
Pierre : Moi, je voudrais une tarte aux pommes et un café
aussi.
Paul : Pas de café pour moi, mais une glace vanille et chocolat.
La serveuse : Ça marche...

P. 86 → 1. – 2. Reportage. La France fait la fête.
Aujourd'hui, les Français ont envie de faire la fête. Toutes
les occasions sont bonnes. Leur équipe de football gagne
l'Euro 2000 et tout Paris se retrouve sur les Champs-Élysées.
C'est le début de l'été et tous les habitants d'un même
quartier se retrouvent autour d'une paella.
Une fille : Pour moi, faire la fête c'est faire des choses un peu
folles... comme quand on se déguise, qu'on boit
du champagne... Quand on danse toute la nuit.
Un garçon : La vraie fête, c'est quand toute la ville est en fête.
Il y a de la musique, on rencontre des gens, on rit.
Aujourd'hui, les vraies fêtes ne sont plus sur le calendrier...
Bien sûr, Noël est toujours la fête des enfants. Ils attendent
le Père Noël et ses cadeaux. Dans la nuit du 31 décembre,
on danse pour bien commencer la nouvelle année.
Mais on s'amuse surtout à l'occasion des fêtes locales
dans les grandes villes ou dans les villages.
Les mariages, les anniversaires sont aussi de bonnes
occasions de s'amuser.
Et comme il n'y a pas assez d'occasions de faire la fête,
on importe les fêtes des autres pays comme Halloween.

**P. 88 → Raconter une fête. Caroline parle de la fête
de son quartier. Répondez.**
Caroline : Le 15 juin, il y a la fête de mon quartier... Tous
les habitants du quartier se retrouvent dans le jardin public...
Il y a bien 200 personnes... C'est l'occasion de faire
connaissance... Dans mon quartier, il y a beaucoup
d'Espagnols. Eux, ils savent faire la fête. On mange une paella
et on danse jusqu'à 3 heures du matin.

UNITÉ 7

P. 90 → Découvrez le document.
Catherine : Le voilà !... Entrez... !
G. Daveau : Bonjour !
Catherine : Bonjour !

G. Daveau (s'adressant aux invités) : Bonsoir !
Lucas et Jérôme : Bonsoir !
Jérôme : Je te présente Sylvie Ferrero.
G. Daveau : Ah ! Je vous lis tous les matins, vous savez !
Sylvie : Et vous me détestez tous les matins, n'est-ce pas ?
G. Daveau : Pas du tout ! Au contraire. Les journalistes sont les poètes de l'actualité...

P. 95 → Ils cherchent à mettre un nom sur des visages. Identifiez les personnes.

– À quoi tu penses ?
– Je cherche le nom d'un acteur comique. Ah ! Comment s'appelle-t-il ? Il joue dans *Les Visiteurs*.
– Jean Réno ?
– Non, Jean Réno, c'est le grand avec la barbe. Mais il y a aussi l'autre, le petit, brun, avec les cheveux longs. Il lui reste deux ou trois dents...
– Ah ! Christian Clavier ?
– Voilà, Christian Clavier... Il y a des acteurs... je peux pas me rappeler de leur nom. C'est comme cette actrice, non ce n'est pas une actrice c'est une humoriste. Elle est grande. Elle a une tête carrée, des yeux ronds, des cheveux blonds, courts... Rodin, Robin, Muriel Robin. Je cherche toujours le nom de Muriel Robin !
– Au fait, tu as vu la pièce de Marivaux ?
– Ah oui. Très bien cette pièce !
– J'ai adoré Sandrine Kimberlain. Tu vois qui c'est ?
– Celle avec le chapeau, blonde, un grand nez et très jolie. Elle fait le rôle de l'homme.
– C'est ça.
– Et l'autre, la rousse, c'est Isabelle Huppert.

P. 102 → Parler de personnes. Deux personnes s'inscrivent à l'agence de rencontre « Coup de foudre ». Elles se présentent.

• Je m'appelle Célia. J'ai 24 ans. Je suis brune, assez grande, je mesure 1 m 70. Je suis très artiste. Je fais de la peinture et de la danse. J'ai un caractère optimiste et j'aime faire des cadeaux. Je suis très généreuse. J'aime beaucoup sortir, écouter des concerts de musique classique, aller à l'opéra, au théâtre... et j'adore voyager. Voilà... et j'aimerais bien rencontrer un jeune homme de 35 ans maximum avec les mêmes goûts que moi.
• Je m'appelle Olivier. J'ai 32 ans. Je suis brun, de taille moyenne... Ma profession, c'est médecin. On dit que je suis quelqu'un de sympathique. Je suis ouvert aux autres, généreux. J'ai beaucoup d'amis. Je suis sportif : je fais du tennis, du ski, du vélo. Et j'aimerais rencontrer une jeune femme de 30 ans, intelligente et sportive.

UNITÉ 8

P. 112 → 4. Une touriste interroge un habitant de Saint-Cyprien. Notez les habitudes.
La touriste : Le village a beaucoup changé depuis votre enfance ?
L'habitant : Bien sûr tout a changé. Et d'abord le travail. Mon père se levait à 5 heures du matin pour aller dans les champs. Il se couchait comme les poules. Moi, je travaille comme tout le monde. Mon père ne prenait jamais de vacances. Moi, je pars deux ou trois fois par an.

La touriste : Et puis la population du village a changé, non ?
L'habitant : Tout à fait. Avant, tout le monde était agriculteur. Aujourd'hui, il y a vingt agriculteurs pour mille habitants. Des gens de la ville, des gens d'autres régions et des étrangers sont venus habiter ici. Ça a changé les habitudes.
La touriste : Par exemple ?
L'habitant : Prenez les loisirs. Avant, il n'y avait rien ici. On allait au cinéma ou au théâtre à la ville. Aujourd'hui, il y a des clubs : un club de bridge, un club de danse, un club de théâtre pour les jeunes, une école de musique. On peut faire beaucoup de choses. Et puis, il y a beaucoup de fêtes. Par exemple, le 21 juillet, c'est la fête nationale des Belges. On fait tous la fête... Et aussi, quelquefois, nos voisins anglais nous invitent pour voir un film sur la BBC.

P. 116 → Parler des habitudes. Valérie rencontre son amie Sylvianne. Qu'est-ce qui a changé, qu'est-ce qui n'a pas changé dans la vie de Sylvianne ?
Valérie : Ça fait combien de temps qu'on ne s'est pas vues ?
Sylvianne : Dix ans, onze ans peut-être ?
Valérie : Tu fais toujours du piano ?
Sylvianne : Non, j'ai arrêté quand j'ai eu mes enfants... Enfin, je joue une heure par semaine, tu vois.
Valérie : Et le tennis ?
Sylvianne : J'ai arrêté aussi mais je fais toujours du ski. Patrick adore ça.
Valérie : Et tu vois toujours les copines ? Charlotte, Pauline, Julie ?
Sylvianne : Je vois toujours Charlotte. Elle habite à côté de chez moi. Pauline rarement... et Julie, je ne la vois plus. Elle habite aux États-Unis, je crois.
Valérie : Au fait, tu habites toujours boulevard Victor-Hugo ?
Sylvianne : Non, on a acheté une maison dans le quartier du parc.

UNITÉ 9

P. 118 → 1. « Entreprise » : une émission de Pascale Mariot. Aujourd'hui : visite au quotidien *L'Est républicain*.
Pascale Mariot : Nous sommes aujourd'hui à Haudemont, près de Nancy, et nous visitons le journal *L'Est Républicain*. Ici, 800 personnes travaillent pour sortir chaque jour les 16 éditions du journal.
Un responsable : Nous sommes un quotidien régional et nous le vendons dans 7 départements de l'est de la France. Ça veut dire que chaque édition donne des informations sur une ville (Nancy, Metz) et les villages autour de cette ville. Et bien sûr, nous donnons aussi les informations nationales et internationales.
Pascale Mariot : *L'Est Républicain*, c'est 230 000 exemplaires par jour. Pour comparer : *Le Monde*, c'est 500 000 exemplaires. C'est donc un journal important.
Le responsable : Vous savez, un journal, c'est une entreprise comme les autres. Il y a un service administratif, un service du personnel, un service financier et un important service publicité. La publicité, c'est important pour un journal.
Une responsable : Ici, c'est une salle de rédaction. Les journalistes arrivent vers 9 h. Ils lisent les informations des

agences de presse. Puis, ils commencent à travailler ou ils partent en reportage. Et à 11 h, tous les matins, c'est la conférence de rédaction : le directeur de la rédaction et les chefs de service préparent le sommaire du journal. À 20 h, la fabrication du journal commence et à 23 h le premier journal sort mais la fabrication durera jusqu'à 5 heures du matin.

P. 127 → Céline et Maxence veulent créer une librairie spécialisée. Ils veulent s'associer. Notez ce que chacun va apporter à l'entreprise.

Céline : Moi, je peux mettre 10 000 €.

Maxence : C'est déjà pas mal. Moi, je n'ai pas de capital mais j'ai un stock de 5 000 livres.

Céline : Avec mes 10 000 € on peut acheter 5 000 autres livres. Ça fait 10 000 livres en tout. On peut commencer.

Maxence : Alors, maintenant, il y a les locaux. Tes parents sont toujours d'accord pour prêter le rez-de-chaussée de leur maison ?

Céline : Oui, bien sûr. Il y a 100 m² et c'est très bien situé.

Maxence : Alors, moi, je vais m'occuper de tous les meubles.

Céline : Bon, ben, c'est parfait. Il reste à régler les horaires de travail parce que moi, je ne peux pas travailler à temps plein.

Maxence : Moi si, mais je ne pourrai pas être tout le temps à la librairie. Il faudra aller acheter des livres, tout ça...

Céline : Pas de problème, je peux travailler tous les après-midi et ma mère peut venir aider quelquefois.

P. 130 → 5. Parler d'une entreprise. Elle présente son entreprise. Complétez les rubriques.

Le nom de notre entreprise, c'est ID Concept – I,D en deux lettres – et nous sommes deux dessinateurs, une dessinatrice et une secrétaire. Ça fait quatre personnes. C'est donc une petite entreprise... Nous sommes à Toulouse et nous travaillons pour l'agroalimentaire. Nous faisons des étiquettes, des publicités pour des boîtes de conserve, des pots de confiture, des bouteilles, etc. Nous travaillons pour le sud-ouest de la France mais nous avons des projets avec des entreprises de la région parisienne. Notre bilan est très positif : nos bénéfices progressent de 10 % chaque année.

UNITÉ 10

P. 139 → Écoutez ces trois scènes et complétez le tableau.

Scène 1

Le fils : Papa, tu peux m'aider à faire mon devoir de maths ?

Le père : Tu essaies d'abord de le faire seul. D'accord ? Dans une heure je reviens te voir.

Scène 2

Nathalie : Allô, François ? J'ai un petit problème. J'ai un rendez-vous à 17 heures. Est-ce que tu peux aller chercher Théo à l'école ?

François : Ben non, c'est impossible. À 17 heures, je serai en réunion. Mais je trouve quelqu'un. Je vais appeler mes parents...

Scène 3

La vieille dame : Excusez-moi, monsieur, vous pouvez m'aider ?

Le jeune homme : Bien sûr, madame... Oh, elle est lourde !

La vieille dame : Merci monsieur.

P. 140 → 3. Écoutez les bulletins météo.

• **Bulletin météo du 15 août.**

Demain, 15 août, il fera très chaud sur l'ensemble du pays et en particulier dans le Sud, à l'intérieur des terres. En fin de journée, il y aura des orages sur les Pyrénées, le Massif Central et les Alpes du Sud. Le vent sera faible sur les côtes de l'océan et de la Méditerranée. On attend 28° à Paris, 25° à Nantes, 32° à Perpignan et 35° à Grenoble.

• **Bulletin météo du 1er avril.**

Demain, 1er avril, les températures resteront froides pour la saison avec 14° à Paris, 12° à Lille, 13° à Nantes, 14° à Montpellier et à Marseille. Il y aura du soleil sur tout le pays en début de matinée. Puis, les nuages arriveront par l'ouest et il pleuvra sur la moitié ouest dans l'après-midi.

P. 143 → 1. Extrait d'une enquête sur les émissions de télévision préférées des Français. Complétez le tableau.

– Excusez-moi. Je fais une enquête sur la télévision. Vous pouvez répondre à quelques questions ?

– Si ce n'est pas trop long...

– Cinq minutes !

– D'accord.

– Est-ce que vous regardez souvent l'émission *Envoyé spécial* sur France 2 ?

– Assez souvent, oui. C'est une émission intéressante. Mais, bon, les sujets sont toujours très sérieux.

– Et le *Bigdil* sur TF1 ?

– Jamais. Mais je l'ai regardé une fois. C'est pas très intellectuel mais il y a des moments amusants.

– Vous connaissez *Vie publique, vie privée,* l'émission de Mireille Dumas sur France 3 ?

– Je la regarde quelquefois. Quand le sujet m'intéresse, quand le sujet est original. Mais quelquefois, c'est un peu déprimant.

– Et *Ushuaïa* sur TF1 ?

– J'adore. Je ne manque pas une émission. On découvre des endroits extraordinaires.

– Vous regardez les séries télévisées. *Julie Lescaut* par exemple ?

– Je l'ai regardée une ou deux fois. Véronique Genest est une bonne actrice. Mais les histoires se ressemblent. On retrouve les mêmes scènes...

– Et *Capital* sur M6 ?

– C'est mon émission préférée. On apprend beaucoup de choses. C'est très actuel...

P. 144 → 6. Rédiger une carte postale. Sylvie est en vacances en Corse. Elle téléphone à son amie Marine.

Sylvie : Allô, Marine ?

Marine : Sylvie ! Alors comment se passent ces vacances en Corse ?

Sylvie : Super. Il fait un temps magnifique. En cette saison, il n'y a pas beaucoup de touristes. C'est génial.

Marine : Qu'est-ce que vous faites ? De la balade en montagne ?

Sylvie : Oui, les paysages sont superbes. Les gens sont sympathiques. Ils aiment parler. Ils prennent le temps de vivre. Bon, les restaurants, les hôtels sont un peu chers mais on est contents.

Marine : À quel endroit vous êtes ?

Sylvie : Près d'Ajaccio, dans la montagne. Mais demain on sera au bord de la mer. Tu vois, on fait deux jours de balade en montagne et on se repose un jour sur la plage. C'est ça la Corse.

Marine : Et vous rentrez quand ?

Sylvie : Dans une semaine, le 30 mai.

UNITÉ 11

P. 156 → 3. Poser un problème. Écoutez le début des informations à la radio.

Il est midi, voici le journal.

• Ils ont gagné ! Toute la nuit, les Alsaciens ont fait la fête. Hier soir, au Stade de France, Strasbourg a gagné la Coupe de France par 1 but à 0 contre Amiens.

• Le premier voyage du président Bush en Europe. Hier, le président des États-Unis est arrivé à Madrid. Mardi, il rencontrera à Bruxelles les chefs d'État européen.

• Attention ! Journée difficile mercredi dans les rues de Paris. Les employés des transports publics, trains, métro, autobus, seront en grève.

• Bonne nouvelle pour l'économie. Le secteur du bâtiment et de l'immobilier est en bonne santé.

• Et si vous voyagez en voiture, soyez prudents ! Sur l'autoroute, mais aussi sur les parkings. Les vols dans les voitures continuent sur les parkings de l'autoroute Paris-Marseille.

• Enfin, nous recevrons la chanteuse Lara Fabian pour son nouveau spectacle à l'Olympia.

UNITÉ 12

P. 159 → 4. Écoutez. Trois jeunes parlent des parcs de loisirs. Relevez les erreurs.

Juliette : Vous connaissez le parc Astérix ?

Adrien : Non, je ne connais pas. Je suis passé devant mais on n'y est pas allés. Il est au bord de l'autoroute, vers Dijon, c'est ça ?

François : Je me rappelle plus. J'y suis allé quand j'avais 6 ans. C'était génial. Il y avait tous les personnages des films pour enfants : Astérix, Mickey, Pluto, toutes les scènes des films de Disney.

Adrien : C'est juste pour les petits alors ?

François : Oui, je crois. Moi, il y a un endroit où j'ai envie d'aller, c'est OK Corral.

Juliette : J'y suis allée l'an dernier en février je crois.

Adrien : Et alors ?

Juliette : On n'a pas vu tous les animaux. Il pleuvait.

François : Attends, à OK Corral, il n'y a pas d'animaux. Tu confonds avec la réserve africaine de Sigean.

Juliette : Ah oui, peut-être.

François : À Sigean, c'est super. Tu peux jouer à l'explorateur. Tu peux passer la nuit sous une tente au milieu des animaux sauvages.

Juliette : Ah bon, c'est vrai ?

P. 161 → Maéva a fait un stage de chant choral dans les Pyrénées. Elle fait le bilan de son stage...

Pierre : Alors, tu es contente de ton stage dans les Pyrénées ?

Maéva : Très contente. Les gens étaient très sympathiques. Il y avait une bonne ambiance...

Pierre : Vous étiez bien logés ?

Maéva : Ce n'était pas très confortable mais c'était propre. C'est comme la nourriture, c'était régime minceur. Mais je n'allais pas là-bas pour faire des repas gastronomiques.

Pierre : Vous avez un peu visité la région ?

Maéva : Ben non, là, je suis un peu déçue. On n'a fait qu'une sortie.

Pierre : Et les professeurs, les animateurs... ?

Maéva : Excellents. Des gens très compétents.

Pierre : Le programme t'a plu ?

Maéva : Un peu trop d'œuvres modernes.

Pierre : Et vous avez donné un concert ?

Maéva : Oui, ça a été un grand moment. J'avais un peu le trac parce que j'avais un solo mais ça s'est bien passé... J'ai eu beaucoup de plaisir à chanter ce soir-là...

P. 163 → 1. Écoutez ces six appels téléphoniques et complétez le tableau.

1. – Allô, l'hôtel Bellevue, je voudrais réserver une chambre pour la nuit du 8 août. Une chambre double.

– Je suis désolée monsieur, l'hôtel est complet.

2. – Allô, madame Bourget ?

– Oui.

– Ici l'agence Air-France. Je vous téléphone pour vous dire que nous avons trouvé votre valise.

3. Allô, la gare ? Est-ce que la grève continue demain ?

4. – Agence de voyage *Sans Frontières* ?

– Bonjour madame. Je voudrais annuler une réservation. Je suis Charles Payan. J'ai fait une réservation sur le vol pour New Delhi du 24...

5. – Allô !

– Bonjour. Je voudrais parler à Éric, s'il vous plaît.

– Éric ?

– Je ne suis pas chez Éric Bourget ?

– Non.

– Vous n'êtes pas le 02.66.28.00.00 ?

– Ah non ! Vous avez fait un faux numéro.

6. – *Vidéo Concept,* bonjour !

– Bonjour, je voudrais parler à Stéphanie Royer, s'il vous plaît.

– Ah, elle est en réunion. Vous voulez laisser un message ?

P. 168 → 4. Parler d'un voyage. Écoutez les huit phrases. Retrouvez la situation.

1. On arrive au péage. Tu peux me passer mon porte-monnaie ?/**2.** Veuillez attacher vos ceintures et relever votre tablette./**3.** Vous n'avez rien à déclarer ?/**4.** Bonjour messieurs-dames. Contrôle des billets !/**5.** Je voudrais une place dans le TGV pour Nantes, en seconde, non fumeur./**6.** Ah zut ! C'est complet... et j'ai oublié de réserver./**7.** C'est pour une demande de visa./**8.** Vous embarquez à 15 h 30, porte 34. Bon voyage. Au revoir.

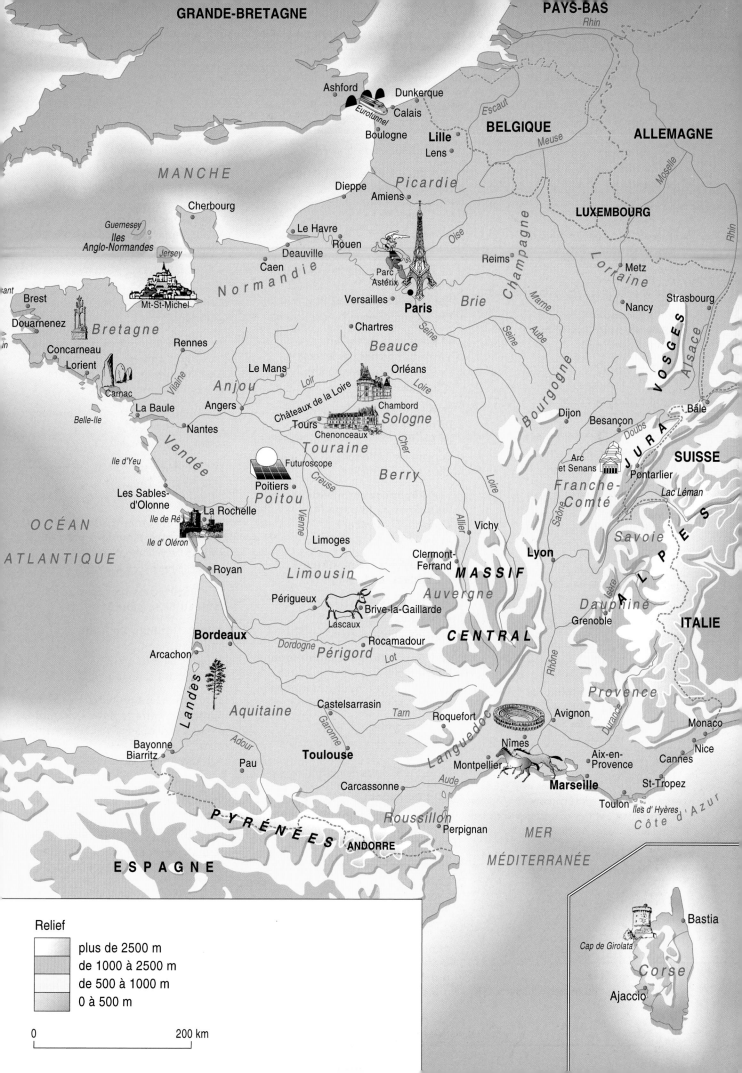

Prononciation et mécanismes

On trouvera ci-dessous les consignes des exercices oraux de prononciation, de grammaire et de vocabulaire enregistrés sur cassette. Dans les leçons, ces exercices sont signalés par la rubrique *listening* « Prononciation et mécanismes ».

1 ● **Prononcez.**
[i] : cinéma
[y] : salut
[u] : bonjour

2 ● **Continuez.**
Il est anglais. Elle est anglaise.
À vous : Il est français...

3 ● **Répétez.**
Je m'appelle Inès.../Je m'appelle Hugo...

4 ● **Répondez.**
• Roberto Blanco est français ?
– Oui, il est français.

5 ● **Prononcez.**
[e] : C'est le musée ?
[ɛ] : Elle s'appelle Inès.
[i] : Voici le taxi.
[y] : Salut !

6 ● **Apprenez les chiffres.**
1 : un   6 : six
2 : deux   7 : sept
3 : trois   8 : huit
4 : quatre   9 : neuf
5 : cinq   10 : dix

7 ● **Répondez non.**
• John parle français ?
– Non, il ne parle pas français.

8 ● **Prononcez.**
[ɑ̃] : Le cinéma allemand.
[ɔ̃] : Bonjour !
[ɛ̃] : Il est italien.
[œ̃] : Un artiste.

9 ● **Prononcez l'alphabet.**
A - B - C - D - E - F - G - H - I - J - K - L -
M - N - O - P - Q - R - S - T - U - V - W -
X - Y - Z

10 ● **Épelez.**
HUGO/JEAN/MARIE/FANNY

11 ● **Masculin ou féminin.**
Complétez avec « un » ou « une ».
étudiante   une étudiante
italien   un italien

12 ● **Prononcez. Distinguez** [s] **et** [z].
un cinéma   des îles
il est célèbre   des élèves

13 ● **Épelez.**
ÉLÈVE/HÔTEL/MUSICIEN

14 ● **Complétez.**
• Le restaurant du musée / l'université

→ le restaurant de l'université.

15 ● **Singulier ou pluriel. Notez dans le tableau.**

Singulier	Pluriel
l'écrivain...	les étrangers...

16 ● **Intonation de la question. Répétez.**
Elle s'appelle Inès Blanc ?
Elle est comédienne ?

17 ● **Posez la question.**
• Je ne comprends pas le français.
→ Et vous, vous comprenez le français ?

18 ● **Le « e » non prononcé. Observez et répétez.**
Une visite...   Bonjour madame...
Bonjour mademoiselle...
Elle s'appelle Émeline...

19 ● **Répondez comme dans les scènes de la page 14.**
• Bonjour ! – Bonjour !
• Ça va ? – Ça va. Et toi ?

20 ● **Répétez les nombres du tableau de la page 21.**

21 ● **Posez la question.**
• Vous êtes anglais ?
→ Est-ce que vous êtes anglais ?

22 ● **Répondez pour Dominique Marie.**
• Ça, c'est votre fiche de renseignements ?
– Oui, c'est ma fiche de renseignements.

23 ● **Répondez.**
• Est-ce que vous avez une maison en France ?
– Non, je n'ai pas de maison.

24 ● **Demandez les objets de l'exercice 1.**
• Je voudrais/→ Je voudrais un dictionnaire français-anglais.

25 ● **Distinguez « je », « j'ai », « j'aime ». Répondez « oui ».**
• Vous faites du français ?
– Je fais du français.

26 ● **Distinguez** [ɛ]/[e]/[ə] **dans la conjugaison des verbes « aimer », « s'appeler », « préférer ». Étonnez-vous comme dans l'exemple.**

• Je m'appelle Renaud.
– Ah, vous vous appelez Renaud !

27 ● **Répondez. Exprimez vos préférences.**
• Vous aimez les voyages ?
– Oui, j'aime les voyages.
– Non, je n'aime pas les voyages.

28 ● **Exprimez un souhait.**
• Vous travaillez en France ?
– Non, mais je voudrais bien travailler en France.

29 ● **Ils font le même métier. Continuez comme dans l'exemple.**
Il est infirmier → Elle est infirmière
Elle est comédienne...

30 ● **Distinguez** [f] **et** [v]. **Répétez.**
• Je vais visiter la ville.
– Moi, je vais faire du VTT.

31 ● **Distinguez** [t] **et** [d]. **Répétez.**
• Où est ta maison ?
– Dans le quartier des théâtres.

32 ● **Elle et son ami adorent la montagne. Répondez pour elle.**
• Vous allez à la montagne ?
– Oui, j'aime aller à la montagne.

33 ● **Répétez les nombres du tableau de la page 31.**

34 ● **Parlez pour Dominique et son collègue.**
• Vous habitez à Lyon ?
– Oui, nous habitons à Lyon.

35 ● **Ils parlent de leurs amis. Continuez comme dans l'exemple.**
• Vous travaillez à Paris ! Et Pierre et Marie ?
– Ils travaillent à Paris.

36 ● **a. Prononcez : consonne + voyelle + r. Répétez.**
Regarde le calendrier/Nous sommes le mardi quatorze mars.

b. Distinguez [vr] **et** [br]. **Répétez.**
Un livre.   Je suis libre.

37 ● **Répétez ces dates célèbres.**
la Révolution française : 1789
la Première Guerre mondiale : 1914
le jeudi noir de Wall Street : 1929
la Seconde Guerre mondiale : 1939
le premier homme sur la Lune : 1969

38 ● **Posez la question.**

• Je travaille du lundi au vendredi.
→ Quels jours est-ce que vous travaillez ?

39 ● **Prononcez les heures. Attention à la liaison.**
une heure   deux heures

40 ● **Attention aux sons [s] et [z]. Répétez.**
a. son [z] seul :   six heures
b. son [z] et son [s] : trois heures dix

41 ● **Répondez d'après l'indication.**
• À quelle heure la banque ouvre ? / 9 h
→ La banque ouvre à neuf heures.

42 ● **Regardez l'agenda de Patrick, p 37. Répondez pour lui.**
• Bonjour Patrick. À quelle heure tu déjeunes aujourd'hui ?
– Je déjeune à une heure.

43 ● **Dites que vous faites comme eux.**
• Je pars. – Je pars avec toi.

44 ● **Attention : distinguez « ils ont » et « ils sont ». Confirmez comme dans l'exemple.**
• Je suis française. Et eux ?
– Ils sont français.

45 ● **Attention : distinguez [ø] et [œ]. Répétez.**
Il est quelle heure ? Tu veux partir ?

46 ● **Elle aime les sports. Elle déteste aller voir des spectacles. Répondez pour elle.**
• Tu veux aller au théâtre ?
– Non, je ne veux pas aller au théâtre.
• Tu veux faire un jogging ?
– Oui, je veux faire un jogging.

47 ● **Transformez les questions de la secrétaire.**
• Comment vous vous appelez ?
→ Comment vous appelez-vous ?

48 ● **Ils sont d'accord. Vous êtes d'accord. Confirmez.**
• J'ai envie d'aller au cinéma. Et toi ?
– Moi aussi.

49 ● **Répondez par « oui », « non », « si ».**
• Vous êtes français ?/– Non.
• Vous n'apprenez pas le français ?/– Si.

50 ● **Voici des questions sur l'histoire de Patrick et de Julie. Répondez.**

• Quelle est la profession de Patrick ?
– Il est comédien.

51 ● **a. Distinguez [k] et [g]. Répétez.**
• C'est le quartier de la gare ? – Non, c'est le quartier du collège Goya.

b. Distinguez [y] et [u]. Répétez.
J'habite sur le boulevard.
Au numéro douze...

52 ● **Compréhension et prononciation des noms de lieux. Regardez la carte de France et répondez.**
• Où sont les Pyrénées ?
– Entre la France et l'Espagne.
• Où est Strasbourg ?
– Dans l'est de la France.

53 ● **a. Distinguez [a] et [ã].**
Il va à Lima. Il vend son logement.

b. Distinguez [o], [ɔ] et [ɔ̃].
Sur le port./À côté du pont./Tout le monde adore.

54 ● **Distinguez [p] et [b]. Répétez.**
J'habite à Pigalle. C'est à Paris.

55 ● **L'année prochaine Caroline va étudier la médecine à Paris. Son ami Julien aussi. Répondez pour Caroline.**
• Tu vas étudier à Paris ?
– Oui, je vais étudier à Paris.

56 ● **Ils ont le baccalauréat. Mais que faire après ? Il est difficile de décider. Répondez « non ».**
• Tu vas étudier la médecine ?
– Non, je ne vais pas étudier la médecine.

57 ● **Tristan range le salon. Il interroge Barbara. Répondez « oui » pour elle. Utilisez la forme « être à » + pronom.**
• Ce livre est à Pierre ? – Oui, il est à lui.

58 ● **Barbara range le salon. Elle interroge Tristan. Répondez « non » pour lui. Utilisez la forme être à + « pronom ».**
• Ce cendrier est à toi ?
– Non, il n'est pas à moi.

59 ● **Confirmez comme dans l'exemple.**
• Ce livre est à Pierre ?
– Oui, c'est son livre.

60 ● **Distinguez la forme simple des verbes et la forme**

pronominale. Répétez.
Je prépare le café./Je me prépare.
Pierre réveille Tristan./Tristan se réveille.

61 ● **Demain, avec vos amis, vous faites une promenade en montagne. Répondez « oui ».**
• Demain, tu te lèves tôt ?
– Oui, je me lève tôt.

62 ● **Pierre et ses amis sont en vacances à Tahiti. Répondez pour lui.**
• Tu te lèves tôt ?
– Non, je ne me lève pas tôt.

63 ● **Donnez des conseils à l'étudiant. Transformez comme dans l'exemple.**
• Tu dois lire beaucoup.
→ Il faut lire beaucoup.

64 ● **C'est le matin. Un père donne des ordres à ses enfants. Transformez comme dans l'exemple.**
• Jérémy, tu dois te réveiller !
→ Réveille-toi !

65 ● **Répondez aux questions selon vos habitudes.**
• Le matin, vous aimez vous lever tôt ?
– Oui, j'aime me lever tôt.

66 ● **Elle est étudiante en lettres. Le soir, son ami l'interroge. Répondez « oui » pour elle.**
• Tu as travaillé aujourd'hui ?
– Oui, j'ai travaillé.

67 ● **Il est malade. Hier, il a passé la journée chez lui. Répondez « non » pour lui.**
• Hier, tu as travaillé ?
– Non, je n'ai pas travaillé.

68 ● **Complétez avec « aujourd'hui » ou « hier ».**
• Je suis malade.
→ Aujourd'hui, je suis malade.
• Je suis allé chez le médecin.
→ Hier, je suis allé chez le médecin.

69 ● **Attention à la prononciation du passé composé. Écoutez et répétez.**
a. Distinguez : je/j'ai.
je parle   j'ai parlé.
b. Distinguez : tu as/tu es.
tu as vu   tu es parti(e)
c. Distinguez : ils ont/ils sont.
ils ont lu   ils sont venus

70 ● **On interroge Arnaud. Répondez pour lui.**

• Tu es allé au Salon des jeux vidéo samedi ?
– Oui, je suis allé au Salon des jeux vidéo.

71 ● Aujourd'hui, vous êtes triste, vous n'avez envie de rien. Votre ami aussi.
• Tu fais quelque chose ce soir ?
– Non, je ne fais rien.

72 ● On a cambriolé votre maison. La police pose des questions. Répondez « non ».
• Vous avez entendu quelque chose ?
– Non, je n'ai rien entendu.

73 ● Vous sortez beaucoup, vos amis aussi. Confirmez et répondez comme dans l'exemple.
• Il faut voir l'exposition Picasso.
– J'ai vu l'exposition Picasso.
• Et vos amis ?
– Ils ont vu l'exposition Picasso.

74 ● Barbara et ses amis ont passé un bon week-end. Répondez « oui » pour elle.
• Vous avez fait la fête samedi soir ?
– Oui, nous avons fait la fête.

75 ● Vous avez participé au séminaire du château de Laborde. Regardez le programme et répondez.
• Tu as fait le voyage en voiture ?
– Non, je n'ai pas fait le voyage en voiture.

76 ● Distinguez [ø], [œ], [o]. Répétez.
un euro   une heure   un oral

77 ● Distinguez [ʃ] et [ʒ]. Répétez.
Gérard part en voyage/à cheval/dans le Jura.

78 ● Prononcez le féminin ou le masculin. Continuez comme dans l'exemple.
un grand port – une ville
→ une grande ville
une table basse – un meuble
→ un meuble bas

79 ● Étonnez-vous comme dans l'exemple.
• Je mets ce pantalon gris et cette chemise.
– Cette chemise grise ?

80 ● Pierre et Marie ont des goûts

opposés. Continuez comme dans l'exemple.
• Pierre mange du riz.
→ Marie ne mange pas de riz.
• Marie ne boit pas de bière.
→ Pierre boit de la bière.

81 ● Répondez selon vos goûts.
• Vous aimez le thé ?/– Oui, j'aime le thé./– Non, je n'aime pas le thé.

82 ● Distinguez [b] – [v] – [p]. Répétez.
Il boit de l'eau./Il voit Caroline.

83 ● Catherine et son amie Béatrice parlent de leurs connaissances. Répondez « oui » en utilisant un pronom.
• Tu connais Sylvie Ferrero ?
– Oui, je la connais.

84 ● Vous travaillez beaucoup. Vous n'avez pas le temps de faire autre chose. Répondez « non ».
• Vous regardez la télévision ?
– Non, je ne la regarde pas.

85 ● La directrice donne du travail à son assistant. Continuez comme dans l'exemple.
• Il faut écrire à M. Dupont./– Je lui écris.

86 ● Patrick est fâché avec Julie. Il est toujours l'ami de Charlotte. Répondez comme dans l'exemple.
• Charlotte te téléphone ?
– Oui, elle me téléphone.
• Et Julie ?
– Non, elle ne me téléphone pas.

87 ● Le directeur va partir en vacances. Il confirme les propositions de son assistant.
• Je dois préparer le dossier Dubreuil ?
– Oui, préparez-le !

88 ● Lucy a quitté Paul. Donnez des conseils à Paul.
• Qu'est-ce que je fais ? J'appelle Lucy ?
– Ne l'appelle pas !

89 ● Nathalie et Jérémy reviennent d'une soirée. Ils sont contents. Répondez « oui ».
• Tu as vu tes amis ?/– Oui, je les ai vus.

90 ● Sylvie a fait un voyage professionnel à Paris. Elle n'a pas eu une minute de loisir. Répondez « non ».
• Sylvie a vu l'exposition Picasso ?
– Non, elle ne l'a pas vue.

91 ● Répondez aux questions sur votre enfance.
• Quand vous étiez enfant, vous regardiez beaucoup la télévision ?
– Je la regardais beaucoup.

92 ● Distinguez et prononcez le [j].
Nos goûts ont changé./Aujourd'hui, nous dansons sur de la techno./Avant, nous dansions sur de la disco.

93 ● Pierre n'a pas de chance. Confirmez comme dans l'exemple.
• Quand Pierre dort, les voisins font du bruit.
– C'est vrai. Hier, quand Pierre dormait, les voisins ont fait du bruit.

94 ● Antoine essaie de contacter Catherine. C'est impossible. Vous essayez de la contacter. C'est impossible. Confirmez comme dans l'exemple.
• Quand je vais chez Catherine, elle fait ses courses.
– Moi aussi, hier, je suis allé(e) chez Catherine, elle faisait ses courses.

95 ● Prononcez [ɥi]. Répétez.
• Tu habites en Suisse ?
– Non, j'habite au Puy ?

96 ● On pose des questions à François Dumas et à Charles Payan. Répondez pour eux.
• François, il y a combien de temps que tu as quitté Saint-Cyprien ?
– Il y a vingt ans.

97 ● François interroge Charles. Répondez pour lui selon l'indication.
• Dis-moi Charles, est-ce que tu vois quelquefois Jean-Paul Reynaud ? *(Quelquefois.)*
– Je le vois quelquefois.

98 ● Charles interroge François mais François a beaucoup changé. Répondez pour lui comme dans l'exemple.
• Est-ce que tu fais toujours du tennis ?
– Non, je ne fais plus de tennis.
• Et tu ne fais plus de judo ?
– Si, je fais toujours du judo.

99 ● Les noms en [œr] et leur féminin. Confirmez comme dans l'exemple.
• Il fait de la recherche.
– C'est un chercheur.

100 ● **Faites la différence entre [f] et [v]. Prononcez ces noms de marques.**
Sanofi/Fuji/Fiat/Fanta
Videndi/Vuitton/Vichy/Valentine

101 ● **Transformez les noms en verbes. Expliquez comme dans l'exemple.**
• Vente de journaux.
→ On vend des journaux.

102 ● **Transformez les verbes en noms. Confirmez comme dans l'exemple.**
• Il construit des robots ?
– Il est dans la construction de robots.

103 ● **Prononcez un groupe de mots avec le pronom « en ».**
Pierre et Marie préparent un repas. Répétez leurs phrases.
Pierre : Des pommes de terres, nous en avons ?
Marie : J'en ai acheté.

104 ● **La directrice de l'entreprise Multimédia est très riche. Répondez « oui ».**
• Est-ce que la directrice a beaucoup d'argent ?
– Elle en a beaucoup.

105 ● **Antoine est au régime. Répondez « non » pour lui.**
• Tu manges du pain ?
– Je n'en mange pas.

106 ● **Elle a fait un voyage au Japon avec son ami. Répondez « oui » pour elle.**
• Tu as mangé des sushis ?
– Oui, j'en ai mangé.

107 ● **Le « e » muet. Répétez.**
Samedi, je ne travaillerai pas.
J'inviterai ma belle-sœur.

108 ● **Vous avez décidé de changer. Votre ami aussi.**
• Tu ne fais pas de sport ?
– Demain, je ferai du sport.
• Pierre fume beaucoup.
– Demain, il ne fumera plus.

109 ● **Une employée parle avec un collègue. Répondez « oui » ou « non » selon l'indication.**
• Est-ce que tu as fini ton rapport ? Non ?
– Non, je ne l'ai pas encore fini.

• Est-ce que tu as cherché la documentation ? Oui ?
– Oui, je l'ai déjà cherchée.

110 ● **Dans une entreprise, le directeur général interroge une chef de service. Répondez « oui » pour elle.**
• Est-ce qu'il y a assez de bureaux dans votre service ?
– Il y en a assez.

111 ● **Donnez une conclusion comme dans l'exemple.**
• Marie est plus ou moins grande que Rachel ?
– Marie fait 1,65 m. Rachel mesure 1,70 m. Marie est moins grande que Rachel.

112 ● **Testez vos connaissances sur la France. Répondez.**
• Le château de Versailles est-il plus ou moins ancien que la cathédrale Notre-Dame de Paris ?
– Il est moins ancien.

113 ● **Attention à la prononciation de « plus » et « moins ». Répétez.**
a. Devant un adjectif ou un adverbe commençant par une consonne :
Antoine parle vite/Hugo parle moins vite/François parle plus vite

b. Devant un adjectif ou un adverbe commençant par une voyelle :
Antoine est indépendant. Hugo est moins égoïste/François est plus attentif aux autres.

• **Quand « plus » et « moins » indiquent une quantité :**
Marie travaille plus que Flore/Flore a plus de jours de congés/Et Célia ?
Elle en a plus/Elle voyage plus/Elle a moins de travail/Du jeudi soir au lundi matin elle ne travaille plus/

114 ● **Comparez comme dans l'exemple.**
• Pierre a huit semaines de congés. Thomas en a sept.
→ Pierre a plus de congés que Thomas.

115 ● **Vous visitez une galerie d'art avec une amie. Approuvez ce qu'elle dit comme dans l'exemple.**
• Cette peinture est très belle.
– C'est la plus belle.
• Ce tableau n'est pas beau.

– C'est le moins beau.

116 ● **Prononcez le son [j] à la fin d'un mot. Répétez.**
le soleil/une fille/le travail/un travailleur

117 ● **Distinguez [a] et [ã]. Répétez.**
Marie part en voyage à Londres.
Elle apporte un cadeau à John.
Elle emporte un imperméable.

118 ● **Marie-Sophie fait des travaux dans sa maison. Elle demande de l'aide. Répondez « oui » ou « non » selon l'indication.**
• Tu veux m'aider ? Oui ?
– Oui, je veux t'aider.
• Est-ce que tu peux transporter ce buffet dans le salon ? Non ?
– Non, je ne peux pas le transporter.

119 ● **Deux collègues parlent de leurs lieux de vacances. Répondez en utilisant les pronoms « y », « le », « les ».**
• Tu passes tes vacances à l'île de Ré ?
– Oui, j'y passe mes vacances.

120 – **Combinez les deux phrases comme dans l'exemple.**
• Louise prépare le débat. Elle est sérieuse.
→ Louise prépare sérieusement le débat.

121 ● **Distinguez et prononcez [ʀ] et [l]. Répétez.**
J'ai lu dans la rue.

122 ● **Un médecin vous pose des questions. Répondez « oui » ou « non » selon l'indication. Utilisez les pronoms.**
• Est-ce que vous prenez vos médicaments ? Oui ?
– Oui, je les prends.

123 ● **Avec votre ami Pierre, vous avez eu un accident de voiture. Vous êtes à l'hôpital. Un ami téléphone pour prendre des nouvelles. Répondez « oui » ou « non » selon l'indication.**
• Est-ce qu'on t'autorise à sortir ? (Oui ?)
– Oui, on m'autorise à sortir.
• Et Pierre ? Non ?
– Non, on ne l'autorise pas à sortir.

124 ● **Demandez deux fois l'autorisation comme dans l'exemple.**
• Ici, il est interdit de camper.
→ Vous nous autorisez à camper ?
→ Vous nous permettez de camper ?

125 ● **Confirmez comme dans l'exemple.**
• Qui est président de Sud-Écologie ? C'est Louise ?
– C'est Louise qui est présidente de Sud-Écologie.

126 ● **Vous cherchez à louer une maison pendant les vacances. Un agent immobilier vous demande vos préférences. Répondez en choisissant la deuxième possibilité.**
Qu'est-ce que vous aimez, la mer ou la montagne ?
– C'est la montagne que j'aime.

127 ● **Exprimez les sentiments par l'intonation. Répétez les phrases de Pierre et de Marie.**
• Pierre n'a pas vu Marie depuis longtemps. Il la rencontre dans la rue. Surprise !
• Marie est contente de ce qu'elle fait. Satisfaction !
• Pierre n'est pas content de ce qu'il fait. Insatisfaction !
• Marie a reçu une proposition de poste. Déception !
• Pierre a reçu une proposition de poste. Indifférence !

128 ● **Conseillez à un ami d'aller passer des vacances en Bretagne.**
• En Bretagne, il y a de beaux paysages. Allez-y !
→ Allez en Bretagne où il y a de beaux paysages.

129 ● **Pierre et Marie travaillent beaucoup. Ils n'ont pas le temps de s'occuper de la maison et des enfants. Répondez pour eux.**
• Est-ce que tu laves toi-même ton linge ?/– Non, je le fais laver.
• Est-ce que vous faites vous-mêmes le ménage ?/– Non, nous le faisons faire.

130 ● **Vous avez beaucoup voyagé. Une amie vous pose des questions sur les souvenirs que vous avez rapportés. Confirmez comme dans l'exemple.**
• D'où vient ce tapis ? Tu l'as rapporté de Turquie ?
– Oui, c'est un tapis que j'ai rapporté de Turquie.

Réponses aux exercices tests

p. 66

1. Pour pouvoir suivre une éducation religieuse, mais peu d'enfants utilisent les mercredis pour cela.

2. Deuxième solution.

3. Première solution : il y a 5 millions de musulmans en France.

4. La deuxième solution est la plus fréquente, mais la première est possible.

5. Première solution.

6. Première solution.

7. Première solution.

8. Deuxième solution.

p. 69

L'information sur le concert au sommet du Kilimandjaro est fausse. Toutes les autres sont vraies.

p. 154

1. la République Française

2. Liberté - Egalité - Fraternité

3. l'Union européenne --> la France --> la région --> le département -->la commune

4. **a** (2, 5, 9) - **b.** (7) - **c.** (8) - **d.** (3) - **e.** (4) - **f.** (6) - **g.** (1, 8)

5. **a.** municipales (le maire et les conseillers minicipaux) - régionales (les conseilles régionaux) - législatives (les députés) - présidentielles (le Président de la République). Toutes ces élections se font au suffrage universel (tout le monde vote).
b. 18 ans
c. élections municipales

6. Charles de Gaulle (1961-1969)
Georges Pompidou (1969-1974)
Valéry Giscard d'Estaing (1974-1981)
François Mitterand (1981-1995)
Jacques Chirac (1995-2002)

On trouvera ci-après l'ensemble des points de grammaire abordés dans **Campus 1**. Ces différents points sont regroupés selon des catégories fonctionnelles (nommer, caractériser) ou opératoires (accorder les noms et les adjectifs).
La page où chaque fait grammatical est développé est indiquée entre parenthèses.

1. NOMMER LES PERSONNES ET LES CHOSES

1.1. Les noms

a. Le genre : dans la langue française, les noms qui représentent les choses, les animaux ou les idées sont masculins ou féminins. Certaines catégories sont plutôt du genre masculin ou féminin (p. 17).
Certains suffixes peuvent donner une indication sur le genre du nom (voir ci-dessous).

b. L'origine et la formation : 86 % des mots français sont d'origine latine. Les autres mots viennent des langues germanique (1,5 %), scandinave (0,1 %), arabe (0,1 %) ou sont empruntés à l'anglais, à l'espagnol, à l'italien, etc. (12 %).

Quelques suffixes pour former des mots	
Verbe → nom de l'action ou de l'état (p. 70)	**-tion** (noms féminins). Répéter → *une répétition*
	-sion (noms féminins). Permettre → *une permission*
	-ture (noms féminins). Ouvrir → *une ouverture*
	-(e)ment (noms masculins). Ranger → *un rangement*
	-age (noms masculins). Se marier → *un mariage*
Verbe → nom de la personne qui fait l'action	**-eur / -euse.** Vendre → *un vendeur / une vendeuse*
	-teur / -trice. Organiser → *un organisateur / une organisatrice*
	-ant / -ante. Étudier → *un étudiant / une étudiante*
	-teur / -teuse. Mentir → *un menteur / une menteuse*
Nom → nom de profession, de nationalité, etc.	**-ien / -ienne.** La technique → *un technicien / une technicienne* L'Égypte → *un Égyptien / une Égyptienne*
	-ier / -ière. Une ferme → *un fermier / une fermière* La cuisine → *un cuisinier / une cuisinière*
	-ais / -aise. Marseille → *un Marseillais / une Marseillaise* Le Portugal → *un Portugais / une Portugaise*
	-ain / -aine. L'Amérique → *un Américain / une Américaine* La république → *un républicain / une républicaine*

1.2. Les articles

a. Tableau général des articles

	masculin singulier	féminin singulier	pluriel
Les articles indéfinis (p. 11)	**un** Je voudrais **un** dictionnaire.	**une** Voici **une** école.	**des** J'ai **des** amis.
Les articles définis (p. 13)	**le** Je voudrais **le** dictionnaire de Paul.	**la** Voici **la** sœur de Marie.	**les** Je connais **les** amis de Pierre.
	l' (devant une voyelle ou h) Voici **l'**école de Romain.		
à + article défini (p. 29)	**au** Il va **au** cinéma.	**à la** Elle habite **à la** campagne.	**aux** Il écrit **aux** amis de Pierre.
	à l' (devant une voyelle ou h) Elle est **à l'**hôpital.		

	masculin singulier	féminin singulier	pluriel
de + article défini (p. 13)	**du** Il vient **du** Japon.	**de la** Voici l'ami **de la** secrétaire.	**des** Voici la liste **des** participants.
	de l' (devant une voyelle ou h) Il vient **de l'**école.		
Les articles partitifs (pp. 82, 29, 78, 141)	**du** C'est **du** bois.	**de la** Elle mange **de la** tarte.	(1)
	de l' (devant une voyelle ou h) Il boit **de l'**eau.		
(1) L'article partitif est utilisé avec les choses qu'on ne peut pas séparer ou compter. Il n'a donc pas de pluriel.			

b. L'article indéfini est employé
– pour définir, identifier
Qu'est-ce que c'est ? C'est un boulevard ou une avenue ?
– pour présenter une personne ou une chose indéfinie
Il y a un homme devant la porte. Il porte un costume bleu.

c. L'article défini est employé
– pour préciser
Regardez ! Ce sont des professeurs de l'université. Voici le professeur de français.
– pour généraliser
J'aime beaucoup les films policiers.
– pour parler d'une activité, d'un type de chose
J'aime le théâtre. J'adore les spaghettis.
– pour parler d'une idée
La vérité n'est pas toujours bonne à dire.

d. L'article partitif (voir ci-dessous : pour exprimer la quantité)

e. L'absence d'article
– dans une liste : *professions concernées : architectes, artisans, artistes* ;
– au début d'un titre : *Guerre et Paix* ;
– sur une enseigne : *Pharmacie* ;
– dans les constructions avec préposition quand le nom a une valeur générale : *un chauffeur de taxi, un professeur d'histoire* ;
– dans certaines expressions : *avoir faim* ;
– avec les noms de villes : *Paris, New York* (mais *La Baule*) et quelques noms d'îles *(Chypre, Madagascar)*.

2. CARACTÉRISER LES PERSONNES ET LES CHOSES

2.1. Les adjectifs

a. Construction
*Ce livre est (semble, paraît) **intéressant**. Ce livre très **intéressant** est un cadeau de Marie.*

b. Place des adjectifs (p. 81)
• L'adjectif se place en général après le nom : *un film policier.*
• Quelques adjectifs courts et très fréquents se placent avant le nom : *bon – meilleur / mauvais – grand / petit – vieux / jeune – beau – joli – demi – dernier – prochain.*
*Je connais un **petit** restaurant où on mange de **bons petits** plats.*
N.B. L'article *des* devient *de* devant un groupe « adjectif + nom ». Mais cette règle est de moins en moins suivie.
*Chez l'antiquaire, j'ai vu **de** beaux objets.*
• Quelques adjectifs changent de sens selon leur place.
*C'est ma **propre** voiture (ma voiture à moi). – Ma voiture est **propre** (elle n'est pas sale).*

2.2. La construction avec préposition (pp. 54, 79)

a. Pour exprimer l'origine, la propriété : *un tableau de Renoir – la maison d'Isabelle.*

b. Pour exprimer la matière : *un pantalon de (en) velours – une maison en (de) pierre.*

c. Pour décrire : *une robe à fleurs – une tarte aux pommes – un verre d'eau.*

d. Pour exprimer la fonction : *une cuillère à café – une machine à laver.*

2.3. Les constructions relatives (pp. 159, 165)

La personne ou la chose caractérisée est :		
sujet	**qui**	*J'aime la viande **qui** est bien cuite.*
complément d'objet	**que**	*Mme Lefranc est un professeur **que** j'adore.*
complément de lieu	**où**	*L'île de Ré est un endroit **où** nous allons souvent.*

• Constructions
Voici le livre que tu m'as demandé.
Mon ancien appartement est habité par une famille qui vient d'Australie.
Cette famille, qui est arrivée il y a quinze jours, ne parle pas français.

3. ACCORDER LE GROUPE DU NOM

3.1. Noms et adjectifs au féminin

La marque du féminin est en général *e* :
un joli portrait → *une jolie photo.*
Ce *e* n'est pas prononcé après une voyelle.
Quand le nom ou l'adjectif masculin est terminé par une consonne, le passage au féminin s'accompagne souvent de modifications d'orthographe et de prononciation.

• Prononciation de la consonne finale
grand → **grande** – petit → **petite** – gris → **grise** – long → **longue**.

• Prononciation et doublement
un paysan → **une paysanne** – nul → **nulle** – bon → **bonne**.

• Finale -er → -ère : *un boulanger* → **une boulangère** – *léger* → **légère**.

• Finale -f → -ve : *neuf* → **neuve**.

• Finale -eur → -euse : *un vendeur* → **une vendeuse**.
teur → trice : *un électeur* → **une électrice**.
teur → teuse : *un menteur* → **une menteuse**.

• Cas difficiles
– beau (**bel**, devant voyelle) → **belle** : *un beau château* → *un bel hôtel* – *une belle peinture*.
– nouveau (**nouvel**, devant voyelle) → **nouvelle** : *un nouveau film* – *le nouvel empire* – *une nouvelle année*.
– vieux (**vieil**, devant voyelle ou « h » muet) → **vieille** : *un homme vieux* – *un vieil homme* – *une vieille femme*.

• Certains noms ou adjectifs de professions n'ont pas de féminin :
un peintre → *une (femme) peintre.*
Les nouveaux dictionnaires proposent certains féminins mais ils ne sont pas encore très employés :
un professeur → *une professeure.*

3.2. Noms et adjectifs au pluriel

La marque du pluriel est en général **s**.
Ce **s** n'est pas prononcé, sauf :
– entre l'article pluriel et le nom ou l'adjectif commençant par une voyelle : *les_autres_enfants.*
– entre l'adjectif et le nom commençant par une voyelle : *de jolies_images.*

• Il existe quelques cas particuliers :
– finales **s, x, z** → pluriel inchangé : *le gros nez* → **les gros nez**.
– finales **-au** → **-aux**, **-eau** → **-eaux** : *un château* → **des châteaux**.
– finale **-al** → **-aux** : *un cheval* → **des chevaux** – *un bonjour amical* – **des bonjours amicaux** – *des invitations amicales*.
– noms masculins en **-ail** → **-aux** : *un travail* → **des travaux**.

4. PRÉSENTER - MONTRER

4.1. Les phrases présentatives (pp. 22, 165)

C'est } la maison de Marie.
Voici / voilà } le quartier que je préfère.
Ce sont les amis de Marie.

4.2. Les adjectifs démonstratifs (p. 49)

	masculin	féminin
singulier	**ce** ce livre	**cette** cette voiture
	cet (devant voyelle et h) cet ami	
pluriel	**ces** ces livres – ces photos	

Donnez-moi...
ce cahier,
cette règle,
ces feuilles de papier.

4.3. Ça, ceci, cela (pronoms démonstratifs)

Regardez ça ! Ça vous plaît ?
Je vais prendre ceci... Ceci ou cela ?

5. EXPRIMER LA POSSESSION

5.1. Les adjectifs possessifs (pp. 21-54)

La chose possédée est :	masculin singulier	féminin singulier		pluriel masculin ou féminin
à moi	**mon** mon frère	**ma** ma sœur	**mon** (devant voyelle) mon amie	**mes** mes sœurs
à toi	**ton** ton livre	**ta** ta maison	**ton** (devant voyelle) ton idée	**tes** tes frères
à lui... à elle	**son** son père	**sa** sa mère	**son** (devant voyelle) son écharpe	**ses** ses parents
à nous	**notre** notre cousin	notre cousine		**nos** nos cousins
à vous	**votre** votre oncle	votre tante		**vos** vos enfants
à eux... à elles	**leur** leur fils, leur fille			**leurs** leurs enfants

5.2. La forme être à + pronom (p. 54)

Ces clés sont { à moi – à toi – à lui / à elle.
                  à nous – à vous – à eux / à elles

5.3. Autres moyens

C'est le livre **de** Marie.
Il est **à elle**.
Il **appartient** à Marie.

6. POUR REMPLACER UN NOM

6.1. Les pronoms personnels sujets (la forme d'insistance est entre parenthèses)

La / les personnes qui parlent : je (*moi*) – nous (*nous*) – on (*nous*)
La / les personnes à qui on parle : tu (*toi*) / vous (singulier) (*vous*) – vous (pluriel) (*vous*)
Les personnes et les objets dont on parle : il (*lui*) – elle (*elle*) – ils (*eux*) – elles (*elles*).
Non, moi, je ne vous parle pas à vous ! C'est à lui que je parle !

6.2. Les pronoms compléments

a. Tableau général

		je	tu	il - elle	nous	vous	ils – elles
1. Le nom remplacé est introduit sans préposition (p. 91)	*personnes*	me	te	le - la l' (devant voyelle)	nous	vous	les
	choses			le - la - l'			les
2. Le nom remplacé est introduit par la proposition « à » (au, à la, aux) (p. 93, 149)	*personnes*	me	te	lui	nous	vous	leur
	choses			y			y
3. Le nom remplacé est introduit par la préposition « de » ou un mot de quantité (p. 120)	*choses*			en			en
4. Le nom remplacé est précédé d'une préposition autre que « à » et « de » (p. 39)	*personnes*	moi	toi	lui - elle	nous	vous	eux - elles

b. Exemples de constructions

- (1) *Tu connais les amis de Marie ? – Je les connais.*
  (2) *Tu téléphones souvent à Pierre ? – Je ne lui téléphone pas souvent.*
  (3) *Tu as beaucoup d'amis étrangers ? – Je n'en ai pas beaucoup.*
  (4) *Tu pars avec Amélie ? – Je pars avec elle.*

- (1) *Tu as vu le nouveau film de Klapish ? – Je l'ai vu.*
  (2) *Il t'a plu ? – Oui, il m'a plu.*
  (3) *Tu as vu d'autres films de Klapish ? – J'en ai vu deux.*
  (4) *Tu es allée au cinéma avec tes amis de Londres ? – Oui, j'y suis allée avec eux.*

6.3. Personnes et choses indéfinies (p. 31, 68)

- **« On »** ne peut être que sujet
On va au théâtre ? (= nous)
En Espagne, on dîne tard. (= les gens)
On ne parle pas la bouche pleine. (expression de l'obligation)

- **« Quelqu'un/personne »**
Quelqu'un est venu ? – Personne n'est venu.
Vous avez vu quelqu'un ? – Je n'ai vu personne.

- **« Quelque chose/rien »**
Quelque chose est arrivé ? – Rien n'est arrivé.
Vous avez entendu quelque chose ? – Je n'ai rien entendu.

- **« Tout »**
Tout est prêt – J'ai tout fini.

7. SITUER UNE ACTION DANS LE TEMPS

7.1. Exprimer le moment par la forme du verbe

• Action présente
Moment présent (p. 9) *Pierre travaille.*
Présent progressif (p. 125) *Il est en train de faire un devoir de français.*
État permanent (p. 6) *Pierre est étudiant.*

• Action passée
Passé composé (pp. 63-65) Action passée limitée dans le temps. *J'ai acheté des chaussures.*
Imparfait (p. 104) (action ou état passés vus comme non limités dans le temps). *Il y avait beaucoup de monde dans la librairie.*
Passé récent (p. 125) *Marie vient de partir.*

• Action future
Futur proche (p. 44) (action proche dans le temps ou dans l'esprit). *Pierre va partir.*
Futur (p. 123) *Il travaillera au Japon.*

N.B. Le présent peut exprimer une action passée ou future.
Nous sommes en 52 avant J.-C. Jules César est consul à Rome.
Demain, je suis à Paris.

7.2. Préciser le déroulement de l'action (pp. 87, 113)

Il commence à...
Il continue à...
Il s'arrête de... } *travailler*
Il finit de...
Il a fini de...

• *Il travaille toujours* (encore) ?
– *Non, il ne travaille plus.*

7.3. Préciser la situation de l'action dans le temps (p. 35-37)

a. Par rapport au moment où l'on parle
– maintenant – en ce moment ;
– aujourd'hui – hier – avant-hier – demain – après-demain ;
– ce matin – cet après-midi – ce soir – cette nuit ;
– mardi – lundi prochain/dernier.

b. Sans rapport avec le moment où l'on parle
à 8 heures – en janvier – le 1er janvier – en automne (au printemps) – en 1789.

7.4. Exprimer la durée (p. 111)

a. À partir du moment présent
– Vers le passé
  Il travaille en France depuis le 1er janvier.
  Il travaille en France depuis six mois.
  Il y a (Ça fait) six mois qu'il travaille en France.

– Vers le futur
  Il travaillera jusqu'à la fin de l'année.
  Il travaillera encore (pendant) six mois.
  Il s'arrêtera dans six mois.

b. Dans le passé
Elle est restée en France (pendant) deux ans.
Elle n'est pas restée longtemps.

7.5. Exprimer la répétition et l'habitude (p. 113)

a. Idée de répétition
– préfixe **-re** : *Il relit son devoir.*
– **encore/ne... plus** : *Vous prenez encore un peu de poulet au curry ?*
(Vous **reprenez**...) – *Non, je n'en veux plus.*

b. Idée d'habitude
Il va toujours (souvent - quelquefois - rarement) en forêt de Fontainebleau le dimanche.
Elle n'y va jamais.

c. Précision sur la fréquence
Elle va au cinéma   ***deux fois par** semaine.*
           ***tous les** jours - **tous les trois** jours.*
           ***tous les** lundis.*

8. EXPRIMER LA QUANTITÉ

8.1. Emploi des articles partitifs, des articles indéfinis et des adjectifs numéraux (p. 82)

La langue française peut présenter une quantité de deux manières :
– selon une vision continue. La quantité n'est pas composée d'éléments séparés.
J'achète du pain – Il me faut du temps pour faire ce travail.
– selon une vision discontinue. La quantité est composée d'éléments séparés qu'on peut compter.
J'achète trois pains – Il me faut trois heures pour faire ce travail.

Vision continue On ne compte pas	Vision discontinue On peut compter	
	sans précision	avec précision
du - de la J'ai bu du café ce matin. J'en ai bu.	**un - une - des** J'ai bu **un** café (des cafés) ce matin. J'en ai bu **(un)**.	**un (une) - deux - trois** - etc. J'ai bu **quatre** cafés ce matin. J'en ai bu **quatre**.
un peu de Elle a bu un peu de potage.	**quelques** Elle a bu **quelques** cuillères de potage.	
peu de/beaucoup de Il y a beaucoup (peu de) de monde.	**peu de/beaucoup de** Il y a **beaucoup (peu d')** d'invités.	

8.2. Expression de l'existence et du manque (pp. 120, 129)

Il y a... Il existe un appareil spécial pour...
Il (me) reste 300 €. J'ai encore 300 €.
Il (me) manque 200 €.
Elle n'a plus d'argent.

8.3. Appréciation des quantités et de l'importance

	ne... pas assez (de...)	assez (de...) (1)	trop (de...)
Noms	Je n'ai **pas assez** d'argent (pour acheter cette voiture).	Il a **assez** d'argent (pour acheter cette voiture).	Elle a **trop de** travail.
Verbes	Je n'économise **pas assez**.	Il travaille **assez**.	Elle travaille **trop**.
Adjectifs et adverbes	Je dépense mon argent **assez** vite.	Ce plat est **assez** salé.	C'est **trop** cher.
(1) *assez* peut avoir deux sens : – appréciation modérée (= un peu) *Ce film est assez intéressant.* – appréciation et comparaison (= suffisamment) *J'ai assez de temps pour pratiquer plusieurs sports.*			

8.4. Poids, mesures, prix

a. Le poids
Combien pesez-vous ? Je pèse 50 kilos (kg).
Ce paquet pèse (fait) 3 kg.

b. Dimensions
Combien mesurez-vous ? – Je mesure 1,60 m (un mètre soixante).
Quelle est votre taille ? – Je fais du 3 (du 46).
Quelle est votre pointure (chaussures) ? – Je fais du 36.
Quelles sont les dimensions de ce paquet ? Il fait (il mesure) 1 m de long, 30 cm de large, 40 cm de haut.
La longueur, la largeur, la hauteur, la profondeur de cette pièce est...

c. Prix
Combien coûte ce livre ? – Il coûte 15 €.
Ça fait combien ? – Ça fait 10,50 € (dix euros cinquante).
Je vous dois combien ?

9. COMPARER

9.1. Exprimer la ressemblance et la différence (p. 136)

a. L'identité
*Pierre a **la même** chemise que Paul.*
*Leurs chemises sont **pareilles, identiques**.*

b. La ressemblance
*Pierre **ressemble** à Paul. Pierre et Paul **se ressemblent**.*

c. La différence
*Marie et Lucie ne **se ressemblent** pas. Elles ont des caractères **différents**.*

9.2. Comparer des qualités, des quantités, des actions (pp. 133, 135)

	plus... (que)	aussi... (que)	moins... (que)
Comparaison des qualités (adjectifs et adverbes)	Marie est **plus** grande **que** Lucie. Luc est grand. Pierre est **plus** grand. Il est **meilleur** en anglais.	Marie est **aussi** intelligente **que** Lucie. Marie est intelligente. Lucie est **aussi** intelligente. Elle est **aussi bonne** en anglais.	Lucie est **moins** grande **que** Marie. Pierre est grand. Luc est **moins** grand. Il est **moins bon** en anglais.
Comparaison des quantités (noms)	plus de... (que) Il y a **plus** d'habitants à Paris **qu'**à Lyon. Il y en a **plus**.	autant de... (que) Il y a **autant de** monde au concert de Lara Fabian **qu'**au spectacle de Marc Jolivet. Il y en a **autant**.	moins de... (que) Il y a **moins** d'habitants à Lyon **qu'**à Paris. Il y en a **moins**.
Comparaison des actions (verbes)	plus (que...) Marie doit **plus que** Pierre.	autant (que...) Lucie dort 8 heures par nuit. Elle dort **autant que** Marie.	moins (que...) Pierre dort **moins que** Marie.

9.3. Exprimer l'intensité, la supériorité, l'infériorité (p. 136)

a. Intensité
*Pierre est **très** grand. Il court **beaucoup**. Il court **très** vite.*

b. Supériorité
*Pierre, Luc et Antoine sont grands. Pierre est **le plus** grand.*
*C'est Luc qui court **le plus** vite. C'est lui qui fait **le plus de** sport. C'est Antoine qui nage **le plus**.*

c. Infériorité
*Pierre, Luc et Antoine sont timides. Pierre est **le moins** timide.*
*C'est Luc qui communique **le moins** facilement. C'est lui qui parle **le moins**. C'est Antoine qui a **le moins** d'amies.*

10. INTERROGER

10.1. Interrogation générale (pp. 41-43)

a. Par l'intonation : *Vous venez ? – Pierre vient avec nous ?*

b. Avec « est-ce que » : *Est-ce que vous venez ? – Est-ce que Pierre vient avec nous ?*

c. Par l'inversion du sujet : *Venez-vous ? – Pierre vient-il avec nous ?*

d. Interrogation négative : *Ne venez-vous pas ? – Pierre ne vient-il pas avec nous ?*

10.2. Questions sur le sujet de l'action (p. 43)

***Qui** chante ? – **Qui est-ce qui** chante ?*
***Qu'est-ce qui** fait ce bruit ?*
***Qui est-ce ? Qu'est-ce que** c'est ?*

10.3. Questions sur l'objet de l'action (pp. 21-43)

• *Tu invites **qui** à ton anniversaire ? – **Qui est-ce que** tu invites ? – **Qui** invites-tu ?*
À qui *écris-tu ? – Tu écris **à qui** ?*
Avec qui... pour qui *travaille-t-elle ?*

• *Tu fais **quoi** ? **Qu'est-ce que** tu fais ? – **Que** fais-tu ?*
À quoi *penses-tu ? – Tu penses **à quoi** ?*
Avec quoi... sur quoi... *travaille-t-elle ?*

• « Quel » – « Quelle » – « Quels » – « Quelles » : ***Quel** temps fait-il ? **Quelle** heure est-il ? **Quels** sont les films que vous aimez ?*

10.4. Questions sur le lieu (p. 49)

a. Sur la situation ou la direction
Où *allez-vous ? – **D'où** venez-vous ?*
Jusqu'où *va la ligne de métro ?*
Par où *passez-vous ? – **Chez qui** allez-vous ?*
À côté de qui/quoi *habitez-vous ?*

b. Sur la distance
Quelle *est la distance entre Paris et Lyon ? – 430 km.*
*Il y a **combien** de kilomètres de Paris à Lyon ? – Il y a 430 km.*

10.5. Questions sur le temps

a. Sur le moment
Quand... À quel moment...
Quel jour.. Quel mois... ⎫
À quelle heure... ⎬ *part-il en vacances ?*
En quelle année... En quelle saison ⎭

b. Sur la durée
• *Il y a combien de temps (Ça fait combien de temps) que vous habitez ici ?*
Vous habitez ici depuis combien de temps ?
• *Combien de temps (d'années, de jours, etc.) avez-vous vécu en Australie ?*

11. NIER (LES PHRASES NÉGATIVES)

11.1. Constructions

Cas général (p. 9)	**ne (n')... pas...** Elle **ne** sort **pas**. Elle **n'**aime **pas** la pluie.
La négation porte sur un complément introduit par un article indéfini, un article partitif ou un mot de quantité (p. 23).	**ne (n')... pas de (d')** Elle **n'**a **pas de** voiture. Elle **ne** boit **pas** d'alcool et **ne** mange **pas** beaucoup **de** viande.
Comme dans le cas précédent, la négation porte sur un complément précédé d'article indéfini ou partitif, mais elle introduit une opposition.	**ne (n')... pas un (une, des, du,** etc.) Elle **n'**a **pas** une voiture. Elle en a deux. Ce **n'**est **pas** de l'alcool. C'est du soda.
Cas des constructions « verbe + verbe » et « auxiliaire + verbe ».	**« pas » se place après le premier verbe ou l'auxiliaire** Elle ne veut **pas** sortir. Elle n'est **pas** sortie.
Cas des constructions avec un pronom complément (pp. 91, 93).	**« ne » se place avant les pronoms** Elle **ne** me l'a pas donné.
La négation porte sur l'infinitif.	**« ne pas » + *infinitif*** Mets ce pull pour **ne pas** avoir froid. Je te demande de **ne pas** crier.

11.2. Réponses brèves (p. 43)

- *Tu connais Hugo Poirier ? – Non... Pas du tout... Absolument pas.*
- *Et toi ? Et lui ? – Moi non plus. Lui non plus.*
- Réponses à une question négative.

Tu ne connais pas Hugo ? – Si, je le connais.

                                     – Non, je ne le connais pas.

12. EXPRIMER DES PENSÉES ET DES OPINIONS - RAPPORTER DES PAROLES (p. 97, 127)

Pour exprimer une pensée ou une opinion. Pour rapporter une phrase affirmative ou négative.	*penser que, croire que, trouver que* *dire que*	Je **pense que** tu vas réussir. Marie **dit que** tu n'auras pas de problème.
Pour exprimer une pensée interrogative. Pour rapporter une phrase interrogative.	*(se) demander si* *... qui* *... ce que* *... où* *... quand, etc.*	Je me **demande si** François va venir. Marie **demande si** Charlotte viendra. ... **qui** l'accompagnera. ... **ce qu'**elle apportera.
Pour rapporter une phrase impérative	*dire de* *demander de*	Elle lui **dit de** partir. Il lui **demande de** rester.

13. ENCHAÎNER LES IDÉES

a. Succession d'idées et de faits

Et. *Nous avons fait une promenade et nous sommes allés au cinéma.*

D'abord - ensuite - puis - après - enfin. *D'abord nous avons fait un jogging, ensuite nous avons joué au basket et enfin nous avons nagé.*

b. Choix

Ou. *On va au cinéma ou on reste à la maison ?*

c. Opposition (p. 67)

Mais. *Je voudrais sortir mais il pleut.*

d. Conséquence (p. 67)

Donc - alors. *Il pleut. Alors, je reste à la maison. (Donc, je reste à la maison).*

e. Cause (p. 67)

Pourquoi ? parce que. *Pourquoi tu ne sors pas ? – Parce que je dois travailler.*

f. But (p. 67)

Pourquoi ? pour. *Pourquoi tu restes chez toi ? – Pour pouvoir travailler.*

g. Condition (p. 139)

Si + présent → futur

Si tu veux, nous irons au concert de Lynda Lemay.

14. ACCORDER LE GROUPE DU VERBE

14.1. Accord du participe passé après l'auxiliaire « être »

Le participe passé s'accorde avec le sujet du verbe.

Pierre est parti. Marie est partie.

Pierre et Marie sont sortis.

Pauline et Sabine sont restées.

14.2. Cas du participe passé des verbes pronominaux

Le participe passé s'accorde avec le sujet quand l'action porte directement sur ce sujet.

Marie s'est lavée.

Marie s'est lavé les mains. (l'action porte sur « les mains »)

Marie et Pauline se sont parlé. (la construction de « parler » est indirecte)

14.3. Accord du participe passé après l'auxiliaire « avoir »

Le participe passé s'accorde avec le complément d'objet direct du verbe quand ce complément est placé avant le verbe.

*J'ai invité **Sabine et Marie** (le complément est placé après le verbe).*

*Je **les** ai invitées au restaurant (« les » remplace Sabine et Marie).*

Sabine, que j'ai invitée, est l'amie de Marie.

15. CONSTRUIRE LE GROUPE DU VERBE

Liste des constructions verbales avec préposition introduites dans **Campus I**.

qqch. = quelque chose   qqn. = quelqu'un

acheter

qqch.	J'ai acheté une voiture.
qqch. à qqn.	Nous avons acheté un tee-shirt à Julien pour son anniversaire.

aller

à + *ville*	Il va à Paris.
en/au + *pays ou région*	Elle va en Italie, en Toscane.
chez + *lieu lié à une personne*	Il va chez le coiffeur.
+ *adverbe*	Il va bien. Ce costume vous va mieux que cette veste.

amener

qqn. + *lieu*	Vous ne savez pas où est le musée ? Je vous y amène.

annoncer

qqch.	La radio annonce du mauvais temps.
que + *indicatif*	La radio annonce qu'il pleuvra.
qqch. à qqn.	J'ai annoncé mon mariage à Pierre.

apporter

qqch.	Apportez des sandwichs.
qqch. à qqn.	J'ai apporté les livres à Marie.

apprécier

qqn.-qqch.	J'apprécie sa gentillesse.
de + *infinitif*	Je n'apprécie pas d'être obligé de me lever tôt.

apprendre

qqch.	L'enfant apprend ses leçons.
que + *indicatif*	J'ai appris que Laura allait partir en Italie.
qqch. à qqn.	J'ai appris à Pierre que Laura partait en Italie.
à + *infinitif*	L'enfant apprend à lire.

arrêter

qqn.-qqch.	Arrêtez le voleur ! Arrêtez cette musique !
de + *infinitif*	Arrête de crier !

arriver

+ *lieu*	Il arrivera à Marseille à 18 heures.
à + *infinitif*	Elle n'est pas arrivée à ouvrir la porte (= réussir).

attendre

qqn.-qqch.	J'attends Marie. Il attend le train.
de + *infinitif*	Je n'attends rien de cette réunion.

autoriser

qqch.	Dans ce musée, les photos sont autorisées.
qqn. à faire qqch.	M. Dupuis autorise son fils à sortir jusqu'à minuit.

avoir

qqch.	Pierre a une moto.
qqch. à faire	Élise a des devoirs à faire.

cacher

qqch.-qqn.	Le pirate a caché le trésor.
qqch. à qqn.	Les enfants m'ont caché mon sac.
à qqn. que + *indicatif*	Marie a caché à Pierre qu'elle voyait souvent Romain.

changer

qqch.	Elle veut changer le papier peint de sa chambre.
de qqch.	Elle veut changer de voiture.
qqch. pour qqch.	Elle a changé sa robe pour un ensemble chemisier pantalon.

chercher

qqn.-qqch.	Marie cherche ses lunettes.
à faire qqch.	Pierre cherche à rencontrer Élise.

choisir

qqn.-qqch.	Le directeur a choisi Agnès pour le poste de chef de service.
de faire qqch.	Pierre a choisi de partir à l'étranger.

commander

qqn.	Le général commande l'armée.
qqch.	Au restaurant, j'ai commandé un steak.
qqch. à qqn.	J'ai commandé un livre au libraire.

commencer

qqch.	Il a commencé son régime.
à faire qqch.	Elle a commencé à faire du sport.
par qqch.	J'ai commencé par nettoyer l'appartement.

comparer

des choses, des personnes	On peut comparer ces deux tableaux.
qqch. (qqn.) à qqch. (qqn.)	On ne peut pas comparer cette ville à Paris.

comprendre

qqch.-qqn.	J'ai compris l'explication. J'ai compris Pierre.
ce que + *indicatif*	Je n'ai pas compris ce que vous avez dit.
que + *indicatif*	Je n'ai pas compris que Marie était malade.
comment + *indicatif*	Je ne comprends pas comment on prépare la mayonnaise.

continuer
qqch. — Il continue son régime.
à (de) faire qqch. — Elle continue à faire du tennis.

coûter
qqch. — Ce journal coûte 1 euro.
qqch. à qqn. — Cet appartement me coûte le tiers de mon salaire.

croire
qqn. — Je crois Marie.
que + *proposition* — Je crois que Marie dit la vérité.
à qqch. — Je crois à l'histoire de Marie.
en qqch. — Il croit en Dieu.

défendre
qqch. — Il défend ses droits.
à qqn. de faire qqch. — Il est défendu au public d'entrer dans cette pièce.
qqn. contre qqch. — Il faut se défendre contre les moustiques.

demander
qqch. — Je demande l'addition.
qqch. à qqn. — Je leur ai demandé leur voiture.
à qqn. de faire qqch. — J'ai demandé à Pierre de venir m'aider.
à + *infinitif* — J'ai demandé à sortir.

détester
qqch.-qqn. — Je déteste le rugby.
faire qqch. — Il déteste se lever tôt.

devoir
faire qqch. — Elle doit travailler.
qqch. à qqn. — Je dois 20 euros à Patrick.

dire
qqch. — Elle a dit oui.
que + *proposition* — Elle a dit qu'il faisait beau à Venise.
faire qqch. — Elle a dit avoir envie de rester.
à qqn. de faire qqch. — Elle m'a dit de venir.

donner
qqch. — Je donne de l'argent aux associations humanitaires.
qqch. à qqn. — Il m'a donné son vélo.
qqch. à faire — J'ai donné mon linge à laver.
qqch. à faire à qqn. — Le professeur a donné un devoir à faire aux élèves.

emmener
qqn. — J'ai emmené Marie au théâtre.
qqn. faire qqch. — Je l'ai emmené écouter du jazz.

employer
qqn. — Cette entreprise emploie vingt personnes.
qqch. — Dans cet exercice, employez les adjectifs possessifs.

envoyer
qqch. à qqn. — Pierre a envoyé une carte postale à Marie.
qqn. à + *lieu* — J'ai envoyé les enfants au jardin.
qqn. faire qqch. — Elle m'a envoyé faire les courses.

espérer
que + *proposition* — J'espère qu'il fera beau demain.
+ infinitif — J'espère venir vous voir bientôt.

être
+ *adjectif* ou *nom* — Pierre est ingénieur.
à qqn. — Ce livre est à moi.
à + *lieu* — Marie est à Venise.
à + *temps* — Le film est à 18 heures.
de + *lieu* — Pierre est de Dijon.
en qqch. — Cette table est en bois.

expliquer
qqch. à qqn. — J'ai expliqué à Marie le fonctionnement de mon portable.
à qqn. + que (où, comment, pourquoi, *etc.*) — J'ai expliqué à Antoine pourquoi j'acceptais le poste à Mexico.

faire
qqch. — Ce boulanger fait du bon pain.
qqch./qqn. de qqch./qqn. — De ce vieux morceau de bois il a fait une lampe.

féliciter
qqn. — Le professeur a félicité Thomas.
qqn. de qqch. — Il l'a félicité de son succès.
qqn. de faire qqch. — Il l'a félicité d'avoir réussi.

fermer
qqch. — On a fermé la porte.
qqch. à qqn. — Cette salle du musée est fermée aux visiteurs.

finir
qqch. — Elle a fini son travail.
de faire qqch. — Je finis de ranger l'appartement.
par faire qqch. — Il finira par être d'accord avec vous.

gagner
qqch. — Il a gagné la partie.
à qqch. — Elle a gagné au Loto.

garder
qqch.-qqn. — Le chien garde la maison.
qqch. à qqn. — Je pars en voyage ; tu peux me garder mon chien ?

goûter
qqch. — J'ai goûté ce plat.
à qqch. — Je n'ai goûté à aucun plat.

guérir
qqch.-qqn. — Le médecin a guéri Pierre.
de qqch. — Elle a enfin guéri de sa grippe.

habiter
à, dans, en, chez, etc. — J'habite chez une copine. Il habite Lyon.
qqch. — Il habite un grand appartement.

hésiter
à faire qqch. — J'hésite à accepter son invitation.

interdire
qqch. — Le professeur interdit les portables en classe. Il interdit les dictionnaires aux étudiants.
qqch. à qqn. —
à qqn. de faire qqch. — J'ai interdit aux enfants de courir dans l'appartement.

(s')intéresser
qqn. — La conférence intéresse Marie.
à qqch., qqn. — Marie s'intéresse au conférencier.

inviter
qqn. — J'ai invité Pierre.
qqn. à qqch. — J'ai invité Pierre à faire une ballade en montagne.
qqn. à faire qqch. — J'ai invité Pierre à monter au sommet du mont Blanc.

jouer
qqch. — On joue *L'Avare* de Molière.
à qqch. — Elle joue au bridge.
de + *musique* — Il joue du violon.

laisser
qqn.-qqch. — J'ai laissé Marie devant la poste.
qqch. à qqn. — J'ai laissé mes affaires à Marie.
qqn. faire qqch. — Le professeur laisse les étudiants utiliser le dictionnaire.

lire
qqch. — J'ai lu un roman policier.
qqch. à qqn. — Elle a lu l'article à Pierre.
que + *proposition* — Elle a lu que les supermarchés étaient ouverts dimanche prochain.

louer
qqch. — Je loue un appartement.
qqch. à qqn. — Il loue son studio à un étudiant.

manquer
qqch.-qqn. — Il a manqué le train.
de qqch. — Il n'a pas plu depuis longtemps. La région manque d'eau.
à qqn. — Marie est partie. Elle me manque.

(se) marier
avec qqn. — Elle s'est mariée avec Romain.

se moquer
de qqn./qqch. — Il se moque de la tenue de son collègue.

mourir
de qqch. — Il est mort d'un accident de voiture.
de + *infinitif* — Elle est morte de rire.

offrir
qqch. à qqn. — Pierre a offert une bague à Marie.
à qqn. de faire qqch. — Il lui a offert de partir en voyage en Asie.

oublier
qqch. — J'ai oublié mon rendez-vous.
de faire qqch. — J'ai oublié de mettre des pièces dans l'horodateur.
que + *proposition* — J'ai oublié que j'avais rendez-vous avec Pierre.

ouvrir
à qqn. — Il a ouvert la porte à ses amis.

parler
à (avec) qqn. — Il a parlé au gardien de l'immeuble.
de qqch. — Je lui ai parlé de la lettre que j'ai reçue.
une langue — Il parle russe.
de + *infinitif* — Elle a parlé de créer une entreprise.

partager
qqch. en — Partagez le gâteau en huit !
qqch. entre qqn. — L'héritage a été partagé entre les quatre enfants.
qqch. avec qqn. — J'ai partagé mon repas avec Pierre.

participer
à qqch. — Tout le monde a participé à la réunion.

partir
pour (*idée future*) — Il part demain pour Rome.
à (*idée passée*) — Elle est partie à Madrid.
de (*provenance*) — Il est parti de Paris à midi et arrivera à Rome à 14 heures.
+ *infinitif* — Marie est partie rendre visite à ses parents.

passer
à, chez, *etc.* + *lieu* — Je passerai chez Pierre ce soir.
à + qqch. — Passons au problème suivant.
qqch. à qqn. — Hugo passe sa moto à Antoine.

payer
qqch. — J'ai payé l'addition.
+ prix — J'ai payé ce costume 200 €.
qqch. à qqn. — J'ai rencontré Patrick. Je lui ai payé un verre.

penser
à qqch., qqn. — Pierre pense à Marie.
à + *infinitif* — Pensez à faire réviser votre voiture.
que + *proposition* — Je pense que tu as raison.

permettre
qqch. à qqn. — Le médecin lui permet une sortie tous les jours.
à qqn. de faire qqch. — Le beau temps nous permettra de faire des promenades en forêt.

préférer
qqch.-qqn. — Entre Virginie et Sabine, je préfère Sabine.
qqch. à qqch. — Je préfère le théâtre à l'opéra.

prendre
qqch. — Au marché, j'ai pris des fraises.
qqch. à qqn. — On lui a pris son blouson.
qqn. pour qqn. — On prend quelquefois Romain pour Patrick Bruel.

préparer
qqch. à qqn. — Je vous ai préparé du thé.

prêter
qqch. à qqn. — Pierre a prêté de l'argent à Patrick.

prier
qqn. de faire qqch. — Je vous prie de m'envoyer la documentation.
qqn. pour qqch. — À Lourdes, les chrétiens prient la Vierge Marie pour la guérison des malades.

proposer
qqch. — Je propose un pique-nique.
à qqn. de faire qqch. — Je vous propose de faire une partie de tennis.

quitter
qqch., qqn.
qqn. pour qqn.

Il a quitté son appartement.
Elle a quitté son mari pour son professeur de yoga.

se rappeler
qqch.

Je me rappelle notre voyage en Inde.

recevoir
qqn., qqch.

J'ai reçu des amis.
J'ai reçu des cadeaux.
qqch. de qqn.
J'ai reçu une carte postale de Marie.

rembourser
qqch., qqn.

Il a remboursé ses dettes.
J'ai remboursé Pierre.
qqch. à qqn.
Il a remboursé à Pierre les 100 euros qu'il lui devait.

remercier
qqn. de (pour) qqch.

J'ai remercié Marie de son invitation.
qqn. de + *infinitif*
Il m'a remercié de l'aider.

rendre
qqch. à qqn.
qqch./qqn. + *adjectif*

Je lui ai rendu ses CD.
Cette histoire m'a rendu(e) triste.

répondre
à qqch./qqn.
que + *proposition*
de + *infinitif*

J'ai répondu à sa lettre/à Marie.
Il me répond qu'il ne peut pas venir.
Il m'a répondu de rester chez moi.

ressembler
à qqn., qqch.

Marie ressemble à Céline.

réussir
qqch.
à faire qqch.

Elle réussit très bien la mayonnaise.
Le champion a réussi à sauter 2, 5 m.
à qqch.
Il a réussi à son examen.

revenir
de + *lieu d'où l'on vient*
à + *lieu où l'on est déjà allé*

Je reviens de Paris.
Je reviens à Paris pour la troisième fois.

savoir
qqch.
faire qqch.
que + *proposition*
si + *proposition*

Je sais les paroles de cette chanson.
Je sais nager.
Il sait que je l'apprécie.
Je ne sais pas si elle viendra.

souhaiter
qqch. à qqn.

Je souhaite beaucoup de bonheur à vos enfants.
à qqn. de faire qqch.
Je souhaite à votre fille de réussir.

travailler
qqch.
à qqch.

Marie travaille son concours.
L'artiste travaille à un nouveau tableau.
pour qqn.
Je travaille pour M. Dupont.
à + *lieu*
Je travaille à la poste.
dans + *lieu*
Il travaille dans une entreprise de textile.

trouver
qqch., qqn.

J'ai trouvé ce fauteuil chez un antiquaire.
que + *proposition*
Je trouve qu'il est joli.
qqch. à qqn.
Je vous ai trouvé ce livre.

vendre
qqch. à qqn.

Pierre m'a vendu sa voiture.

vivre
qqch.

Nous avons vécu un moment extraordinaire.
de qqch.
Il vit de cours particuliers qu'il donne.

voler
qqch. à qqn.

On m'a volé mon sac.

•••••••► Principes généraux de conjugaison

■ Présent

Verbes en -er

regarder
je regarde
tu regard**es**
i/elle/on regarde
nous regard**ons**
vous regard**ez**
ils/elles regard**ent**

Autres verbes

finir
je **finis**
tu **finis**
il/elle/on fini**t**
nous finiss**ons**
vous finiss**ez**
ils/elles finiss**ent**

• Tous les verbes en **-er** (sauf *aller*) se conjuguent comme **regarder**.

• Les autres verbes ont en général les terminaisons en **-s** ; **-s** ; **-t** ; **-ons** ; **-ez** ; -**ent** du verbe **finir**.
Mais il y a des cas particuliers :
vouloir → **je veux**
aller → **il va**

■ La conjugaison pronominale

se regarder
je me regarde
tu te regardes
il/elle/on se regarde
nous nous regardons
vous vous regardez
ils/elles se regardent

• La conjugaison pronominale utilise deux pronoms.

• Le passé composé se construit avec l'auxiliaire **être** :
regarder → **j'ai regardé**
se regarder → **je me suis regardé**

• La forme des autres temps est identique à celle de la conjugaison normale.

■ Passé composé

finir
j'ai fini
tu as fini
il/elle/on a fini
nous avons fini
vous avez fini
ils/elles ont fini

aller
je suis allé(e)
tu es allé(e)
il/elle/on est allé(e)
nous sommes allé(e)s
vous êtes allé(e)s
ils/elles sont allé(e)s

• Construction
avoir (au présent) + participe passé
ou
être (au présent) + participe passé

> **Verbes conjugués avec *être*** :
> aller - arriver - descendre - entrer - monter - mourir - naître - partir - passer *(sens de déplacement)* - rester - retourner - sortir - tomber - venir.

Liste des participes passés

• Verbes en **-er** → participe passé en **-é** (regarder → regard**é**)
• **Verbes irréguliers :**

apprendre	→ appris	entendre	→ entendu	promettre	→ promis
s'asseoir	→ assis	être	→ été	recevoir	→ reçu
attendre	→ attendu	faire	→ fait	reconnaître	→ reconnu
avoir	→ eu	falloir	→ fallu	rendre	→ rendu
battre	→ battu	interdire	→ interdit	repartir	→ reparti
boire	→ bu	lire	→ lu	répondre	→ répondu
comprendre	→ compris	mentir	→ menti	revoir	→ revu
conduire	→ conduit	mettre	→ mis	rire	→ ri
connaître	→ connu	mourir	→ mort	servir	→ servi
construire	→ construit	offrir	→ offert	sortir	→ sorti
croire	→ cru	ouvrir	→ ouvert	suivre	→ suivi
découvrir	→ découvert	paraître	→ paru	tenir	→ tenu
descendre	→ descendu	partir	→ parti	traduire	→ traduit
détruire	→ détruit	peindre	→ peint	valoir	→ valu
devenir	→ devenu	permettre	→ permis	vendre	→ vendu
dire	→ dit	plaire	→ plu	venir	→ venu
disparaître	→ disparu	pleuvoir	→ plu	vivre	→ vécu
dormir	→ dormi	pouvoir	→ pu	voir	→ vu
écrire	→ écrit	prendre	→ pris	vouloir	→ voulu
élire	→ élu	produire	→ produit		

■ Imparfait

regarder
je regard**ais**
tu regard**ais**
il/elle/on regard**ait**
nous regard**ions**
vous regard**iez**
ils/elles regard**aient**

savoir
je sav**ais**
tu sav**ais**
il/elle/on sav**ait**
nous sav**ions**
vous sav**iez**
ils/elles sav**aient**

• L'imparfait se forme en général à partir de la 1re personne du pluriel du présent :
avoir : nous avons → **j'avais**
vendre : nous vendons → **je vendais**

■ Futur

regarder
je regarder**ai**
tu regarder**as**
il/elle/on regarder**a**
nous regarder**ons**
vous regarder**ez**
ils/elles regarder**ont**

• **Verbes en -er**
infinitif + terminaisons **-ai, -as, -a,** *etc.*
demander → **je demanderai, tu demanderas**

• **Autres verbes**
forme proche de l'infinitif } + terminaisons **-ai, -as, -a,** *etc.*
ou forme différente
prendre → **je prendrai**   être → **je serai**

■ Impératif

regarder	aller	être
regarde !	va !	sois !
regardons !	allons !	soyons !
regardez !	allez !	soyez !

La conjugaison est proche du présent de l'indicatif ou (pour quelques verbes) du subjonctif.
• **Verbes en -er** : terminaison sans « s » à la personne du singulier sauf quand l'impératif est suivi d'un pronom **en** ou **y**.
Vas-y ! Cherches-en !
• Quand on utilise la forme du subjonctif, la terminaison des deux personnes du pluriel est **-ons** et **-ez**.

•••••••➤ Types de conjugaisons

Mode de lecture des tableaux

infinitif		
conjugaison du présent	1re personne du futur	
	participe passé	
verbes ayant une conjugaison identique		

Les principes généraux présentés dans les pages précédentes et les tableaux suivants vous permettront de trouver la conjugaison des verbes introduits dans cette méthode.

■ Verbes avoir, être, aller

① avoir	
j'ai tu as il a	j'aurai
nous avons vous avez ils ont	eu

② être	
je suis tu es il est	je serai
nous sommes vous êtes ils sont	été

③ aller	
je vais tu vas il va	j'irai
nous allons vous allez ils vont	allé

■ Verbes en -er

regarder (4)

je regarde tu regardes il regarde	je regarderai
nous regardons vous regardez ils regardent	regardé

tous les verbes en -er sauf les verbes en **-ger, -yer, -eler, -eter**

Verbes du type « lever »

lever (5)

je lève tu lèves il lève	je lèverai
nous levons vous levez ils lèvent	levé

acheter - amener - emmener - peser

Verbes en -ger

manger (6)

je mange tu manges il mange	je mangerai
nous mangeons vous mangez ils mangent	mangé

bouger - changer - juger - mélanger - partager - rédiger

Verbes en -yer (sauf envoyer)

payer (7)

je paie tu paies il paie	je paierai
nous payons vous payez ils paient	payé

essayer - employer

envoyer (8)

j'envoie tu envoies il envoie	j'enverrai
nous envoyons vous envoyez ils envoient	envoyé

Verbes en -eler et -eter

appeler (9)

j'appelle tu appelles il appelle	j'appellerai
nous appelons vous appelez ils appellent	appelé

épeler - jeter - rappeler

■ Verbes en -ir

finir (10)

je finis tu finis il finit	je finirai
nous finissons vous finissez ils finissent	fini

applaudir - choisir - démolir - guérir - obéir - réfléchir - réunir - réussir

venir (11)

je viens tu viens il vient	je viendrai
nous venons vous venez ils viennent	venu

devenir - revenir - tenir

partir (12)

je pars tu pars il part	je partirai
nous partons vous partez ils partent	parti

dormir - mentir - repartir - sentir - sortir

ouvrir (13)

j'ouvre tu ouvres il ouvre	j'ouvrirai
nous ouvrons vous ouvrez ils ouvrent	ouvert

couvrir - découvrir - offrir

dormir (14)

je dors tu dors il dort	je dormirai
nous dormons vous dormez ils dorment	dormi

s'endormir

courir (15)

je cours tu cours il court	je courrai
nous courons vous courez ils courent	couru

servir (16)

je sers tu sers il sert	je servirai
nous servons vous servez ils servent	servi

mourir (17)

je meurs tu meurs il meurt	je mourrai
nous mourons vous mourez ils meurent	mort

Verbes en -dre

(18) vendre	
je vends tu vends il vend	je vendrai
nous vendons vous vendez ils vendent	vendu
attendre - défendre - descendre - entendre - perdre - rendre - répondre	

(19) prendre	
je prends tu prends il prend	je prendrai
nous prenons vous prenez ils prennent	pris
apprendre - comprendre	

(20) peindre	
je peins tu peins il peint	je peindrai
nous peignons vous peignez ils peignent	peint

Verbes en -oir

(21) devoir	
je dois tu dois il doit	je devrai
nous devons vous devez ils doivent	dû
décevoir - recevoir	

(22) pouvoir	
je peux tu peux il peut	je pourrai
nous pouvons vous pouvez ils peuvent	pu

(23) voir	
je vois tu vois il voit	je verrai
nous voyons vous voyez ils voient	vu

(24) vouloir	
je veux tu veux il veut	je voudrai
nous voulons vous voulez ils veulent	voulu

(25) savoir	
je sais tu sais il sait	je saurai
nous savons vous savez ils savent	su

(26) pleuvoir	
il pleut	il pleuvra
	plu

(27) valoir	
je vaux tu vaux il vaut	je vaudrai
nous valons vous valez ils valent	valu

(28) s'asseoir	
je m'assieds tu t'assieds il s'assied	je m'assiérai
nous nous asseyons vous vous asseyez ils s'asseyent	assis

Verbes en -oire

(29) croire	
je crois tu crois il croit	je croirai
nous croyons vous croyez ils croient	cru

(30) boire	
je bois tu bois il boit	je boirai
nous buvons vous buvez ils boivent	bu

■ Verbes en -tre

31 connaître

je connais tu connais il connaît	je connaîtrai
nous connaissons vous connaissez ils connaissent	connu
disparaître - naître - reconnaître	

32 mettre

je mets tu mets il met	je mettrai
nous mettons vous mettez ils mettent	mis
permettre - promettre	

■ Verbes en -ire

33 conduire

je conduis tu conduis il conduit	je conduirai
nous conduisons vous conduisez ils conduisent	conduit
construire - détruire - produire - traduire	

34 écrire

j'écris tu écris il écrit	j'écrirai
nous écrivons vous écrivez ils écrivent	écrit
décrire - s'inscrire	

35 lire

je lis tu lis il lit	je lirai
nous lisons vous lisez ils lisent	lu
élire - relire	

36 rire

je ris tu ris il rit	je rirai
nous rions vous riez ils rient	ri
sourire	

37 dire

je dis tu dis il dit	je dirai
nous disons vous dites ils disent	dit

38 interdire

j'interdis tu interdis il interdit	j'interdirai
nous interdisons vous interdisez ils interdisent	interdit

■ Autres verbes en -re

39 plaire

je plais tu plais il plaît	je plairai
nous plaisons vous plaisez ils plaisent	plu

40 faire

je fais tu fais il fait	je ferai
nous faisons vous faites ils font	fait
défaire - refaire	

41 vivre

je vis tu vis il vit	je vivrai
nous vivons vous vivez ils vivent	vécu
revivre	

42 suivre

je suis tu suis il suit	je suivrai
nous suivons vous suivez ils suivent	suivi

tableau des contenus

UNITÉS	OBJECTIFS (SÉQUENCES)

GRAMMAIRE	VOCABULAIRE ET CIVILISATION	PRONONCIATION
. Conjugaison du présent (singulier) . Articles définis et indéfinis . Négation simple . Oppositions masculin/féminin et singulier/pluriel . Complément déterminatif avec « de »	. Connaissances partagées sur la France (lieux, personnes, produits) . Nationalités . Salutations, excuses . Compréhension des consignes de classe . « Tu » et « vous »	. Travail sur l'ensemble du système vocalique
. Interrogation *(est-ce que ?)* . Négation *(pas de)* . Conjugaison du présent (pluriel) . *Quel* interrogatif . Adjectifs possessifs *(mon/ma – ton/ta –* *votre)*	. L'état civil . Les professions . Les loisirs . Pays et villes (Lyon, Marseille, les Alpes, la Suisse) . Relations entre collègues de travail	. Opposition *je/j'ai* . Type *j'aime/nous aimons* . [f]/[v] . [d]/[t]
. Expression de la situation dans le temps . Pronoms après prépositions *(moi, toi, etc.)* . Futur proche . Interrogation (inversion du pronom sujet) . *Oui/si – Moi aussi/moi non plus*	. Le calendrier . Les rythmes de la journée . Les spectacles (lieux de spectacles, etc.) . Mouvements et déplacements . Paris	. [s]/[z] . Liaisons . Opposition [ø]/[œ] . Consonne + voyelle + [R] . *Ils ont/ils sont*
. Adjectifs démonstratifs . Adjectifs possessifs et autres formes de l'appartenance (*à* + pronom - *de* + nom) . Conjugaison pronominale . Impératif présent . Expression de l'obligation *(Il faut...)*	. La carte de la France . Rythmes de vie . Mode de vie des jeunes. Activités quotidiennes . Nancy . Le Tour de France	. Les voyelles nasales . Opposition [y]/[u] . [k]/[g] . [p]/[b] . [ã] (conjugaison pronominale)
. Passé composé . Expression de la cause et du but . Expression du doute et de la certitude . *Quelqu'un – quelque chose/ne ... personne –* *ne ... rien*	. Moyens et lieux d'information (services publics, Internet, etc.) . Toulouse . Quelques particularités françaises (rythmes scolaires, écriture, etc.) . TGV et fusée Ariane . Dérivation par suffixe	. Différenciation passé composé/présent (je/j'ai – tu as/tu es – etc.) . Prononciation des voyelles fina- les des participes passés
. Article partitif . Expression de la quantité *(un peu de, beau-* *coup de, quelques, assez de, trop de)* . Déroulement de l'action *(encore – toujours/* *ne ... plus)*	. Magasins et achats . Couleurs, matières, formes, dimensions . Vêtements et mode . Nourriture et boissons . Fête . Objets d'aujourd'hui	. Liaisons . Opposition [ø]/[œ]/[o]. . [ʃ] et [ʒ] . Passage du masculin au féminin et du féminin au masculin . [p]/[b]/[v]

tableau des contenus

GRAMMAIRE	VOCABULAIRE ET CIVILISATION	PRONONCIATION
. Pronoms compléments (directs et indirects) . Propositions complétives (*penser que, croire que*) . Impératif : verbes *être* et *avoir*, construction avec un pronom complément	. Comportement social (présenter quelqu'un, offrir quelque chose, remercier, inviter, accepter, refuser, etc.) . Cinéma : *Le Goût des autres.* . Caractère et personnalité . Communication et échange . Peur et courage	. Prononciation et rythme des énoncés avec pronoms compléments
. Imparfait . Emploi du passé composé et de l'imparfait dans le récit . Expression de la durée dans le passé . Fréquence et continuation de l'action	. Générations années 50, 60, 70, 80 et chansons . Biographie. Portrait de Z. Zidane . La famille en France et à travers le cinéma . La France rurale . Repères de l'histoire de la France	- [j] (*nous voulons/nous voulions*) - [ɥi]
. Pronom « en » . Futur . Déroulement de l'action (*pas encore, presque, déjà*) . Passé récent et présent progressif . Discours rapporté au présent	. Les entreprises . Un quotidien : *L'Est républicain* . Changements et évolutions . Transports . Une entreprise multimédia . L'esprit d'entreprise (Perrier, etc.)	. *eur/euse* en finale . [f]/[v] . [ə] (*e muet*)
. Constructions comparatives (comparaison des qualités, des quantités et des actions) . Constructions superlatives . Supposition (*si* + présent) . Restriction (*ne ... que – seulement*) . Formes impersonnelles (*il pleut*)	. Consommation (comparaisons internationales) . L'automobile . Climats et paysages . La télévision (émissions célèbres) . Les Français vus par les Québécois . Bourgeois et bohèmes	. Prononciation de *plus* et *moins* . [j] final . [a]/[ã] (*amener/emmener*)
. Pronom « y » . Adverbes (formation et place) . Construction des pronoms compléments	. La presse française . La santé et la maladie . La protection de l'environnement (parcs et réserves naturelles) . Organisation administrative et politique	. [R]/[l] . [a]/[ã]
. Pronoms relatifs « qui », « que », « où » . Propositions relatives explicatives et présentatives . *Faire* + verbe.	. Quelques parcs de loisirs . Les sentiments . Le voyage . Le téléphone . La lecture	. Intonation de l'expression des sentiments

crédits photographiques

5hg : RAPHO/Charles ; 5bg : MARCO POLO/Bouillot ; 5bd : Hanoteau ; 6 : Cahiers du Cinéma/archives Nathan ; 7 : SIPA/Nivière-Villard ; 8hg : PhotoDisc ; 8hd : Michel Gounod ; 8mg : HOA-QUI/Autenzio ; 8md : EXPLORER/Thouvenin ; 8bd : Photononstop/DIAF/Mazin ; 8bd : HOA-QUI/Renaudeau ; 10hg : SIPA/Facelly ; 9hm : Coll. Christophe L ; 10hd : SIPA/Morris ; 10bg : SIPA/Anderson Larry ; 10bm : Coll. Christophe L ; 10bd : SIPA/Olympia-Galimberti ; 11 : SIPA ; 12g : Coll. Cat's ; 12m : Coll. Christophe L ; 12b : Service Presse - Direction de la Communication CNAC Georges Pompidou ©Alfred Hitchcock Productions inc. RR, Courtesy of : Universal Studios Licensing inc. ; 13h : Guerlain ; 13b : Archives Larbor/C. Roux ; 14 : MARCO POLO/Bouillot ; 16 : ANA/Sommeryns ; 19mg : RAPHO/Pickerell ; 19md : SIPA/Hadj ; 19b : ANA/Horree ; 20 : ANA/Du Sordet ; 25hg : RAPHO/Grison ; 25bg : SIPA/F. Durand ; 25bd : ANA/Amantini ; 27 : Marc Enguerand ; 28hg : SCOPE/Colonel ; 28hd : Goodshoot ; 30h : Grandreporter.com/Diaphor-Bannhage ; 30mh : RAPHO/Steinheil ; 30mb et b : ANA/Horree ; 33h : SIPA/Schwartz ; 33m : Hoa-Qui/EXPLORER/Frances ; 33b : ANA/Du Sordet ; 35 : AFP/Patrick Kovarik-STF ; 36 : Grandreporter.com/Eric Chauvet ; 39 : PhotoDisc ; 41 : GAMMA/S. Husain ; 45hg : Comédie Française ; 45hm : Théâtre équestre Zingaro ; 45hd : Communication Opéra Bastille – conception : Atalante, Paris ; Photo : Icare/Moatti ; 45bg : GLEM/Ioda Création Visuelle ; 45bm : SIPA/Nivière ; 45bd : Coll. Christophe L ; 47h : HOA-QUI/Renaudeau ; 47b : JERRICAN/Gable ; 50 : GAMMA/Jimmy Bolcina-Photo News ; 52g : SIPA/Frilet ; 52m : Hoa-Qui/EXPLORER/Kumurdjian ; 52d : Hoa-Qui/EXPLORER/Renoux ; 53g : Hoa-Qui/EXPLORER/Brenckle ; 53d : ANA/Cozzi ; 56 : Hanoteau ; 57hg, hd, bg : Hanoteau ; 57bd : JERRICAN/Labat ; 61hg : Corbis/KIPA/Bernard Fau ; 61hd : Le Nouvel Observateur : 61bg : HOA-QUI/Renault ; 61bd : Hanoteau ; 62 : Grandreporter.com/Patrice Julien ; 66g : Hoa-Qui/EXPLORER/Chazot ; 66d : Grandreporter.com/Rosenthal ; 69 : ANA/Jobin ; 71 : Hoa-Qui/EXPLORER/Tovy ; 72hg : JERRICAN/Vicente ; 72bg : JERRICAN/Thomas ; 72d : JERRICAN/Perlstein ; 73 : Communication Louvre ; 75hg : MARCO POLO/Bouillot ; 75hd : ANA/Henneghien ; 75bg : JERRICAN/Gaillard ; 75bd : MARCO POLO/Bouillot ; 76 : Grandreporter.com/Jacques Joffre ; 77bg : ANA/Du Sordet ; 77bd : Hoa-Qui/EXPLORER/Nacivet ; 78hd : Apple ; 78md : JERRICAN/Fuste-Raga ; 78bd : EURELIOS/Aures ; 79 : Grandreporter.com/Norbert Bolis ; 85 : JERRICAN/Sebart ;

86hg : GAMMA/Le Bot ; 86bg : JERRICAN/Labat ; 86-86 : SIPA/A. Boulat ; 87hd : GAMMA/Daher ; 87bd : Grandreporter.com/Diaphor-Mores ; 87bg : CORBIS/Maze ; 89g : Gilles-Marie Baur ill. ; 89d : Coll. Christophe L ; 90 : Hoa Qui/EXPLORER/Grandadam ; 93 : Hoa-Qui/EXPLORER/Cundy ; 95 : Coll. Christophe L ; 97 : HOA-QUI/Valentin ; 98-99 : La Poste/Tudela ; 100hd : Coll. Christophe L ; 100bg : Coll. Cat's ; 103hg et hd : Archives Nathan ; 103bg : FFJudo/Dassas ; 103bd : J.-G. ; 104hg : RAPHO/Pavlosky ; 104d : Wellcom ; 105h : Archives Nathan ; 105b : Coll. Roger-Viollet ; 106 : SIPA/Sport Photo Agency ; 107h : GAMMA/Vioujard ; 107b : JERRICAN/Marlaud ; 108h : Coll. Christophe L ; 109 : Coll. Christophe L ; 110 : Photononstop/DIAF/Sierpinski ; 113h : Coll. Roger-Viollet ; 113bg : RAPHO/Ohanian ; 113bd : Coll. Roger-Viollet ; 114hd : ANA/Horree ; 114mg : HOA-QUI/Joubert ; 114bg : ANA/Turpin ; 114bd : ANA/Horree ; 117hg : La Poste/Tudela ; 117hd : Cabinet Michel Lassagne ; 117bg : Sony ; 118g : Grandreporter.com/Voulgaropoulos ; 118d : L'Est Républicain ; 119h : L'Est Républicain ; 119b : CORBIS/Ubiquitous ; 121h : ANA/Jobin ; 121bd : Albin Michel ; 122g : GAMMA/Kurita ; 122d : HOA-QUI/Le Rok ; 123h : Agence Enguerand/Vincent Pontet ; 123b : RAPHO/Network-Goldwater ; 125h : SIPA ; 125b : SIPA/Gromik-Nebinger ; 128 : Perrier Groupe Nestlé ; 129 : AFP/Gérard Cerles ; 131hg : Hanoteau ; 131bg : GAMMA/Benali ; 131d : Archives Larbor ; 132 : CORBIS/Gail Mooney ; 135 : Grandreporter.com/P. Robin ; 136 : SIPA/ABD Rabbo ; 137 : SIPA/Job ; 140h : DIAF/Even ; 140mg : ANA/Jobin ; 141h : RAPHO/Brun ; 141b : RAPHO/Desmier ; 142hd : Corbis/KIPA/Morgane ; 142mg : SIPA/TF1/Bosio ; 142bd : SIPA/Maestracci ; 143 : T.V.5 ; 145h : RAPHO/Baret ; 145hd : JERRICAN/Dianne ; 145bg : Coll. Christophe L ; 145bd : C. Morel ; 147hg : Le Nouvel Observateur ; 148-149 : RAPHO/Sioen ; 153 : RAPHO/Silvester ; 154 : Assemblée Nationale, GAMMA/A. Le Bot ; 155bg : GAMMA/A. Le Bot ; 155d de g à d et de h en b : La Documentation Française/Photos F. Pages, Bettina Rheims, J.-H. Lartigue, G. Freund, J.-M. Marcel ; 157hg : ANA/Planchenault ; 157hd : KIPA/Morell ; 157bg : FACELLY/SIPA Press ; 157bd : JERRICAN/Sittler ; 158hg : JERRICAN/Labat ; 158md : RAPHO/Sioen ; 158bg : OK Corral ; 161 : PhotoDisc ; 162g : JERRICAN/Aurel ; 162d : Coll. Christophe L ; 165 : JERRICAN/Darque ; 166 : Ville de Brive-La-Gaillarde ; 167bd : Dupuis.

Couverture : Imagebank/GETTY One

N° d'editeur : 10123694 - CGI - Mars 2005
Imprimé en Italie par Rotolito Lombarda